aufbau taschenbuch
AUFBAU VERLAGSGRUPPE

MU ZIMEI, geboren 1978, heißt mit bürgerlichem Namen Li Li und lebt in Peking. Nach ihrem Studium der Philosophie arbeitete sie in Kanton als Redakteurin und Kolumnistin. Millionen von Lesern verfolgten im Internet ihren Weblog, bis sie auf Druck der chinesischen Regierung den Zugang einschränken und ihn letztlich ganz schließen mußte. Ihr Buch wurde unmittelbar nach seinem Erscheinen in China verboten, und die »Affäre Mu Zimei« geriet zum öffentlichen Skandal. Zuletzt wurde sie gezwungen, ihre Stelle in einem Zeitungsverlag aufzugeben. Ihr neuester Coup sind Podcasting-Kolumnen, für die sie unter anderem die Geräusche ihrer Liebesakte aufnimmt und ins Internet stellt.

Schon früh erkennt die junge Chinesin, daß sie nicht für die Monogamie geschaffen ist. Und sie bemerkt, daß in China in der Liebe zwar alles erlaubt, das Reden darüber jedoch Sünde ist. Also beginnt sie unter dem Namen Mu Zimei ein intimes Weblog-Tagebuch, in dem sie ihre erotische Biographie erzählt. Erbarmungslos und sachlich kühl kommentiert sie hier ihre Liebhaber, sie provoziert und bricht Tabus. Ihr Blog bietet ein Panorama des modernen chinesischen Großstadtlebens, berichtet von allen möglichen Spielarten der Sexualität, aber auch von der Welt des Internets, in der Identitäten frei wählbar sind. Mu Zimeis öffentlicher Umgang mit intimsten Geheimnissen ist Signum ihres Strebens nach Freiheit, was sie zum erklärten »Staatsfeind Nummer eins« und zur »Schlafzimmerrebellin« *(Guardian)* macht.

»Mu Zimei wird geschmäht und bewundert, aber eines wird sie auf keinen Fall: ignoriert.« *The New York Times*

Mu Zimei

Mein intimes Tagebuch

Roman

Aus dem Französischen
von Isabell Lorenz

Aufbau Taschenbuch Verlag

Titel der Originalausgabe
»Ashes of Love«

ISBN 978-3-7466-2306-1

Aufbau Taschenbuch ist eine Marke
der Aufbau Verlagsgruppe GmbH

1. Auflage 2007
© Aufbau Verlagsgruppe GmbH, Berlin 2007
Einbandgestaltung Mediabureau Di Stefano, Berlin
unter Verwendung eines Fotos von getty images
Autorenfoto © Jiang Xiaoming
Satz LVD GmbH, Berlin
Druck und Binden Clausen & Bosse, Leck
Printed in Germany

www.aufbau-taschenbuch.de

Vorwort

In einer ganz gewöhnlichen Straße in Kanton gibt es ein Café, aus dem eines Abends sämtliche Tische hinausgeräumt wurden. Zum ersten Mal sollte in meiner Stadt ein Percussion-Konzert gegeben werden.

Das Publikum war fasziniert. Die Schläge der Trommeln kamen intensiv, kraftvoll, wuchtig. Es war ein unglaublich körperliches Erlebnis – die Musik übertrug sich durch das Wüten der Stöcke und Hände. Dieses Feuer, diese Kraft der Improvisation erinnerten mich an mein Verhältnis zum Schreiben.

Mitten im Konzert wurden auf einmal polternd die Türen aufgestoßen. Ein Mann stürmte herein und schrie: »Sofort aufhören, sonst lasse ich das Café schließen! Sie stören mich mit diesem Höllenlärm.«

Es hatte ganz den Anschein, als wollte er sich prügeln. Alle waren verwirrt. Augenblicklich verstummte die große Trommel, und wenig später herrschte völlige Stille. Der Frontmann der Band ergriff das Wort: »Sie sind es ja wohl eher, der hier stört! Sie kommen einfach rein und unterbrechen uns.«

Es war ein erster Versuch, der zum Fiasko geriet.

Seit ich schreibe, komme ich mir vor wie ein Schlagzeuger im Trommelrausch: Ich schlage, hämmere und streichle mein Instrument, und allmählich wachsen wir zusammen.

Hätte ich nicht angefangen, meinen Weblog zu schreiben, hätte es in meinem Leben keine solch tiefgreifenden Veränderungen gegeben. Doch die »Affäre Mu Zimei«, deren Auslöser dieses Tagebuch war, hat alles ins Rollen gebracht. Vorher lebte ich einfach vor mich hin, wie es sich durch die Umstände ergab, ich litt, und ich verursachte Leid, ich war unabhängig und hatte doch über nichts die Kontrolle, ich lernte die Liebe und den Sex kennen und machte meine Erfahrungen, ich spielte mit verschiedenen Rollen, setzte mich in Szene, wie es mir gefiel. Doch dann wurde auch ich gestört.

Nun habe ich begonnen, mich in einem Kampf zu engagieren, aus dem es kein Zurück mehr gibt, für meine Freiheit – als Frau und als Mensch. Ich verteidige meine Vorstellungen und Werte, aber ich wehre mich dagegen, mir ein Etikett aufkleben oder mich in eine Schublade stecken zu lassen.

Dieses Buch entstand unter bestimmten Umständen, die nach wie vor existieren. Auf die Gefahr hin, öffentlich angeklagt zu werden, berichte ich in diesem Tagebuch, das ich unter dem Titel »Postume Liebesbriefe« im Netz geführt habe, von meinen intimen Erlebnissen zwischen dem 19. Juni und dem 21. November 2003. Alles ist authentisch, es ist eine Momentaufnahme des Lebens in der Großstadt, sexueller Begegnungen und zwischenmenschlicher Beziehungen. Ich fand es interessant, davon in Tagebuchform zu erzählen, denn so ist der Ton direkt, wahrhaftig und unmittelbar. Doch »die Liebe bei offener Tür«, wie man das bei uns nennt, ist in meinem Land immer noch ein Fall für die Zensur. Schließlich mußte ich begreifen, daß man in China Sex haben, nicht jedoch darüber reden kann. Alles, worauf es mir ankommt, ist, ein freies Leben führen zu können.

Daher mache ich weiter.

19. Juni 2003
Mich kriegt keiner klein
Im Schnitt verbringe ich fünf Stunden täglich mit Nichtstun. Selbstmordgedanken gehen mir durch den Kopf. Das wird allmählich zur Sucht.

Aber ich bringe mich nicht um. Ich traue mich nicht, ich habe Schiß davor. Doch einen guten Grund, mit diesen Grübeleien aufzuhören, habe ich genausowenig. An dem Tag, an dem ich keine Selbstmordgedanken mehr hege, werde ich wahrscheinlich anfangen, auch noch am Glück zu zweifeln.

Ich verstehe nicht, was daran erstrebenswert sein soll, seine Empfindsamkeit zu verlieren. Dann bleibe ich schon lieber überempfindlich.

Und während ich nichts tue, kommen mir wieder Selbstmordgedanken.

19. Juni 2003
Cool, die Katze
Gestern bin ich ins SW gegangen, die Bar, die ihm gehört.

Auf dem Tisch liegt ein kleines Kätzchen, dessen Fell karamelfarben ist. Es heißt Cool. »Cool« wie dieses Getränk, von dem jetzt alle reden, das mit dem Etikett, auf dem eine zur Kugel zusammengerollte Katze zu sehen ist.

Die Katze blickt mich aus großen Augen an. Sie gehört ihm. Und sie liegt auf demselben Tresen, auf dem ich schon einmal mit ihm gevögelt habe.

Damals hatte er noch keine Katze. Ich nehme Cool hoch, die eingeschlafen ist. Ich presse meine Nase an ihr Schnäuzchen, halte sie fest in meinem Arm und drücke sie an meine Brust.

Eine Freundin kommt vorbei: »Du auch hier?«

»Ja.«

Dann kreuzt noch eine Freundin der Freundin auf. Sie fragt mich: »Du schreibst?«

»Ja.«

Das war's. Dann gehen sie, wie sie gekommen sind.

Ich bleibe mit dem Kätzchen allein. Ihn habe ich jetzt schon eine Weile nicht mehr gesehen.

19. Juni 2003
Shanghai-Blues

Aufzuwachen ist immer ein Alptraum für mich. Bin ich dann endlich wach, kommt es oft noch schlimmer, und das Telefon klingelt. Heute morgen ist das Allerschlimmste passiert:

Direkt nach dem Wachwerden kriege ich einen Anruf von einem Typen, der mich für die Queen des Bondage hält. Ich habe mich noch nie mit ihm getroffen, geschweige denn, daß ich ihn mit einer Peitsche windelweich geschlagen hätte. Jedesmal wenn bei ihm was schiefgeht, will er eine SM-Nummer mit mir schieben. Er ist devot, liebt es, sich zu unterwerfen. Ich liebe die romantische Seite am SM, man ist sich so nah. Schließlich ist das Spiel gelaufen, unser Talk ist vorbei. Jetzt kann ich mich endlich meiner Lieblingsbeschäftigung widmen. Shanghai deprimiert mich, und ich lasse mich deprimieren.

»Kannst du mir seine Nummer geben?«

»Wer bist du denn überhaupt?«

»Das kann ich nicht sagen.«

»Wieso die Geheimniskrämerei?«

»Rückst du jetzt raus damit oder nicht?«

»Okay. 13819XXXXX.«

»Diese Nummer habe ich schon versucht. Da meldet sich keiner.«

»Ach, dann mußt du es eben auf dem Handy von seiner Freundin probieren.«

»Dann gib mir ihre Nummer.«

»13819XXXXX.«

»Danke.«

»Und wer bist du nun?«

»Kann ich dir nicht sagen. Wäre echt übel, wenn sich das rumspräche.«

»Na gut.«

Wie schon so oft wähle ich die Nummer und erreiche ihn wieder einmal nicht. Ganz Shanghai scheint sich gegen mich verschworen zu haben.

Ich suche seine letzte SMS in meinem Handy. Sie ist vom 15. Januar: »Habe begriffen, daß ich unmöglich die Liebe meines Lebens verlassen kann. Will dich lieber vergessen. Paß auf dich auf.«

Warum behaupte ich eigentlich, ganz Shanghai habe sich gegen mich verschworen und wolle mich daran hindern, ihn wiederzufinden?

19. Juni 2003
Marihuana

Er baut Gras auf seinem Balkon an. Er hat neun Pflanzen. Er sagt, Marihuana bringe die wahre Persönlichkeit der Leute zum Vorschein. Normalerweise ist er eher finster drauf, macht oft den Eindruck, ziemlich down zu sein. Aber wenn er kifft, ändert sich sein Gesichtsausdruck, und er kichert vor sich hin: »Hä, hä, hä, für das Zeug möchte man sterben.« Das ist so was wie sein Leitmotiv.

Ich habe ihn vor einiger Zeit in einer Bar kennengelernt. Ein Typ hatte sein Dope geraucht und dann angefangen zu kotzen, ehe er auf dem Klo zusammenklappte. Er hat sich darüber kaputtgelacht: »Was für ein Schlappschwanz. Dem fehlt die Übung.«

Er fragte mich nach meiner Visitenkarte, die er benutzte, um sein Gras kleinzubröseln. Dann drehte er einen Joint, zog daran und gab ihn mir weiter.

Später sind wir zu ihm gegangen. Wir haben es zu lauter Musik gemacht. Wenn einer Gras geraucht hat, bleibt er lange hart. Sogar sehr lange. Und das mögen wir Mädchen bekanntlich.

Spät am Nachmittag gingen wir raus auf den Balkon. Er hat jede einzelne Pflanze gegossen, und das mit der ganzen Zärtlichkeit eines Vaters, der sich um sein Kind kümmert.

Dann bekam er wieder einen Steifen. Ich war mittlerweile völlig auf einem Trip, wie im Wahn: »Machen wir es noch mal? Bleiben wir Freunde, auch wenn wir miteinander schlafen?«

Darauf wußte er keine Antwort. Er drehte sich noch einen Joint und zog kräftig daran, auf Lunge. Er wollte, daß ich dasselbe machte.

Er hielt den Joint zwischen Mittel- und Ringfinger, seine beiden Hände formten eine vollkommene Höhle, oval, ohne auch nur den kleinsten Zwischenraum zwischen den Fingern. Mein Blick driftete langsam ins Leere.

Im Fernsehen erklang ein Stück des Pianisten Kevin Kern. Über uns sah ich ein Maschendrahtgitter. Ich mußte an ein Gefängnis denken oder an einen Hinrichtungsplatz. Über dem Gitter zogen Flugzeuge am Himmel entlang, eins nach dem anderen. Fast wie ein Wettrennen von Starfightern. Dann verwandelten sie sich in eine Berglandschaft, wie auf einem Aquarell. In der Talsenke zwischen den Bergen tauchten plötzlich mehrere Häuser am Rand eines Sees auf. Sie drehten sich. Ich kam mir vor, als wäre ich inmitten der Welt des Großen Wagens. Kaum waren die Berge und die Häuser verschwunden, sah ich Wildgänse vorbeiziehen. Sie flogen unter Einsatz ihres Lebens, als wollten sie mit allem Schluß machen. Als die Gänse weg waren, erschien eine Schlange, die sich ihrerseits in eine Ente verwandelte. Sie hatte einen unheimlich langen Hals.

Mit geschlossenen Augen beschrieb ich ihm, was sich vor meinen Augen abspielte. »Du bist auf dem totalen Trip«, sagte er.

Er hatte sich aufs Sofa gesetzt. Ich kletterte rittlings auf ihn. Ich kam mir schwerelos vor. Und er schien keine feste Form mehr zu haben. Ich schwebte im Raum. Eine richtige Feder. Ich hätte gern einen klaren Gedanken gefaßt, aber all meine Sinne waren auf diesen einen ganz bestimmten Punkt gerichtet.

Ich glitt an ihm auf und nieder, sein Schwanz war hart und trieb mich an wie ein Kolben.

Nach und nach kamen wir wieder zur Besinnung.

»Guck mal, unser Spiegelbild«, sagte er und zeigte auf den schwarzen Fernsehbildschirm. Er meinte, aus der Perspektive habe er sich noch nie beim Sex beobachtet. Auch ich hatte mich noch nie so beim Ficken gesehen.

Ich drehte mich zum Fernseher um und sah meine zerzausten Haare.

Die Nachmittagssonne drang durch die Vorhänge. Ihre Strahlen überzogen den Fernseher und das Parkett mit Gold. Es war überwältigend.

Danach trafen wir uns noch mehrmals. Wir kifften wieder und vögelten. Der Sex mit ihm bereitete mir ungeheures Vergnügen, und ungeheuer war auch der Schmerz, neben ihm aufzuwachen. Denn dann war er wieder kühl, ein richtiger Eisberg, was einigermaßen öde war.

Vier Tage, mehr Zeit am Stück verbrachten wir nie miteinander.

Einmal fragte ich ihn: »Kommt es auch mal vor, daß du anders bist?«

»Wie anders?«

»Ich mag dich so, wie du bist, wenn du gekifft hast, aber das ist nicht echt.«

»Du meinst, du hättest mich lieber nett und nicht zugekifft? Das wird nicht funktionieren.«

»Ich bleibe lieber klar im Kopf.«

»Du weißt einen Joint einfach nicht richtig zu schätzen. Es ist Verschwendung, dir was zu geben.«

Danach fuhr er für einen Monat nach Lijiang*. Vor seiner Abreise bot ich ihm an, nach seinem Balkon zu sehen: »Es kümmert sich doch keiner um deine Pflanzen. Willst du mich als Gärtnerin?«

»Dafür haben sich schon viele angeboten.«

* Im Nordwesten der Provinz Yunnan an den Ausläufern der tibetischen Gebirgskette gelegene Stadt, in der jeden Sommer ein Rockfestival stattfindet.

»Dann will ich mich wenigstens um dich kümmern. Wirst sehen, am Ende gewöhnst du dich noch an mich.«

»Ich muß mich ja nicht unbedingt an dich gewöhnen.«

»Und ich, wenn ich mich nun an dich gewöhne, an dein Dope und so, was dann?«

»Im Leben nicht. Marihuana ist kein Rauschgift, davon wird man nicht abhängig.«

Ich habe all seine Nummern aus meinem Handy gelöscht.

19. Juni 2003
Rauchen

Manche sagen, sie wollen nichts von mir lesen, weil sie in mir weder eine Journalistin noch eine Schriftstellerin sehen, sondern einfach eine junge Frau, die ihre »Performances« abzieht. Genauso ist es aber auch schon vorgekommen, daß man mir vorgeschlagen hat, über bestimmte Dinge zu schreiben: »Ach, du scheint ja wohl Alkoholprobleme zu haben, könntest du nicht vielleicht mal was über deine Erfahrungen machen?« Oder: »Wir wollen eine Artikelserie über Leute bringen, die Sex im Auto haben. Ich habe deinen Text ›Abgebremst‹ gelesen, kannst du uns nicht schnell was zu dem Thema schreiben?« Einmal sprach mich sogar die Ex eines Mitschülers an; sie hat eines von diesen belanglosen Büchern herausgebracht, in denen es darum geht, warum die Kids mit dem Rauchen anfangen. Sie kam dann ausgerechnet zu mir: »Ich weiß, daß du rauchst ...«

Interessant, wie meine Laster zu meinem literarischen Erkennungszeichen geworden sind, obwohl ich doch eigentlich gar nicht schreiben kann! Wenn ich nun eines Tages normal und ganz gesund würde, wovon sollte ich leben?

Die Zigarette – meine Leidenschaft.

Vor drei Jahren, damals habe ich noch studiert, wurde einmal ein Foto von mir veröffentlicht, auf dem ich mit einer Zigarette in der Hand zu sehen bin. Es gehörte zu einem Artikel, in dem es um rauchende Schriftstellerinnen ging. Neben Fotos von Zhang Mei*, Zhang Nian** und Yin Lichuan*** war auch ich abgebildet, dabei bin ich doch gar keine richtige Schriftstellerin. Noch dazu war ich die jüngste in der Reihe. Bei den anderen Frauen drückte sich in ihrer Haltung und ihrem Gesichtsausdruck beim Rauchen ihre ganze Eleganz aus. Aus ihrer Beziehung zur Zigarette ließ sich ein subtiles Einvernehmen herauslesen, und so bezeichnete Zhang Nian die Zigarette auch als eine »Konkubine«. Ich dagegen benutzte keine Metaphern und sagte einfach, daß die Zigarette für mich zur Ernährung gehört. Tatsächlich ist die Zigarette keine Quelle der Inspiration für mich, und sie war schon gar nicht die Motivation, mit dem Schreiben zu beginnen, sie ist einfach nur Realität. So wie ich nicht aufs Essen verzichten kann, kann ich auch das Rauchen nicht lassen.

Ich weiß nicht mehr, wie alt ich war, als ich mir die erste Zigarette ansteckte, auch nicht mehr genau, bei welcher Gelegenheit es war. Ich glaube, es ging los, als ich auf die höhere Schule kam. Mein Bruder hatte heimlich mit dem Rauchen angefangen. Er ließ mich einen Zug nehmen, woraufhin ich husten mußte. Ich war damals heimlich in meinen Literaturlehrer verliebt, einen Kettenraucher, der seine Kippen bei uns in der Klasse auf den Boden warf. Als er die Schule verließ, war ich am Boden zerstört. Ich klaute eine Zigarette von meinem Vater und mußte wieder beim ersten Zug husten.

In den Ferien vor meinem Wechsel in die Oberstufe fing ich dann richtig mit dem Rauchen an. Ich kaufte mir ein Päckchen Zigaretten und schloß mich in meinem Zimmer ein, um rauchen zu üben. Ich studierte mein Spiegelbild und verglich, welche Position und welche Handhaltung besonders sexy wirkten. Ich versuchte mich wie eine Kurtisane zu gebärden

* Preisgekrönte Schriftstellerin aus Kanton, die mit ihrem Roman »Chengzhu lou ji yi« (Memoiren des Hauses Chengzhu) 2001 zur Bestsellerautorin wurde.
** Schriftstellerin und Journalistin aus Kanton.
*** Dichterin und Schriftstellerin aus Peking, die ebenfalls viel im Internet publiziert, außerdem Mitglied der Lower Body Poetry Group.

und nahm verführerische Posen ein. Ich wollte unbedingt zur Welt der Erwachsenen gehören, wollte frei von gesellschaftlichen Zwängen wirken und den Eindruck erwecken, gelebt zu haben. Das Rauchen hielt ich für die Eintrittskarte in die Zeit der Reife und übte es wieder und wieder vor dem Spiegel: auf welche Weise die Zigarette ihren Platz zwischen meinen Lippen einnehmen, wie lange ich den Rauch bei mir behalten sollte, ehe ich ihn ausstieß. Außerdem brachte ich mir bei, ihn zu Kringeln zu formen: Ich übte lange, ihn in zarten Spiralen wieder auszustoßen, nicht zu stark zu pusten, puh, bis zu dem Tag, an dem mir endlich ein vollendeter Kreis gelang – ein Kreis, der in der Luft schwebte. Ich war stolz.

Waren es damals Neugier und die Lust, erwachsen zu wirken, die mich zur Zigarette greifen ließen, war es später die gedrückte Stimmung in meiner Familie, das Rauchen verschaffte mir Erleichterung. Damals waren sowohl mein Großvater als auch mein Vater krank und bettlägerig, und ich besuchte eine höhere Schule der ersten Kategorie,[*] ein Internat, etwa hundert Kilometer von meinem Zuhause entfernt. Einsamkeit, Angst, Streß, Liebeskummer, Verzweiflung – all diese Gefühle wetteiferten in mir, ich fühlte mich ganz allein auf der Welt. Wenn ich besonders bedrückt war, verkroch ich mich mit einem Päckchen Zigaretten im Hof oder im benachbarten Park. Dann rauchte ich, bis ich nicht mehr konnte, hemmungslos. Nachts fand ich oft keinen Schlaf. Ich konnte mich erst entspannen, wenn ich das ganze Päckchen aufgeraucht hatte. Doch davon blieb mir ein bitterer Nachgeschmack, meine Zunge war trocken, meine Pupillen geweitet, und mein Kopf dröhnte … Alles, was ich aß, schmeckte fade, noch Tage danach. Es war die reinste Selbstzerstörung. Meine Mitschüler sahen mich manchmal an wie eine Außerirdische.

Später konnte ich in aller Öffentlichkeit rauchen, denn ich hatte mich einer Gruppe von Jungs angeschlossen, die qualm-

---

[*] In China durchlaufen die Kinder von der Einschulung an verschiedene Auswahlverfahren, nur die Besten werden zu den Eliteschulen zugelassen.

ten, tranken und immer eine große Klappe hatten. Ich setzte mich zu ihnen ganz nach hinten in die Klasse. Zwischen den Stunden hörten wir über Walkman Musik, die Kopfhörer auf den Ohren festgeschraubt, und rauchten wie die Schlote. Selbst wenn der Direktor die Klasse betrat, beeilte ich mich nicht sonderlich damit, die Zigarette auszumachen. Allerdings war der ohnehin nur daran interessiert, wie seine Schüler bei der Zulassung für die Uni abschnitten, und solange wir gute Noten hatten, drückte er angesichts unserer Dummheiten beide Augen zu. Mein Lieblingsplatz war auf der Dachterrasse der Schule. Da konnte ich mit der Zigarette in der Hand, inmitten der Freaks, auf den Treppenstufen sitzen, quatschen und den Horizont betrachten. Von da an rauchte ich nicht mehr, um mich zu betäuben oder gar zu zerstören, sondern weil ich mein Anderssein, meinen rebellischen Geist, meine Ignoranz der Regeln zeigen wollte. Dabei empfand ich so etwas wie Lust, und ich schloß dank der Zigaretten viele Freundschaften.

Später zog ich in eine andere Stadt und probierte etwa ein Dutzend Marken aus. Zu Hause, im Café, auf der Straße, im Büro ... Ich rauche, wie es mir gefällt und wo ich will. Ich rauche, also bin ich.

19. Juni 2003
Sein Lachen
Er ist einer, der mit all seinen Gefühlen hinterm Berg hält. Leute mit Geheimnissen haben oft ein Lachen, bei dem andere sich unbehaglich fühlen. Ihr Lachen kommt nicht von Herzen, und wenn sie lachen, dann nur, um sich lustig zu machen. Nie habe ich ihn in schallendes Gelächter ausbrechen sehen. Nie gesehen, wie er vor Überraschung fast an die Decke gesprungen wäre. Er bleibt stets beherrscht.

Ich will gern glauben, was er mir erzählt hat. Als er klein war, haben seine Eltern ihm gesagt: »Wenn du einen Bekannten oder einen Freund triffst, lächle!« und »Schön für das Foto lächeln!«. So hat er also von frühester Kindheit an gelernt, sein Lächeln einzusetzen. Er tut es auf Kommando, ohne je die Wahl gehabt zu haben.

Meine größte Angst ist, einmal hinter die Fassade seines Lachens, in all seine Geheimnisse vorzudringen – wenn er nicht lacht. Deswegen erzähle ich ihm oft lustige Sachen oder amüsiere ihn sonstwie, so daß er sich kaum halten kann. Sein Lachen schmeichelt mir.

Zwischen uns gibt es keine zärtlichen Gefühle, keine Verbundenheit. Wir wahren höflichen Abstand.

19. Juni 2003
Liebeskummer

Letzten Herbst war ich in Peking. Er hat dort jede Menge Schwarzweißfotos von mir gemacht. Aus irgendeinem Grund wollte er dann aber nicht, daß ich noch einmal zurückkomme. »Erst bekommst du die ganzen Fotos von mir, und dann haust du einfach ab«, warf er mir vor. »Die Fotos sind mir scheißegal«, antwortete ich.

Zwischen Herbst und Sommer habe ich sie mir mehrere Male angesehen. Durch seinen Blickwinkel gesehen, scheint mein Lachen aufsehenerregend und echt. Aber Schwarzweiß wirkt immer so alt, man könnte meinen, die Fotos wären vor hundert Jahren gemacht worden.

Wir haben den Kontakt wiederaufgenommen. Von Zeit zu Zeit schickt er mir Bilder per Mail – Aufnahmen von seinem Büro, seiner Wohnung, Orten, an denen er gewesen ist, und sogar von dem alten Militär- und Fabrikgelände, das inzwischen zu einer richtigen Szene-Location geworden ist. Ich studiere die Fotos immer ganz genau, ehe ich ihm antworte, und das rührt ihn.

Aber ich traue mich nicht, von Liebe zu reden oder auch nur das Wort »lieben« fallenzulassen, aus Angst, ihn zu verlieren.

Aus Angst vor dem Glück davonlaufen … wie grausam, in eine andere Stadt fahren zu müssen, um seine Liebe zu verlieren.

Die siebenundzwanzig Stunden, die ich vergangenen Herbst bei ihm war:

Mittag: Zwei Busse fahren vorbei, dein Kopf guckt aus dem Taxi, du sitzt vorn. In einem braunen Pullover. Ich sitze hinten und lege dir die Hände um den Hals. Du nimmst sie. Kalt an warm.

13.00 Uhr: Du kramst in deinem Büro herum, bist auf der Suche nach irgendwelchen Akten. Du weißt nicht mehr, ob drei oder vier. Die Sonne dringt durch das Fenster herein. Ich sitze auf der Fensterbank, dein Objektiv ist auf mich gerichtet. Du zeigst mir etwas, ein traditionelles Haus mit viereckigem Innenhof.

14.00 Uhr: In einem Spezialitätenrestaurant in Xinjiang; der erste Gang ist klasse. Der Rest zum Kotzen. Du hast mir gerade von deiner Freundin in Szetschuan erzählt. Ich fühle mich beschissen und rede davon, daß die Menschen immer mehr zu Individualisten werden, je besser es einem gehe, desto weniger komme man mit anderen aus. Du bist meiner Meinung.

15.00 Uhr: Der Platz des Himmlischen Friedens ist kleiner, als man denkt. Ich will, daß du ein Foto von mir machst. Hinter mir sind die »Glückwünsche des XVI. Kongresses der Kommunistischen Partei Chinas« auf einem Spruchband zu lesen. Auf einmal sagst du, ich sehe aus wie ein Junge. Du gibst mir einen Klaps auf die Schulter und nennst mich »Kumpel«.

16.00 Uhr: Ein Hutong*, schmal und lang. Es ist eine Sackgasse. Willkommen beim Tod. Ich presse mich an die Wand. Du findest, nun sehe ich aus wie ein junger Rocker. Wir gehen Hand in Hand, und ich sage, man könnte die Gasse für den Mittelgang einer Kirche halten.

17.00 Uhr: Kurz vor dem Sanlian-Buchladen. Ich habe mir gerade eine Zigarette angemacht, der Wind treibt mir die Asche ins Gesicht. Ich reibe mir die Augen. Bei der Buchhandlung schmeiße ich meine noch nicht mal halb aufgerauchte Kippe weg. Ein Mann am Eingang wirft mir einen neugierigen Blick zu.

* Schmales Sträßchen im Gewirr des alten Viertels von Peking rund um die Verbotene Stadt.

18.00 Uhr: Das Essen bei Yuning Ju war nicht übermäßig gut. Aber der Buchhändler Luding ist unwiderstehlich.

21.00 Uhr: Sanlitun ist eigentlich kein »tun«[*]. Die Bars in dem Viertel sind klein. Ich gieße dein Bier in mein Glas. Ich sehe dich an, aber dein Blick fängt nicht Feuer.

Mitternacht: Du hast keine Wohnung. Keine Bleibe. Das Sofa in deinem Büro läßt sich nicht ausklappen. Bleibt das Hotel. Das trifft sich gut, ich mag unterirdische Behausungen.[**] Das ist, als verreiste man, man vagabundiert unter der Stadt. Du magst es auch.

1.00 Uhr: »Liebst du mich?« Du antwortest nicht. In Kanton warst du mitteilsamer. »Ich liebe dich.« Du hast immer noch nicht geantwortet. Du schweigst. Einige Sekunden lang sagst du keinen Ton. Du küßt mich.

2.00 Uhr: Du bist immer noch in deine Ex verliebt. Es macht dich ganz traurig, wenn du von ihr sprichst. Du zitierst einen Satz aus *Die Biographie des Rowdys Afei*[***], um dich verständlich zu machen. Ich verstehe.

3.00 Uhr: Hatten wir Sex? Schon möglich. Ich war halb weggedöst. Und ich bin genauso trocken wieder eingeschlafen.

Mittag: Traumlose Nacht. Du mußt herausfinden, weshalb deine Nikon versagt hat. Jetzt habe ich nämlich kein Erinnerungsfoto aus diesem Hotel.

13.00 Uhr: Total k. o. Auch am Nachmittag ändert sich das nicht. Ich will nirgendshin. Daß es Nacht wird, darauf müssen wir ja nun wirklich nicht warten. Jedenfalls scheinst du nicht zu kapieren, daß ich schon gar nicht mehr richtig da bin.

14.00 Uhr: Auf einer unbekannten Straße sehen wir Unmengen von Autos vorbeifahren. Ich hämmere auf die Tasten

---

[*] Tun = Dorf. In Sanlitun findet man auch das Amüsierviertel von Peking mit zahllosen Bars und Clubs, die sowohl von Chinesen wie von Ausländern besucht werden.

[**] Viele Billighotels sind ehemalige Atomschutzbunker oder ausgebaute Höhlen.

[***] *A Fei jing juen* (1991), Liebesdrama aus Hongkong mit Maggie Cheung und Leslie Cheung.

meines Handys: Ich will heiraten, bin ganz besoffen von Gefühlen. Du gehst neben mir in die Hocke. Nicht die leiseste Aussicht auf Hochzeit ...

15.00 Uhr: Ich bin ausgestiegen. Vom Auto aus sehe ich dich dastehen. Aus dem Augenwinkel beobachte ich dich. Du hast gedacht, daß ich mich nicht von dir verabschiedet habe. Schließlich bist du um die Ecke gebogen.

20. Juni 2003:
Meine schönste Liebeserklärung
Vor ein paar Tagen schrieb mir einer der Typen, die ich aus dem Internet kenne. Wir chatteten, und dann kamen diese Nachrichten von ihm:

1. »Ich weiß jetzt, wieso ich mich in dich verliebt habe. Du erwartest, daß aus mir etwas wird. Genau das will ich auch. Wir haben eine Wellenlänge.«
2. »Unter gewöhnlichen Umständen könnte ich dich nicht kennenlernen. Aber ich werde dich bei der Filmpremiere treffen. Inmitten der Menge werde ich es bis zum ersten Rang schaffen und dich um ein Autogramm bitten.«

Egal, ob ich nun eine neue Marguerite Duras werde oder nur irgendein Luxusweibchen, habe ich es doch wie alle Frauen nötig, mich verstanden und geliebt zu fühlen. Ich lese diese Liebeserklärung, und sie geht mir zu Herzen. Ich bin wirklich gerührt, und ist das nicht der beste Weg, auch andere zu rühren ...? An diesem Tag ist das meine schönste Liebesgeschichte.

Es ist eindeutig besser, wenn wir uns nicht treffen. Das wäre wie in *True Lies*. (Du meine Fresse, es ist schon 4.54 Uhr! Ich sollte mich am Riemen reißen ...)

---

* US-Film von James Cameron, in dem Arnold Schwarzenegger einen Geheimagenten mimt, der seinen Beruf vor seiner Frau und Familie verheimlicht.

20. Juni 2003
Wochenendprogramm

Heute nachmittag, während ich noch in einer Sitzung war, erhielt ich mehrere SMS, darunter die Nachricht eines Auslandschinesen, mit dem ich mal was hatte und über den ich auch schon in meinem Blog geschrieben habe. Weil er dieses Wochenende nach Kanada zurückkehrt, möchte er mich vor seiner Abreise gern noch einmal sehen. Wie herzzerreißend!

»Irgendeine Party in Sicht dieses Wochenende?«

»Nein.«

»Und wenn wir uns ein anderes Pärchen suchen?«

»Kennst du etwa eins?«

»Wir könnten doch eins kennenlernen!«

»Anderer Vorschlag.«

»Wenn nicht, dann eben wir zwei allein.«

»Bin noch in der Sitzung.«

Man beachte meine gute Tat – ich mag es nicht, alte Geschichten wieder aufzuwärmen, außerdem habe ich sein Bild schon aus meinem Blog herausgenommen. Und selbst wenn wir eine Orgie veranstalten sollten, könnte ich darüber ohnehin nicht berichten. Täte ich es doch, würde man mich wahrscheinlich wegen Anstiftung zur Unzucht lynchen! Insgesamt also ein Schlag ins Wasser.

Trotzdem will ich heute abend unbedingt noch einen Typen. Den Devoten vielleicht? Dann könnte ich bald wieder über SM bloggen ... Aber nein, blöde Idee! Meine Zeit ist knapp, meine Kraft begrenzt. Ich muß Termine vorbereiten, zu einem Geburtstag gehen ... Wie soll ich dabei noch Zeit zum Ficken finden? Gibt es vielleicht Freiwillige, die mir helfen wollen?

23. Juni 2003
Ich leiste mir einen Callboy

Bericht über mein unzüchtiges Wochenende:

22.00 Uhr: Jojo, der Gigolo, kommt zu mir, um es mir zu besorgen. Er bringt drei Kondome mit, eines bleibt übrig. Er schiebt es unter die Matratze und sagt: »Wenn irgendein anderer diesen Pariser benutzt, können wir beide nicht mehr fikken.« Reiner Aberglaube, auf so was gebe ich nichts.

Mitternacht: Jojo will nach Hause. Ich sage ihm, er soll mich an der Bar absetzen. »Heute habe ich mal so richtig Lust, mich auszutoben, ich will Spaß.« Jojo macht einen verlegenen Eindruck – dieses Mädchen scheint ja nun wirklich keinen Anstand zu haben. Noch immer ganz gesättigt mit seinem Geruch, will ich mich an einem anderen reiben.

1.00 Uhr: Ich sehe den Kiffer, aber wir gehen uns aus dem Weg. Ich entdecke Cool, die Katze, und streichle sie. Sie scheint sich zu freuen. Ich habe Lust auf ein Corona und setze mich an die Theke neben das »Frauchen« von Cool. Wir quatschen. Sie ist auf dem laufenden, was zwischen ihrem Typen und mir gelaufen ist, aber es geht alles ganz easy ab. Ich will von ihr wissen, wer auf die Idee gekommen ist, die Katze »Cool« zu nennen. Sie meint, es seien irgendwelche Leute in der Bar gewesen. Das »Herrchen« von Cool hat sich noch nicht blicken lassen. Ich gucke mir einen anderen aus, der mir beim Trinken Gesellschaft leistet. Einen Wassermann.

1.30 Uhr: Ich bekomme den Anruf eines Regisseurs, Zwilling, der mir von seinem Freund erzählt, der gerade aus Peking angekommen ist und die »Schlampe von Kanton« kennenlernen will (O là, là, wie ordinär!). Sie laden mich ein, ins Studio des Regisseurs zu kommen, zum Ficken. »Ist dein Freund bekannt?« – »Ja.« – »Welchen Film kennt man denn von ihm?« – »Er heißt X.« – »Aha! Sollte sich lieber Baobida* nennen.« – »Willst du nun, oder willst du nicht?« – »Ist er sexy? Ich bin nämlich gerade dabei, hier auf einen ziemlich süßen Wassermann abzufahren.« – »Ruf mich zurück, wenn du weißt, was du willst.« Meine Güte, der hält sich wohl für meinen Zuhälter, oder was!

2.00 Uhr: Ich bekomme eine SMS von dem Devoten, der mir die ein oder andere SM-Nummer vorschlägt, aber ich sage

---

* Chris Baobida, asiatischer Komponist von Filmmusik.

mir, daß Freund Baobida immerhin von weither kommt, und drücke den Devoten weg. Der Wassermann sieht, wie beschäftigt ich bin, er steht auf und will sich verabschieden. Am liebsten würde ich auch verschwinden. Mein Handy klingelt, es ist ein alter Schulfreund. Er erzählt mir, daß seine Freundin ihm gerade den Laufpaß gegeben hat, und ist völlig deprimiert. »Ich habe keine Illusionen mehr. Ich glaube nicht mehr an die Liebe.« Ich versuche ihn zu trösten und heitere ihn mit ein paar Geschichten aus meinem Liebesleben auf. Ehe ich auflege, sage ich: »Ich muß jetzt Schluß machen, ich will unbedingt noch ficken.« Als ich die Bar verlasse, laufe ich Cools Herrchen über den Weg. Er hat einen ganz verschwommenen Blick.

2.10 Uhr: Ankunft im Studio. Freund Baobida hat tatsächlich einen gewissen Charme. Er ist genau mein Typ. Die Haare trägt er halblang, ziemlich lässig. Wir unterhalten uns ein bißchen, über gesellschaftliche Fragen, die Liebe, das Leben. Der Regisseur wird allmählich ungeduldig und schlägt vor, daß wir zur Sache kommen.

2.30 Uhr: Dreier auf der Couch. Freund Baobida ist deutlich engagierter als der Regisseur. Ich mag es, wie er fickt. Außerdem zeigt er mir eine Position mit Namen »Lotuslampe«, die ich noch nicht kannte.

3.30 Uhr: Der Regisseur ergeht sich in Erläuterungen seiner utopistischen Ideale, bis Freund Baobida in schallendes Gelächter ausbricht.

Ich gehe schlafen.

23. Juni 2003
Karaoke
Manchmal, wenn ich mit »normalen« Leuten zusammen war, wie heute nach einem Abend in einer Karaoke-Bar, bin ich total deprimiert. Ich kann einfach nicht mit solchen Leuten zusammen sein. Das ist nicht meine Welt. Es gibt diese eine *Sex and the City*-Episode, in der die vier Single-Frauen auf einer

Party landen, auf der sonst nur werdende Mütter sind, und sich entsprechend fehl am Platz fühlen. Um sich zu rächen, organisieren sie einen Abend mit lauter Single-Frauen, zu dem sie dann einige Schwangere einladen. Genauso ist es: Wenn zwei Welten mit diametral entgegengesetzten Lebensweisen aufeinandertreffen, gibt es keine Gemeinsamkeiten, man versteht sich nicht, sondern mißtraut und geringschätzt sich. Die »Normalmenschen« wähnen sich im Besitz der Wahrheit, aber ihre willkürliche Definition von Glück gefällt mir nicht, und auch das Rollenmuster, das sie leben, mag ich nicht. Allein gegen alle, so komme ich mir manchmal vor. Dabei habe ich ihnen nichts Gewichtiges entgegenzusetzen, wenn sie fragen: »Langweilst du dich nicht, so ganz allein?« – »Ist das denn wirklich interessant, all diese Sex-Abenteuer?« Bei solchen Fragen gerate ich ganz außer mich. Von Zeit zu Zeit phantasiere ich dann davon, ein Liebespaar, das mich »bekehren« will, zu trennen und beide sieben Tage nonstop in die verdorbensten Bordelle oder in ein Lager für sexuelle Umerziehung zu stecken. Dann werden wir ja sehen, ob sie zu Tode betrübt oder glücklich wieder herauskommen … Wobei das natürlich eine reichlich perverse Phantasie ist. Wie sagte doch Freund Baobida: »Die Mehrzahl der Angepaßten, der Konformisten, träumt von einem sexuell befreiten Leben, doch der Hauptunterschied zwischen Asien und dem Abendland ist, daß die Asiaten sich an ihren Imaginationen festhalten, statt sie tatsächlich auszuleben.« Auch ich für meinen Teil flüchte mich, vor allem wenn mich meine Umgebung bedrängt, in die Phantasie oder kapsele mich soweit wie möglich ab, während ich unter angenehmen Bedingungen aufblühe wie eine Opiumpflanze. Der Hauptgrund meines Unbehagens liegt in der Distanz zwischen diesen beiden Extremen. Aber ich habe mich schon daran gewöhnt, das mit Gleichmut hinzunehmen.

23. Juni 2003
Glaube

Ich stamme aus einer ebenso gläubigen wie abergläubischen
Familie. Als ich klein war, mußte ich an jedem Ersten und
Fünfzehnten des Monats eine Reihe von Ritualen praktizie-
ren: beten, Räucherstäbchen verbrennen, vor Guanyin, der
Göttin der Barmherzigkeit, niederknien und zum Schicksalsgott beten. Niederknien, mit der Stirn den Boden berühren,
den Kopf heben, mit der Stirn den Boden berühren, den Kopf
heben und so weiter. Dreimal in Folge mußte ich diese Zere-
monie ausführen, dann sprach ich Psalmen, um Gott zu bitten, mich zu segnen und zu beschützen. »Mein Gott, gib, daß
ich meine Prüfungen bestehe, mein Gott, gib, daß meine Groß-
eltern gesund bleiben, mein Gott, gib, daß Papa und Mama
immer Arbeit haben ...«

Im allgemeinen gingen all meine Wünsche in Erfüllung. Damals begeisterte sich meine Großmutter, die zu dieser Zeit
schon nicht mehr arbeitete, für die Wahrsagekunst. Sie ließ
sich Bücher über Hellseherei aus Hongkong schicken. Mein
Lieblingsbuch hieß »Wie sage ich die Zukunft voraus«, denn
darin wurde mir nur das Allerbeste annonciert. Ein anderes
Buch über Chiromantie namens »Die Linien Ihrer Hand« gefiel mir dagegen überhaupt nicht, denn diesem Werk zufolge
würde ich nie reich werden und ständig Probleme innerhalb
der Verwandtschaft und in meinen Zweierbeziehungen haben. Leider hat sich das bisher alles bewahrheitet: Meinen Lebensunterhalt verdiene ich mir nur mit Mühe, und meine Beziehungen gehen mit schönster Regelmäßigkeit in die Brüche.

Wenn man mich fragt, muß ich sagen, daß mir mein Glaube
immer noch wichtig ist. Zwar ist es nicht mehr derselbe wie
früher, als ich noch jung und unschuldig war und mit wahrer
Inbrunst glaubte, dennoch verlasse ich mich noch heute auf
mein Schicksal.

In dem Jahr, als ich mich an der Universität einschrieb, passierte etwas Merkwürdiges: Meine Mutter und meine Großmutter, die mir sehr nahestehen, traten zum Christentum

über – und der Grund dafür, daß sie anfingen, zu Jesus zu beten, war ich. Wegen all der Probleme, die ich auf der Schule gehabt hatte, waren sie sich sicher, daß auf die chinesischen Götter kein Verlaß mehr sein könnte.

»Von nun an wirst du keine Weihrauchstäbchen mehr für Buddha verbrennen«, befahl mir Mama. Außerdem kopierte sie Auszüge aus der Bibel und schickte sie mir. Mit großer Entschlossenheit machte sie sich daran, Christin zu werden – man hätte es nicht für möglich gehalten, daß sie früher einmal unsere chinesischen Götter angebetet hatte! Schließlich fragte ich meine Großmutter, ob sie ihre Bücher übers Hellsehen noch habe. Sie antwortete mir, daß sie anfangs die Bücher behalten habe, um Vergleiche zwischen der Wahrsagekunst und der Bibel anzustellen. Aber seit meine Mutter sie einmal dabei erwischt und ausgeschimpft habe, lasse sie das lieber und gehe sicherheitshalber jeden Sonntag in die Kirche. »Auf jeden Fall«, sagte sie zu ihrer Verteidigung, »segnen und beschützen uns alle Götter.«

Ich halte nichts davon, es den beiden gleichzutun, denn ich empfinde keine besondere Zuneigung für Jesus. Außerdem übertrete ich regelmäßig sieben bis acht von den zehn Geboten, von denen mir meine Mutter erzählt hat. Aber sie hat mir erklärt, sie bete jeden Morgen für mein Seelenheil und bitte Gott, mir meine Sünden zu vergeben. Ich finde das recht lästig. Aber was soll man machen, über Religion diskutiere ich nicht mehr mit ihnen, denn sie haben keinerlei Prinzipien. Sie wechseln ständig hin und her und haben noch den Nerv, mir Ratschläge zu erteilen.

Inzwischen glaube ich eigentlich nur noch an das Geld, an die sexuelle Freiheit, ich glaube an meinen Blog … Ich scheiße auf die Liebe, und ich glaube an das, was mir gefällt.

24. Juni 2003
Boss & Sex

Alle Leute in meinem Bekanntenkreis träumen. Nur ich nicht.
Ich fand das schon lange unfair. Aber als ich heute früh ins
Bett ging und einschlief, hatte ich schließlich meinen ersten
erotischen Traum …

Ich habe von meinem ehemaligen Chef geträumt (mein jet-
ziger Boss ist eine Frau, von ihr werde ich nicht träumen, das
ist ausgeschlossen). Mein Traum begann so:

Ich gehe die Straße entlang, in der die Redaktion liegt, und
zwar in Begleitung eines jungen Mannes (wer das ist, weiß ich
nicht, sein Gesicht ist nicht klar zu erkennen). Dann stolpert
mein Chef sturzbesoffen aus einem Restaurant heraus, das
wie ein Sitzungssaal aussieht. Er wirft uns einen Blick zu, dabei ist sein Mund ganz verkniffen (genau wie in Wirklichkeit).
Ich antworte ihm mit einem boshaften Lächeln (genau wie in
Wirklichkeit). Plötzlich knicken ihm die Beine weg, er liegt
schon fast auf dem Boden, als ihn, gerade noch rechtzeitig, der
Junge auffängt, ihm hochhilft und ihn mit dem Arm stützt.
Mein Chef lehnt sich an ihn, und schwankend gehen sie beide
davon, entfernen sich weiter und immer weiter, bis sie mit
dem Dunkel verschmelzen (wie in einem Film).

Später bin ich in seinem Büro. Wir reden über rein geschäft-
liche Dinge, als mein Chef plötzlich zu mir sagt: »Gehen wir
nach drüben.« Wir stoßen eine Tür auf und betreten den
Nachbarraum. Es ist eine Art Gästezimmer, ein ziemlicher
Saustall, in dem ein Bett steht. Darauf liegen ein dünnes Federbett und eine Tagesdecke mit sehr unanständigen Motiven. Das
Federbett ist halb zusammengerollt. Mein Chef sagt, ich solle
das Bett machen, und ich füge mich. Es ist dreckig und stinkt.
Mein Chef verlangt, daß ich mich ausziehe. Ich zögere kurz,
dann gebe ich nach und frage: »Zuerst mit dem Mund?«

Er streckt sich auf dem Bett aus und hebt die Bettdecke, so
daß ich darunterschlüpfen kann. Ich gleite zwischen seine
Schenkel und streichle ihn. Richtig steif ist er nicht. Das ärgert mich ein bißchen, denn normalerweise sollte er schneller

reagieren. Dann mache ich seinen Hosenschlitz auf und greife nach seinem Schwanz. Ich erschrecke: Haaaa! Ein Zahnstocher!!

Doch ich bearbeite ihn immer weiter, gewissenhaft, fleißig. Mit geschlossenen Augen lutsche ich den Zahnstocher und blicke meinen Chef dabei liebevoll an, doch ich muß die Gefühle unterdrücken. Dann sauge ich plötzlich zärtlich, aber stark an seinem Schwanz, so daß er kurz vorm Kommen ist. Er preßt mich an sich, und genau in dem Moment, als er mir das Höschen auszieht …

Ich wache auf und bin ganz feucht (ich weiß nicht, ob ich mir das vielleicht zusammenphantasiert habe oder ob es tatsächlich so war, aber ich glaube, ich dachte mir noch beim Aufwachen, es müsse unbedingt weitergehen).

Merkwürdig, sein Gesicht sah ich noch für den Bruchteil einer Sekunde vor mir, dann verblaßte es.

Als ich dann am Nachmittag endgültig aufwachte, war ich total down. So hatte ich schon lange von keinem Mann mehr geträumt. Und für meinen Chef habe ich tatsächlich – ab und zu – gewisse Gefühle gehegt, aber ins Bett habe ich ihn nie gekriegt.

24. Juni 2003
Chenglong
Morgen bleibe ich über Nacht in Chenglong, deshalb kann ich mich nicht einloggen und mein Online-Tagebuch weiterschreiben.

Chenglong ist ein Ort, an dem es viele Tiere gibt. Im Hotel gibt es zwei weiße Tiger (von denen es heißt, sie seien schwul).

Chenglong, Chenglong, Blume so blau.

Es war letzten Winter, als ich ihn um Mitternacht anrief und zu ihm sagte: »Ich bin in der Hotelbar, kommst du auch?«

»Ja, gut.«

Ein Mann mit langen Haaren kam herein und setzte sich mir gegenüber. Nachdem ich wie die Katze um den heißen Brei geschlichen bin, konnte ich ihm schließlich doch noch erzählen, was mir wirklich auf dem Herzen lag. »Vor sechs Monaten, als ich dein Foto sah, habe ich mir gesagt, den muß ich kennenlernen.«

Er lächelte mich an. Es war schon spät, aber ich hatte keine Lust, aufs Zimmer zu gehen, und so wandte ich mich zum Ausgang. »Wo willst du hin?«

»In den Zoo. Spazierengehen und rauchen.«

»Ich gehe mit.«

Der Zoo war geschlossen. Es war eine mondlose Nacht. Und es war windig. Wir setzten uns vor das Gittertor und redeten.

Als Student hatte er einen Künstlerkreis gegründet. Drehbücher geschrieben. Mit Mädchen geflirtet, die irgendwie mit Kunst zu tun hatten. Ich hatte als Studentin eine Dichtergruppe ins Leben gerufen, mir den Kopf kahlgeschoren. War mit Jungs ausgegangen, die alle das Leben eines Bohemien führten.

Dieser nun erinnerte mich an einen dieser Bäume im Süden, die über Jahrhunderte in der Süße eines friedlichen Lebens gedeihen, teils heiter, teils gleichgültig. Er wirkte unschuldiger, als ich es mir vorgestellt hatte. Der Wind fuhr mir von unten unter die Kleidung. Ich bekam eine Gänsehaut, aber ich rührte mich nicht, damit er mich vielleicht doch noch unter dem Vorwand, mich wärmen zu wollen, in die Arme nähme.

Die Zeit verging, und nichts passierte. Die Tiere im Zoo regten sich kaum mehr als wir, kein einziger Schrei war zu hören. Wir haben viel geraucht, dann sind wir zurückgegangen.

Am Eingang zum Hotel fragte er mich: »Ist dir nicht kalt?«

»Nein.«

In diesen drei Tagen und zwei Nächten in Chenglong hing ich die ganze Zeit an seinem Blick und ertrank beinahe darin. Er hat wirklich wunderschöne Augen.

In der letzten Nacht, im Bus auf dem Rückweg nach Kanton, schauten wir MTV, und alle haben mitgesungen. »Ich bin echt Spitze, wenn ich singe«, meinte er, und das stimmte. Er vermochte noch den dümmsten Liedern eine Seele zu geben.

Ich fühlte mich wie ein kleiner Vogel bei seinem ersten zaghaften Zwitschern, als entdeckte ich zum ersten Mal die Liebe. Dabei hatte alles hatte schon den Beigeschmack des Verlusts, gemischt mit einem zarten Begehren.

Welchen Preis müßten wir wohl für das Ausleben unserer Leidenschaften zahlen? Wir entschieden uns für ein flüchtiges Abenteuer, hatten noch einmal Sex auf seinem Sofa. Danach telefonierten wir ständig und machten uns damit verdächtig, bis ihn schließlich seine Freundin verließ.

Dann war er endgültig verschwunden.

27. Juni 2004
Noch ein Traum

Zwischen 10 und 11 Uhr heute vormittag habe ich wieder geträumt. Meine Mutter, mein One-Night-Stand von neulich und seine Ex waren dabei:

Mama leitet einen Frisiersalon[*], und in diesem Salon befinden sich zwei Reihen mit Stühlen und ordentlich aufgereihten Tischen. Man könnte es für eine Änderungsschneiderei halten. Einen Kunden sehe ich nicht.

Eines Vormittags verlassen Mama und ich den Salon. Sie sagt, sie fahre mit mir nach Disneyland. Ich sehe vor mir nur eine große Rasenfläche mit lauter Kindern und sage ihr, daß ich etwas zum Frühstück wolle. Wir kommen bei einer riesigen Tiefkühltruhe mit mehreren Fächern an, bei der ich zwei Eis am Stiel bestelle; eines in Form einer Blüte, das andere viereckig – zusammen über hundert Yuan[**]! (Gibt es in meinen Träumen etwa Häagen-Dasz, oder was?) Dann bringt Mama mich zu den anderen Kindern, wir sollen spielen. Was genau für ein Spiel das war, habe ich vergessen. Ich weiß nur

---

[*] In China bedeutet »Frisiersalon« oft Massagesalon und Stundenhotel.
[**] Zehn Yuan entsprechen ungefähr einem Euro.

noch, daß es etwas damit zu tun hat, in die Körper der anderen zu wechseln.

Nach dem Spiel nimmt mich meine Mutter an der Hand, und wir gehen zum Frisiersalon zurück. Als wir den Salon betreten, sehe ich meinen One-Night-Stand (mit dem ich vor einem Monat geschlafen habe); er erwartet mich. Umständlich erzählt er mir etwas – ich habe vergessen, was – und küßt mich. Seltsamerweise mag Mama ihn sehr, weil sie ihn für meinen festen Freund hält. Sie ist sehr herzlich zu ihm, dann will er aufbrechen. Mama besteht darauf, daß ich ihn nach unten begleite (denn unser Salon schwebt schwerelos), aber in Wirklichkeit hat er ein Verhältnis mit einer Tussi aus dem Salon angefangen. Im Traum denke ich über die Beziehungen zwischen Geschlecht und gesellschaftlichem Status nach. Sein schlechter Geschmack empört mich, aber ich lasse mich nicht daran hindern, ihn zur Tür zu begleiten. Mit einer abwinkenden Geste verabschiede ich ihn. Ich sehe ihm hinterher, wie er die lange Treppe hinuntergeht. Auf jeder Stufe dreht er sich um. Plötzlich taucht eine junge Frau unten an der Treppe auf. Es ist die Geschäftsführerin des Grandhotels der Armee. Sie küssen sich wie zwei Liebende, die sich sehr lange nicht gesehen haben.

In dem Moment bricht die Szene ab, und wir sind wieder in einer Bar, es ist hellichter Tag, bei uns zwei kleine Alte, die mir die Geschichte und den Aufstieg meines One-Night-Stands und der Geschäftsführerin erzählen: »Es waren einmal ein Fahrer und eine Kellnerin. Sie arbeiteten zusammen als Berichterstatter bei einer Zeitung und verdienten fünfzigtausend Yuan im Monat an Autorenhonoraren ...« Als ich das höre, stöhne ich entsetzt auf: »Das gibt es nicht! Das gibt es nicht! Ich kenne die Branche, nie im Leben verdient man da fünfzigtausend Yuan an Autorenhonoraren!«

Schreiend wachte ich auf.

27. Juni 2003
»Trotz Dürre und Überschwemmung reiche Ernte halten«

Derzeit verläuft mein Leben sehr zufriedenstellend. Ich habe einen Job, der mich in Bewegung hält, und dazu ein sehr menschliches Hobby: Vögeln. Bei der Ausübung dieses Hobbys habe ich viele Alternativen und viel Gelegenheit zur Veränderung; ein unerschöpfliches Männerreservoir. Dazu kommt, daß ich mich weder auf einen Mann festlegen noch Gefühle empfinden muß. Sie bereiten mir keine Unannehmlichkeiten. Männer sind wie CDs, solange ich nicht auf *play* drücke, geben sie keinen Ton von sich.

Einer meiner Liebhaber, ein Mann aus Peking, mit dem ich regelmäßig chatte, meinte neulich zu mir: »Wir zwei, wir leiden nie unter Entzugserscheinungen.« Andererseits hat er auch schon mal zu mir gesagt: »Herrscht Dürre, sterbe ich vor Durst; gibt es eine Überschwemmung, ertrinke ich.« Im Gegensatz zu ihm halte ich eigentlich immer reiche Ernte. Und ich werde immer satt.

Gestern abend bin ich völlig erledigt nach Hause gekommen. Ich habe mein Handy ausgemacht und wollte nur noch schlafen. Als ich aufwachte, war es schon Mitternacht. Plötzlich klingelte das Telefon. Ich hob den Hörer ab. Es war ein Fetischist dran – ein Typ, der es gern mit Frauen in Seidenstrümpfen treibt. Er fragte mich: »Bist du frei heute abend?«
»Nein.«
Ich legte auf. Und bin ganz friedlich wieder eingeschlafen.
Als ich am nächsten Mittag aufwachte, sah ich die SMS eines Malers (gesendet um 1.30 Uhr): »Mist! Da ruf ich schon mal an, und dein Handy ist nicht eingeschaltet.« Bullshit. Beim letzten Mal war es auch so: Er rief mich mitten in der Nacht an und wollte mich unbedingt sehen. Als es darum ging, ob ich zu ihm ins Atelier käme oder nicht, stritten wir eine kleine Ewigkeit herum, bis ich schließlich sagte: »Da du es so dringend nötig hast, setz gefälligst deinen Hintern in Bewegung.« Sturzbesoffen kam er dann bei mir an.

Gestern, Donnerstag, hat es ihnen wohl schon in den Fingerspitzen gekribbelt. Die Leute heutzutage geraten so leicht in Wallung. Als ich beim Frühstück sitze, versucht es der Strumpffetischist noch einmal: »Bist du frei heute abend?«

»Nein.«

»Hast du schon was anderes vor?«

»Allerdings!«

»Also wann dann?«

»Du wirst es abwarten müssen! Routine finde ich entsetzlich. Habe ich dir das noch nicht gesagt?«

Letzten Samstag habe ich mit ihm geschlafen und mir dabei drei Paar Strümpfe ruiniert. Geht es um etwas Neues, dann ist es Stoff für mein Tagebuch, also lohnt es sich, aber wenn sich immer dieselbe Nummer wiederholt – nein danke. Dazu bin ich viel zu neugierig.

Einmal will ich am Wochenende nur faulenzen, ganz ohne Sex, als ich feststelle, daß meine Gasflasche leer ist. Eine Katastrophe! Jetzt werde ich wohl kalt duschen müssen!

Nehmen wir an, es taucht doch noch, ganz unvermittelt, ein besonderer Gast auf und will vögeln – dann wäre ich in der Bredouille …! Man stelle sich bloß vor, er verausgabt sich beim Ficken und schwitzt wie ein Tier – und muß dann unter die kalte Dusche. Der kriegt doch garantiert einen Herzanfall!

Diese Aussichten deprimieren mich – wenn ich heute abend noch heiß duschen will, müßte ich dafür doch tatsächlich erst einen Mann suchen.

Was für eine erbärmliche Ausrede. Und ich fühle mich selbst genauso erbärmlich, wie mir meine Ausrede vorkommt.

Während meiner Examenszeit – eine halbe Ewigkeit ist das schon her – kam es gar nicht so selten vor, daß ich eine Nacht mit einem Mann verbringen mußte, wenn ich heiß duschen wollte. Ich machte ausgiebig Gebrauch von seinem Gas und von seinen Schlafanzügen. Ich hatte sogar dreimal in einer Nacht Sex, ohne schweres Gefühlsgeschütz auffahren zu müssen. Ging es mir gut damals! In dem Jahr war ich den ganzen Winter lang das wärmste Mädchen im Wohnheim, bloß weil ich immer zugriff, wenn sich mal die Gelegenheit ergab, außerhalb zu duschen.

Heute abend brauche ich nichts weiter als heißes Wasser.

Man kann nicht immer reiche Ernte halten.

29. Juni 2003
Korrespondenz mit einer alten Freundin
Ihre Mail:
Betreff: Ich denke an Dich.

Ich bin noch nicht zu Hause. Ich vertreibe mir ganz allein die Zeit im Wohnheim. Ich weiß nicht, ob Du Dich immer noch allein vergnügst oder zu mehreren?

Andauernd regnet es in Shanghai. Die Art Regen, der einen schrecklich sentimental macht. Und ich muß in einem fort meine schmutzige Wäsche waschen, die ich blöderweise draußen zum Trocknen aufgehängt habe.

Ruf mich nicht auf dem Handy an, das ist zu teuer. Wenn ich genug Kohle verdient habe, melde ich mich bei Dir.

Dein Kätzchen.

Meine Mail:
Betreff: Regen in Kanton zerrt an den Nerven.

Hallo, Kätzchen.

Hier mein Bericht vom Wochenende: Freitag abend Sex mit einem ehemaligen Liebhaber; Samstag abend Sex mit zwei Männern, einer nach dem anderen; heute habe ich geschrieben und eine Frau interviewt; heute abend kümmere ich mich um meinen Blog, dann sind noch ein paar Kleinigkeiten zu erledigen – und wenn ich danach noch Energie habe, will ich noch vögeln. Denn nächste Woche bin ich mit Arbeit eingedeckt und habe wahrscheinlich obendrein noch PMS.

Auch hier in Kanton regnet es andauernd. Ganz unregelmäßig, mal tagsüber, mal nachts, das geht einem ziemlich auf die Nerven. Es ist schon länger her, daß ich meine schmutzige Wäsche gewaschen habe. Vorgestern habe ich mir ein paar

Dessous gekauft, ein Höschen in Tarnfarben und ein gestreiftes. Ich bin zur Zeit richtig verrückt nach hippen Klamotten, und ich komme mir fast vor wie eine ältere Frau, die sich als kleines Mädchen verkleidet.

Deine kleine Bébette (Meine Liebe, Du weißt doch sicher noch, wann Du mir diesen schrecklichen Spitznamen gegeben hast?).

29. Juni 2003
Ich riskiere eine große Klappe

Es gab eine Zeit, als ich noch Angst davor hatte, daß Mu Zimei mein Leben lang an mir kleben könnte wie eine zweite Haut; und da riet mir ein Liebhaber, den ich beim Chatten kennengelernt hatte – der süßeste, verliebteste von allen –: »Fürchte dich nicht vor dem Ruhm, hab keine Angst vor der Bürde, fett zu werden.«[*]

Gestern abend war ich in der Bar mit den oberflächlichsten Typen aus ganz Kanton – und ich habe noch nicht einmal Cool gestreichelt.

Nachdem ich ein paar Drinks hatte, wurde ich von einem Typen angesprochen: »Wir spielen gerade ein Spiel. Der Verlierer muß dir eine Frage stellen.«

Ich war im Türrahmen stehengeblieben und blickte ihn herausfordernd an. »Was für eine Frage?«

»Wie viele« – er machte eine Pause, als ob er Mut schöpfen müßte, um seine Frage zu stellen –, »wie viele Männer hattest du?«

»Fünfundsechzig«, antwortete ich, ohne zu zögern.

Ich drehte mich auf dem Absatz um und schritt davon. Wow! Was für ein Auftritt. Alle Männer in der Bar, mit Ausnahme von Cools Herrchen, waren perplex und sahen mir bewundernd nach.

---

[*] Anspielung auf das chinesische Sprichwort: »Ren pa chuming zhu pa zhuang.« – »Der Mensch fürchtet die Bürde des Ruhms wie das Schwein die Mast.«

Nach einigen weiteren Drinks wollte ich an den Tisch des Malers gehen. Noch bevor ich bei ihm und seinen Leuten angekommen war, sprachen mich ein paar Typen am Nebentisch an. Ihr Sexleben war mir zwar total egal, aber weil sie gar nicht genug davon bekamen, meine Offenheit zu loben, hielt ich es für meine Pflicht, ihnen eine kleine Vorführung zuteil werden zu lassen. Also fragte ich den einen: »Willst du heute abend mit mir schlafen?«

»Das läuft nicht. Bei dir bin ich irgendwie blockiert.«

»Aha, und wieso?«

»Du bist zu berühmt. Ich fürchte um meinen Ruf. Alle Männer, die mit dir schlafen, bekommen erbärmliche Noten.«

»Na und, was soll's! Ich habe auch oft den Eindruck, daß man mich bewertet. Du willst wirklich keinen Sex mit mir? Ich würde noch nicht mal einen Eintrag über dich schreiben.«

»Ich traue dir nicht.«

»Was für eine Besonderheit gibt es denn an dir, die den Rest der Welt interessieren könnte?«

»Na ja, eine gäbe es da schon.«

»Und das wäre? Hast du etwa eine zu lange Vorhaut?«

»Genau. Aber das lasse ich noch in Ordnung bringen, bevor ich heirate.«

»Also gehen wir mal davon aus, daß du wirklich eine zu lange Vorhaut hast – das bedeutet doch noch längst nicht, daß ich über dich schreibe. Darüber gab es früher schon mal was in meinem Blog.«

»Ich traue dir immer noch nicht.«

»Du scheinst einen ziemlich coolen Körper zu haben, Sex mit dir könnte toll werden. Und ich war schon immer davon überzeugt, daß miteinander zu schlafen die beste Möglichkeit ist, sich kennenzulernen. Die Intimität der Körper, das ist das einzig Wahre.«

»Vor ebendieser Wahrheit habe ich Angst.«

»Wenn du sowieso keinen Sex willst, brauchen wir ja auch nicht miteinander zu reden.«

35

»Okay, dann sollst du nicht weiter deine Zeit verschwenden.«

Die Tatsache, daß er mich nicht wollte, bewahrt ihn nun doch nicht davor, in meinem Blog zu erscheinen. Jetzt ist er also berühmt, gerade weil er sich geweigert hat, mit mir zu vögeln. Als ich später in seinem Weblog nachsah, fand ich heraus, daß er ebenfalls über mich geschrieben hat, noch am Abend unserer Begegnung. Im Netz schmeichelten wir uns gegenseitig: Er nennt mich »ungewöhnliche kleine Katze«, und ich bezeichne ihn als »Glied mit Käppchen«! Das bestätigt wieder einmal meine Beobachtung, daß Männer mit körperlichen Makeln sich oftmals viel versagen und sich zurückziehen.

Später am Abend sprach ich noch einen anderen an: »Wie heißt du?«

»PL.«

»Wie alt bist du?«

»Dreiundzwanzig.«

»In welcher Branche arbeitest du?«

»Versicherungen.«

»Wollen wir ficken?«

»Nein.« (Seine Stimme war ganz leise.)

»Willst du nun, oder willst du nicht?«

»Ich will nicht.«

»Wieso nicht?«

»Ich hatte erst eine Frau, und das auch nur eine Nacht lang. Ich will das nicht mehr.«

»Und was willst du dann?«

»Ich will erst, wenn Gefühle mit im Spiel sind.«

»Sex ist Sex. Und Liebe ist Liebe. Wieso läßt du dich überhaupt auf ein Gespräch mit mir ein, wenn du gar keinen Sex willst.«

»Ich weiß deine Offenheit zu schätzen.«

»Für so was habe ich keine Zeit. Wenn du keinen Sex willst, dann haben wir uns auch nichts zu sagen.«

»Dann kannst du ja gehen.«

»Wieso soll ich denn gehen? Soll ich etwa deinetwegen gehen?«

In dem Moment hörte ich, wie der Maler mich rief. Ich ging zu seinem Tisch. Dann redeten wir über *Camille Claudel,* bis die Bar schloß.

Danach, zwischen 3 und 4 Uhr morgens, kam ich schließlich doch noch zum Vögeln, mit einem »Wissenschaftler«. Ich war mit den Gedanken ganz woanders, bis er mir ins Gesicht ejakulierte, Scheiße! So wie das Sperma mir übers Gesicht lief, hätte man es für Rotz halten können.

Von 4.10 bis 5 Uhr gönnte ich mir noch einen Trip mit einem anderen »Maler«. Wir machten es ein bißchen in der Art von *Im Reich der Sinne**. Erst hat er mich ganz nackt rasiert und mir dann ein Ei in die Vagina geschoben. Schließlich holte er das Ei wieder heraus, schob es in sein Kondom und ließ es auf dem Klo zerplatzen. Man könnte sagen, es war ein echtes Happening – mein lieber Mann, ganz große Kunst!

2. Juli 2003
Warmwasserprobleme

Bin übersättigt von Sex. Ich plane heute genau dieselbe Art Abend wie die Mehrzahl der Frauen, die wie ich ein Single-Dasein gewählt haben: Musik hören, DVDs anschauen.

Ich bin total erschöpft, nachdem ich den ganzen Tag herumgelaufen bin, sieben Boutiquen durchkämmt, zwei Schalen mit Reistäschchen, zwei Portionen Fisch, ein Lammspießchen, Milchklöße mit Ei, eine Bouillon mit Fliederwurzeln und Lotuskernen und eine Schale Nudeln mit Rindfleisch gegessen habe …, nachdem ich endlose Kilometer gelaufen bin und zehn Milliarden Wörter gesprochen habe!!! Letzte Station war die dritte Etage im Warenhaus Kending, wo ich mir einen Haufen Filme und Musik gekauft habe.

---

* *Ai no corrida* (1976), japanischer Film von Nagisa Oshima, der wegen seiner Darstellung von Lust und Gewalt als eines der radikalsten Werke der Filmgeschichte gilt und die sexuelle Obsession eines Paares zeigt.

Die DVDs:

1. *Zeuge einer Verschwörung* (Alan J. Pakula, 1974)
2. *Nacht und Nebel über Japan* (Nagisa Oshima, 1960)
3. *The Year of the Sex Olympics* (Science-Fiction-Fernsehfilm)
4. *Götter der Pest* (Fassbinder, 1969)
5. *Hana-bi* (Takeshi Kitano, 1997)
6. *Liebe ist kälter als der Tod* (Fassbinder, 1969)
7. *Monrak Transistor* (thailändischer Film von Pen-Ek Ratanaruang, 2001)
8. *Das Gastmahl der Liebe* (Pier Paolo Pasolini, 1965)
9. *Breakin' 2: Electric Boogaloo* (Sam Firstenberg, 1984)
10. *Irreversibel* (Gaspar Noé, 2002)
11. *Insomnia – Schlaflos* (Christopher Nolan, 2002)
12. *Leben!* (Yimou Zhang, 1994)
13. *La teta y la luna* (Bigas Luna, 1994)
14. *Ju Dou* (Yimou Zhang, 1990)
15. *The Isle* (Ki-duk Kim, 2000)
16. *Hsiao Yü* (taiwanesischer Film von Sylvia Chang)
17. *Ohne Ende* (Krzysztof Kieślowski, 1985)
18. *Die besten koreanischen Kurzfilme* (Box mit drei DVDs)
19. *Meisterwerke der Kunst:* »Picassos letzte Periode«, »Monet«, »Jackson Pollock«.

Die CDs:

1. eine von Emer Kenny
2. »A Day in New York« von Ryuichi Sakamoto
3. »Ibiza orchid«
4. »100th Window« von Massive Attack
5. »Glory Times« von Portishead
6. »Flickering Flame« von Roger Waters
7. eine von Tom Waits von 2002
8. »Live in Tokyo« von Nico

Alles in allem dreihundertsiebenundsiebzig Yuan.

Ausstaffiert mit einer riesigen Tüte voller CDs und DVDs, kehre ich in meine Gefängniszelle zurück. Ich klettere die

Treppe hoch und lausche dabei einem Telefongespräch zweier Liebender. Ich steige hinauf bis zu meinem kleinen Nest auf der vierten Etage und bin schweißgebadet. Mein Heizofen ist kaputt. Seit vier Tagen habe ich jetzt schon nicht mehr heiß geduscht. Also bitte ich den Nachbarn aus dem Erdgeschoß um Hilfe. Er bemüht sich umsonst – am Zündknopf herumzufummeln genügt leider nicht.

Ich komme nicht darum herum, ich muß den Hausbesitzer anrufen.

»Kennen Sie jemanden, der Heizöfen repariert?«

»Nein. Wir machen das immer so: Wenn der Heizofen kaputt ist, kaufen wir einen neuen.«

»Aber meiner ist noch nie kaputt gewesen. Man muß doch erst einmal versuchen, ihn zu reparieren.«

»Da kann ich Ihnen auch nicht weiterhelfen. Suchen Sie sich einen Klempner.«

Shit. Abgesehen davon, daß er seine pockennarbige Haut in Falten legt und Witze macht, wenn er die Miete kassiert, ist dieser Hausbesitzer bisher zu nichts gut gewesen. Ich weigere mich entschieden, kalt zu duschen! Kommt gar nicht in Frage, daß ich mir noch mal einen abfriere.

Ich frage bei den Leuten im Viertel herum und stöbere schließlich einen Handwerker auf. Er kommt und nimmt den Heizofen mit. Es muß nur der Schalter ausgetauscht werden. Er meint, mit einem neuen Zündknopf wird das Gerät wie neu sein. Hauptsache, es explodiert nicht, mehr verlange ich ja gar nicht. Unzählige Male habe ich mich schon in meinem Badezimmer in die Luft fliegen sehen.

Geduldig warte ich ab. Eine halbe Stunde später bringt er mir den Ofen wieder zurück.

»Und da glaubt nun alle Welt, daß du deine ganze Zeit mit Vögeln verbringst. Dabei bist du eine Frau wie alle anderen, mit denselben ätzenden Problemen im Haushalt und Kummer mit einem kaputten Heizofen«, meint meine Freundin später völlig zu Recht.

23.30 Uhr: Ein neuer Schalter = sechzig Yuan.

23.40 – 0.00 Uhr: Unter der Dusche. Der Thermostat steht auf kleinster Stufe, trotzdem kocht das Wasser. Ich schwitze.

Mitternacht: Ich bin ganz nackt und fühle mich wie ein Seidenstrumpf, den der Wind trockenweht. Irgendwie bin ich in einer narzißtischen Laune: Ich wandere vor dem Spiegel im Schlafzimmer auf und ab und sehe zu, wie sich meine Haare wie Nudeln verdrehen.

0.13 Uhr: Ich fange an, die CDs durchzuhören.

Die erste: Nico. Mein CD-Player: »*No disc*! Bitte entnehmen!« Das war die einzige CD, die ich mir im Geschäft nicht angehört habe, weil ich es irgendwann eilig hatte rauszukommen … Die vorherige CD, die von ihr hatte, habe ich einem Typen geliehen, den ich sehr mochte und der sie mir einfach nicht zurückgegeben hat … Kein Erfolg mit Nico!

Die zweite: Tom Waits. Keine Probleme mit diesem alten Herrn. Ich weiß noch, daß ich eines Tages ziemlich unanständige Dinge schrieb, nachdem ich sechs oder sieben von seinen Alben gehört hatte. Kurz darauf habe ich beschlossen, meine erste Zigarre zu rauchen.

Die dritte: »A Day in New York« – von Ryuichi Sakamoto hatte ich noch nie etwas, aber der Sound ist gar nicht schlecht.

Die vierte: Portishead – Beth singt super, zwar immer auf hundertachtzig, aber wenn ihre Nerven nicht zum Zerreißen gespannt wären, würde ich sie nicht mögen und Portishead wäre nicht Portishead.

Die fünfte: »Flickering Flame«. Zuerst rauche ich eine Zigarette. Nackt rauchen ist, wie nach dem Sex zu rauchen. Eine echte Sensation! Diese Platte empfehle ich unbedingt. Das erste Stück haut einen nicht um, aber das zweite hat einen coolen Beat. Ich mag solche Musik, die einem einen Spiegel vorzuhalten scheint. Vom dritten Stück habe ich kaum etwas mitgekriegt, weil ich gerade mein Tagebuch geschrieben habe. Das vierte ist außergewöhnlich, scheint von Pink Floyd beeinflußt, begleitet von Frauenstimmen. Wenn der Rhythmus schneller wird, glaubt man einen Chor zu hören … Das fünfte

Stück beginnt mit dem Monolog einer Frau und endet mit der Fortsetzung des Monologs.

Die sechste: »Ibiza orchid«. Diese DJs habe ich das erste Mal bei einem Heineken-Festival gehört. Die Leute drängelten sich zu Tausenden bei der Show. Als die DJs auf Tournee gingen, wurden sie von einer Band mit jungen Mädchen begleitet, die supersexy und ziemlich provozierend waren. Ihre Auftritte haben in mehreren Städten regelrechte Unruhen ausgelöst. Nur ein sehr kleiner Kreis – zu dem auch ich zählte – kannte die DJs damals in Kanton. Ob man Ibiza orchid wohl zur internationalen Lounge Music rechnet? Heute liest man in den meisten Szene-Magazinen, daß Lounge eine Mischung aus Jazz und Electro ist, früher sprach man eher von einem Mix aus Chill-out, Trip-hop, House, Acid Jazz … Aber all diese Bezeichnungen sind ohnehin sinnlos.

Die Kassiererin bei Kending erzählte mir, daß BMG China einen Sampler mit Lounge *made in China* herausgebracht habe, der sich sehr gut verkauft, darauf findet sich auch Ibiza orchid.

Die siebte: Massive Attack. Von denen habe ich etliche Alben. Alle sagen, daß ich damit musikalisch absolut hinterm Mond bin.

Die achte: »Emer Kenny«, die einzige Aufnahme, die keine Raubkopie ist. Also richtig gute Klangqualität. Am Anfang entfaltet sich die Stimme einer Sängerin mit unglaublicher Wucht. Der Klang ist leicht, fast überirdisch.

Das genügt. Ich nehme die CD heraus. Ich lege eine DVD ein, *Ohne Ende* von Kieślowski. 1.16 Uhr.

4. Juli 2003
Ein moralischer Film

Er sagt, er komme in zwanzig Minuten. Gerade habe ich mein Zimmer aufgeräumt. Ich steige aus der Dusche und erwarte einen Unbekannten, mit dem ich Liebe machen will.

Kurz zuvor habe ich noch gesehen, wie er Fotos von gegrillten Rippchen machte. Ich war in einem Restaurant am Lu-See.

Er begnügte sich damit, sie zu fotografieren, ich dagegen hatte einen Bärenhunger. Während ich die Paare beobachtete, die am Seeufer spazierengingen, mußte ich an meine Flirts aus Studentagen denken. Auch ich bin damals spazierengegangen, auch ich bin in den Arm genommen worden. Auch ich bin geküßt, hofiert worden – und habe gegrillte Rippchen gegessen.

Seit drei Jahren habe ich jetzt schon keinen mehr, der sich um mich kümmert. Daran habe ich mich so sehr gewöhnt, daß ich mich nicht mehr verlieben kann. Traurig kehrte ich nach Hause zurück, um dort zu Ende zu essen.

Jetzt ist es schon nach Mitternacht. Die ideale Zeit, einen Unbekannten zum Vögeln zu finden. Ich wähle eine von den Telefonnummern, die ich in Reserve habe. Nach zwei Worten sind wir uns einig.

Besser als Fastfood.

»Ich trage eine schwarze Nike-Weste.« Das hat er gähnend und in dem blasierten Tonfall angekündigt, in dem Männer manchmal mit Frauen reden.

Ich gehe nicht auf ihn zu, sondern gebe ihm erst ein Zeichen, dann überquere ich die Straße.

Ein schöner Mann. Nach 1975 geboren. Selbes Alter wie ich, Post-1975er, und in der Art werden wir auch vögeln – direkt und kühl.

Ich ziehe Männer vor, die Ende der sechziger, Anfang der siebziger Jahre geboren sind. Das sind die großen Verführer, die Gefühl in ihre Gesten legen. Vor der Liebe reden sie ein wenig über Kunst und Philosophie.

Er dagegen spielt mit meinem Computer. Sein Beruf: Informatiker. Ich schlage ihm vor, *The Isle* anzuschauen (immerhin ein sehr besonderer Film), aber er interessiert sich nicht für künstlerische oder experimentelle Filme.

Zeit, Orte, Leute, Dreier, Partnerwechsel, Exzesse – die üblichen Gesprächsthemen zwischen Sexpartnern nach 1975. Der Trend geht zum Pragmatismus. Wenn man sich auszieht, ist jeder für sich. Auch wenn man anschließend miteinander ins Bett geht.

»Wie willst du mich verführen?« frage ich ihn.

»Mit meinem Körper, meiner Haut, meiner Technik.«

Der Beweis wird angetreten.

Brust und Hintern sind die erogensten Zonen seines Körpers.

»Stehst du auch auf Männer?«

»Definitiv nicht.«

Ein Fünfundzwanzigjähriger ist kraftvoll, strotzt vor Testosteron, und er bleibt schön hart. Davon abgesehen, kann er eine Frau allerdings weder richtig anmachen noch ihr Herz erobern. Nachdem wir zweimal gevögelt haben, erteile ich ihm eine Lektion in Sachen Verführung.

»Weißt du, es läuft besser, wenn man den anderen gefühlsmäßig an sich heranläßt.«

Aber wirklich, denke ich. Vor allem wenn es nur für eine Nacht ist. Dabei immer im Kopf behalten, daß ich dich diese eine Nacht lang liebe. Wenn sich beide aufeinander einstellen, kommt man besser miteinander klar. Also spielen wir die »leidenschaftlich« Liebenden. Und lachen dabei viel.

Mitten in der Nacht hören wir nebenan eine Frau schreien. Dann ein Durcheinander von Männer- und Frauenstimmen.

Er legt sein Ohr an die Wand, weil er das Gespräch verstehen und wissen will, was da abläuft: ein Dreier oder SM.

Der Arme! Er hat nur drei Stunden geschlafen, und schon ist es Zeit, zur Arbeit zu gehen. Doch als der Wecker klingelt, dringt er gerade wieder in mich ein.

Noch fünf Minuten. Noch ein paarmal auf und ab. Das sagt er sich und hat Angst, sich zu verspäten. Keine Zeit für ihn, zum Höhepunkt zu kommen. Keiner erbarmt sich seines sexuellen Schicksals!

In *The Isle*, mitten in der schönsten Action, unterbricht der Mann den Akt, weil er hört, daß ein Fisch angebissen hat. Er holt den Fisch aus dem Wasser und macht mit ihr genau da weiter, wo er aufgehört hat.

Ein Film mit viel Fleisch und viel Blut. Aus irgendeinem Grund gilt er als moralischer Film – als ethisch.

4. Juli 2003
Grau
Zwischen gestern und heute nur grau in grau.

Der Grau-Index ist sehr hoch: Ich hätte es so gern, daß mich einer mal in den Arm nimmt, ohne mich auszuziehen.

Ein Junge hat Leukämie. Es gibt Foren für diese Krankheit, und dank der Links im Internet hat er mich ausfindig gemacht: Ich habe ihn angeblich zum Erröten gebracht.

Ich werde mir eine Prepaid-Karte kaufen. Dann gehe ich nach Hause zurück.

Mein größter Triumph dieses Wochenende wäre es, zu schaffen, die Artikel mit den jeweils tausend Schriftzeichen zu Ende zu bringen.

Ohne gestört zu werden. Ohne Gefühlsregung. Ohne Liebschaft. Ohne Begehren. Mich zu isolieren, mich von der Welt zurückzuziehen erfordert große Anstrengung.

6. Juli 2003
Kein Grund aufzubegehren
Gegenüber von meinem Haus gibt es einen kleinen Bach, den man nur mit Mühe überqueren kann.

Ich weiß noch, wie ich einmal zu jemandem sagte: »Ich bin traurig.« (Und ich hatte guten Grund dazu.) Sofort erwiderte er: »Du hast keinerlei Grund, traurig zu sein.«

Angesichts der meisten Schwierigkeiten, die sich vor einem auftürmen, gibt es tatsächlich keinen Grund, den Mut zu verlieren. Aber manchmal muß man es einfach zulassen, sich treiben und in die Traurigkeit sinken lassen.

Heute nachmittag habe ich im Weblog von »Bu Hui«[*] gelesen. Dieser Junge, dem ich nur einmal begegnet bin, hat uns bereits verlassen.

Außerdem habe ich zu Hause angerufen, um die neue Telefonkarte auszuprobieren. Nach einmal Klingeln habe ich auf-

---

[*] »Ohne Bedauern«.

gelegt. Für gefühlsduselig will ich nun wirklich nicht gehalten werden.

Ich habe keinerlei Grund querzuschießen.

7. Juli 2003
Das Quick um 10 Uhr vormittags

Für gewöhnlich gehe ich zwischen 2 und 3 Uhr nachmittags in den Laden und bestelle etwas zum Mitnehmen. Aber heute vormittag bin ich früh aufgestanden und hatte Hunger.

Also Punkt 10 betrete ich das Quick. Ich stoße die Tür auf – dingdong – und wow! Unvermittelt sehe ich mich sieben Leuten gegenüber. Von einer Frau abgesehen, trägt keiner davon Uniform. Da ist ein Mann, ganz in Schwarz, riesig. Beeindruckend. Ich sehe sie an. Sie sehen mich an. Wir sehen uns an: sieben gegen einen. Ich weiche zurück.

»Nur keine Panik, das hier ist kein Überfall.«

»Kann ich was bestellen?«

»Na klar!«

Ich bin genau in den Schichtwechsel geraten. Manche haben die Uniform schon ausgezogen, andere sie noch nicht übergestreift. Sie sind mitten im Briefing. Bei dem Mann in Schwarz macht es bestimmt einen Unterschied, ob er Uniform trägt oder nicht.

Ich bestelle Hähnchencurry mit Reis und dazu einen bitteren Tee. Merkwürdige Kombination. Aber ich war die halbe Nacht wach, und innerlich brennt alles. Um das Feuer zu löschen, brauche ich einen bitteren Tee.

Sieben Leute, die jede meiner Bewegungen beobachten, das bin ich nicht gewöhnt. Die Chefin sitzt an der Kasse. Ich betrachte diese wohlbeleibte Frau in den Vierzigern und sage mir, daß sie ohne die Uniform viel mehr Charme hat. Sie trägt ein T-Shirt mit Designerlabel. Ich meine mich zu erinnern, daß sie mir beim letzten Mal erzählte, daß sie sechshundert Yuan verdient, was gerade mal für Miete und Essen reichen dürfte.

»Gibt es hier jemanden, der immer noch nicht weiß, wie

man Reis aufwärmt?« fragt sie in Richtung Personal. »Aufwärmzeit etwas über eine Minute«, antworten alle im Chor.

»Letztens hat einer von Ihnen den Schalter auf Maximum gestellt und zwei Minuten einprogrammiert. Bumm! In der Mikrowelle ist alles explodiert. Überall hing das Zeug. Wer immer das war, hat sich nicht etwa bequemt, aufzuräumen und dem Kunden eine neue Schale zu bringen, sondern ist wie ein Trottel vor dem Ofen stehengeblieben und hat gerufen: ›So ein Mist!‹ Ich mußte die Portion für den Kunden aus eigener Tasche zahlen.«

Ein Klassiker. In aller Breite erzählt die Geschäftsführerin diese Geschichte, um gut dazustehen und ihr Image zu pflegen. Alle lächeln und schweigen. Was sie nicht wissen, ist folgendes: Die Portion, die »Bumm!« gemacht hat, war meine: mein Hähnchencurry vorige Woche. Ich bin Teil dieser Geschichte …

8. Juli 2003

Was ist aus meinen Liebhabern geworden?

Der Grad meines jeweiligen Liebeskummers wird durch ein oder mehrere Sternchen (*) angezeigt.

1. Der, den ich im Alter von zwölf Jahren liebte: ein Schulkamerad. Ist auf eine andere Schule gewechselt. Aus den Augen verloren.*

2. Der, den ich mit Vierzehn liebte: mein Literaturlehrer. Wohnt noch in der Stadt, in der ich geboren bin, hat den Beruf gewechselt, ist mittlerweil Notar. Vater eines sechsjährigen Kindes.***

3. Der, den ich mit Sechzehn liebte. Er gab mir meinen ersten Kuß. Er ist weggezogen. Das letzte Mal sah ich ihn, als ich neunzehn war. Da war er in Shenzhen Angestellter in einem privaten Unternehmen.***

4. Der, den ich mit Siebzehn liebte: ein Schüler aus meiner Klasse. Ich habe die Aufnahmeprüfung an derselben Universität wie er gemacht, nur um weiter in seiner Nähe sein

zu können. Als er dann sein Diplom hatte, ist er nach Shenzhen gezogen. Anwalt.***

5. Der, den ich mit Achtzehn liebte: ein Kommilitone. Der erste Mann, zu dem ich gesagt habe: »Ich liebe dich.« Ist er in Shenzhen? Kanton? Peking? Keine Ahnung.*****

6. Der, den ich mit Neunzehn liebte: ein Kommilitone. Wohnt in Kanton. War schon verheiratet, als ich ihn kennenlernte. Wissenschaftler und Vater eines dreijährigen Kindes.***

7. Der, den ich mit Zwanzig liebte: ein Kommilitone. Mein erster Liebhaber. Ist nach Peking gegangen und nach Kanton zurückgekehrt. Arbeitet in der Werbung. Hat eine Verlobte. Wohnt ganz in meiner Nähe.*****

8. Der, den ich mit Einundzwanzig liebte: ehemaliger Gitarrist, jetzt freier Journalist. Erst Peking, jetzt Kanton. Bei einer Party bin ich ihm neulich über den Weg gelaufen. Immer noch Junggeselle.*****

9. Der, den ich mit Zweiundzwanzig liebte: Schriftsteller und Musikkritiker. Hat in der Werbung angefangen, wurde dann Informatiker. Zwischen Kanton und Shanghai. Junggeselle.*****

10. Immer noch mit Zweiundzwanzig: wohnt in Kanton, arbeitet freiberuflich. Habe ihn dieses Jahr oft in Bars rumhängen sehen. Vor kurzem ist seine Freundin nach China zurückgekommen.****

11. Der, den ich mit Dreiundzwanzig liebte: Dichter. Bohemien. Junggeselle. Aus den Augen verloren.***

12. Immer noch mit Dreiundzwanzig: noch in Shenzhen. Bergsteiger. Junggeselle.***

13. Noch mit Dreiundzwanzig: Regisseur, in Peking kennengelernt. Sein letztes Projekt: einen Film über Dreißigjährige drehen.***

14. Der, den ich mit Vierundzwanzig liebte: Geschäftsmann in Kanton. Verheiratet. Wir sehen uns gelegentlich und essen zusammen zu Abend.***

15. Immer noch mit Vierundzwanzig: arbeitet für eine Zeit-

schrift in Peking. Ist vor kurzem zu einer Reise nach Vietnam aufgebrochen. Junggeselle.****

16. Ebenfalls mit Vierundzwanzig: Freiberufler in Shanghai. Lebt in wilder Ehe. Aus den Augen verloren.****

17. Der, den ich mit Fünfundzwanzig liebte: aus Kanton. Zieht oft durch die Bars. Immer mit derselben Freundin, mit der er immer mal wieder Schluß macht.**

18. Immer noch mit Fünfundzwanzig: in Kanton. Zieht oft durch die Bars. Hat sich gerade in ein Mädchen verliebt, das ich kenne.***

11. Juli 2003
Der Artikel über Empfängnisverhütung

Yushe, meine Freundin aus Shanghai (tatsächlich heißt sie Yu-ying), hat kürzlich ein populärwissenschaftliches Buch über Verhütung mit dem Titel »Empfängnisverhütung« veröffentlicht. Es ist der erste Band einer Reihe, die sich an junge Frauen wendet, zum Preis von zwanzig Yuan. Auf dem Cover sind die Schriftzeichen für »männlich« und »weiblich« abgebildet, so ähnlich wie im Vorspann einer taiwanesischen Fernsehsendung, die »außergewöhnliche Männer und Frauen« vorstellt. Die beiden Piktogramme sind in Grün beziehungsweise Rot gehalten und mit einer speziellen Technik gedruckt, so daß es aussieht, als sei das Ganze mit Sand bestreut. Da Titel und Aufmachung des Buches sehr poppig wirken (und da vor allem der Titel wirklich sehr explizit ist), gibt es Probleme mit dem Vertrieb. Die Buchhandlungen haben Hemmungen, ein solches Buch auszustellen und zu verkaufen (wieso eigentlich?). Also sah sich Yushi genötigt, zunächst im Internet für das Buch zu werben.

Außerdem riet man ihr, eine Journalistin zu suchen, die einen Artikel über Empfängnisverhütung schreiben sollte – entweder jemanden, der eine Buchrezension verfaßt, oder jemanden, der von seinen eigenen Erfahrungen berichtet. Vergangene Woche ließ ich sie wissen, daß ich mich darum kümmern würde, sobald ich Zeit hätte. Auch wenn ich aufgrund meiner Schlaflosigkeit mittlerweile halbtot vor Erschöpfung bin, kann ich mein Versprechen nicht brechen. Ich habe mich entschlossen, über meine eigenen Erfahrungen zu sprechen; das ist ja ohnehin meine Spezialität.

So. Ich zitiere im folgenden meinen Artikel, damit das Thema die größtmögliche Aufmerksamkeit bekommt. Diesen Monat bin ich übrigens wieder mit meiner Periode überfällig.

Eine kleine Verhütungspanne

Ich war einundzwanzig, als ich zum ersten Mal ein Verhütungsmittel kaufte. Es war Sommer. Der Morgen nach meiner Entjungferung.

Ich verließ die Wohnung des Mannes, den ich liebte, der mir aber das Leben schwer machte, und begab mich in die nächste Apotheke. Denn direkt nachdem wir miteinander geschlafen hatten, als mir noch alles weh tat, fragte er: »Wann hast du deine letzte Periode gehabt?«

»Letzten Monat, am Elften.«

»Das ist riskant«, meinte er stirnrunzelnd. »Du mußt dir Medikamente besorgen.«

»Was für Medikamente?«

»Erkundige dich lieber erst mal danach.«

Ich war wie erstarrt. Bis zu dem Zeitpunkt war »Empfängnisverhütung« für mich nur ein sehr abstraktes Wort gewesen. Ich trat also an den Ladentisch der Apotheke und verlangte mit kaum hörbarer Stimme: »Ich hätte gern ein Verhütungsmittel.«

»Was für eine Art Verhütungsmittel?«

»Äh, äh«, stotterte ich herum, »die Art Pille, die man nimmt, wenn man nicht schwanger werden will.«

Ohne weiter nachzufragen, reichte mir die Apothekerin schwungvoll ein Päckchen »Tan qin«[*] (den genauen Namen

---

[*] Wörtlich: »ehelicher Besuch«; eine Pille zur temporären Empfängnisverhütung für Frauen, die räumlich von ihrem Partner getrennt leben und ihn nur gelegentlich treffen (was während der Kulturrevolution häufig vorkam).

des Medikaments weiß ich nicht mehr, aber ich erinnere mich noch gut an die ersten beiden Schriftzeichen auf dem Beipackzettel).

Ich nahm das Päckchen und fuhr zurück auf den Campus. Zwei Tage lang drehte ich fast durch. Wurde immer aufgeregter. Mein sechster Sinn sagte mir, ich sei schwanger. Am Abend des zweiten Tages suchte ich dann eine ältere Freundin auf, die ich um Rat fragen wollte. Sie wohnte mit ihrem Freund zusammen. Verblüfft sah sie mich an und sagte freundlich zu mir: »Du mußt eine Pille namens ›Yuting‹[*] nehmen, das ist die Pille danach. Dazu ist noch Zeit genug. Los, komm.«

Sie begleitete mich in die Apotheke bei der Universität und ließ mich Pillen zu 12,50 Yuan das Stück kaufen. »Eine nimmst du jetzt gleich, und dann wieder eine in zwölf Stunden.«

Auf dem Beipackzettel stand: »einzunehmen innerhalb von zweiundsiebzig Stunden nach dem Verkehr«.

Ich fühlte mich schon etwas erleichtert. Mein Liebhaber war inzwischen in einen Liebesurlaub abgereist, um seine Freundin zu bitten, seine Frau zu werden.

Doch zwei Wochen später hatte ich meine Periode immer noch nicht. Ich hatte viel mehr Ausfluß als üblich, und es juckte wie verrückt. Wie eine dämliche Kuh versteckte ich mich in den Duschen der Wohnheime, und wieder warnte mich mein sechster Sinn: Du bist schwanger. Ich kam um vor Sorge, war verängstigt – ich konnte mich nicht einmal den anderen Studentinnen anvertrauen, so persönlich, so tabu war das Ganze. In einer kleinen Buchhandlung im Universitätsviertel stöberte ich ein Büchlein über die Gesundheit der Frau auf und schlug gleich das Kapitel »Schwangerschaft« auf. Diskret überflog ich es, und mein Blick blieb haften bei dem Abschnitt »Die ersten Anzeichen der Schwangerschaft«. Ich las es mehrmals. Mir zitterten die Hände. Später bestätigten dann die beiden roten Streifen auf dem Schwangerschaftstest meine

[*] Wörtlich: »die Gnade gebären«.

Befürchtungen. Meine Intuition hatte mich nicht getäuscht. In einer Privatklinik ließ ich eine Abtreibung vornehmen.

Als ich mir die Pille das erste Mal kaufte, erwischte ich die falsche. Als ich das erste Mal Sex hatte, wurde ich schwanger. Und was meinen ersten Liebhaber betrifft, der löste sich auf wie Schwarzenegger in *Terminator*. Das war die dramatischste und tragischste Episode meines Lebens. Sechs Monate später schlief ich mit meinem zweiten Liebhaber. Danach war ich mit vielen Männern zusammen, immer nur für eine Nacht. Seit diesem Erlebnis schwöre ich auf »Yuting«. An den fruchtbaren Tagen oder wenn ich es ohne Schutz gemacht habe, nehme ich unmittelbar nach dem Sex die Pille danach, denn das Fiasko meiner ersten Erfahrung hat mich abgehärtet (den zweiundsiebzig Stunden traue ich nicht mehr), auch wenn das meinen Zyklus durcheinanderbringt. Ich nehme die Pille nicht regelmäßig, denn ich habe keinen festen Partner. Allerdings habe ich bereits über langfristige Empfängnisverhütung per Hormonimplantat nachgedacht, es aber noch nicht machen lassen. Unbewußt muß ich wohl masochistisch veranlagt sein, da ich solche Risiken eingehe … Wie oft habe ich mir schon Sorgen gemacht bei dem Gedanken, ich könne schwanger sein! Wie oft habe ich in dieser Klinik angerufen, um mich zu überzeugen, ob der Arzt von damals immer noch dort praktiziert! Wie oft bin ich fast durchgedreht, habe mir Schritt für Schritt unser Gespräch von vor vier Jahren durch den Kopf gehen lassen. Dann denke ich plötzlich wieder, ich sollte das Geld für die ständigen Medikamente sparen (das, was ich für meine »Nicht-Abtreibungen« ausgebe, könnte ich anderweitig gut gebrauchen).

Seit einigen Jahren schleppe ich immer Kondome mit mir herum, für die Männer, die bereit sind, sie zu benutzen. Zu Hause habe ich davon außerdem jede Menge in Reserve. Extra dünne, körnige, gestreifte, farbige, transparente … eine ganze Sammlung. Heute gehe ich in eine Apotheke und verlange ein Päckchen »Super Durex National«. Die schüchterne Kleine von einst ist passé.

11. Juli 2003
Die Macht der Trägheit

Seit kurzem gibt es in der Redaktion ein neues Reglement für die Abgabe der Texte. Alle Artikel müssen jetzt erst eine Reihe von Kontrolletappen passieren, was enorme Verzögerungen mit sich bringt. Ich habe schon Fristverlängerung verlangt. Ohne Erfolg. Das nervt!

Und – schwups – sind Schlaflosigkeit, Schwindel und Sehstörungen wieder da … Wenn es denn wenigstens zu etwas gut wäre!

Ein Autor aus Hongkong läßt mich vier Tage warten, ehe er mir die Rohfassung seiner Geschichte schickt – das ganze ohne Fotos (und natürlich ohne mich vorher zu benachrichtigen). Ich muß in der Redaktion um Aufschub bitten und mich ganz schön ranhalten, um innerhalb eines Tages ein Dutzend passende Fotos aufzutreiben; bis 22 Uhr bin ich damit beschäftigt. Was für eine Riesenschinderei.

Unter diesen Umständen den Artikel fristgerecht abzuliefern ist einfach nicht möglich. Vor allem weil ich wegen eines anderen Artikels Dienstagvormittag früh raus und Bildmaterial vorbereiten muß.

Mittwochnachmittag treffen dann endlich die Fotos aus Shanghai ein, mit einem Tag Verspätung, weil sie unterwegs verlorengegangen waren. Es sind Aufnahmen von Cowboys, insgesamt etwa vierzig. Jetzt muß ich mir noch die Zeit nehmen, eine Auswahl zu treffen, und die Bilder entwickeln lassen. Ich bitte erneut um Aufschub bis Donnerstag (am Mittwoch ist der Graphiker nicht da).

Dienstagabend klappe ich todmüde zusammen und bin noch längst nicht fertig.

Mittwoch erwartet mich wieder ein Riesenberg Arbeit. Um die Donnerstagsseite noch zu schaffen, muß ich am Abend den Artikel fertigbekommen, koste es, was es wolle.

Heute vormittag gehe ich extrem früh in die Redaktion, um die Seite in Druck zu geben, die ich Dienstag hätte abliefern sollen, ebenso die von Donnerstag. Ich sage mir, daß ich so wenigstens nicht um eine weitere Verlängerung bitten muß. Als ich dann am Nachmittag fertig bin, zitiert mich der Redaktionschef zu sich und klärt mich auf, wem alles ich die Artikel hätte vorlegen müssen, ehe sie in den Druck gehen. In der Sitzung folgt dann ein Riesenanschiß. Ich bin gezwungen, meine Wut zu unterdrücken und eine Passage zu ändern, die ich eigentlich für besonders gelungen hielt. Ich habe so was von die Schnauze voll.

Gerade eben bekomme ich den überarbeiteten Artikel von dem Autor in Shanghai für die Seite, mit der wir im Verzug sind. Das gibt mir den Rest.

Ich habe einfach ein Problem mit Regeln.

11. Juli 2003
Lichtstreifen am Horizont

Als ich auf dem Weg zum Mittagessen mit dem Fahrstuhl nach unten fahre, treffe ich eine Kollegin von meiner alten Zeitung. Sie fängt ein Gespräch mit mir an.

»Du siehst viel besser aus als früher.«

»Unmöglich! Gerade im Moment schlafe ich sehr schlecht.«

»Doch, doch, wenn ich es dir sage …«

Danke für das Kompliment. Bei meiner alten Zeitung war es entsetzlich, alle haben sich ständig gestritten, es war unerträglich.

Nach dem Mittagessen gehe ich auf einem anderen Weg zurück, mir kommt ein Typ entgegen, den ich nur vom Sehen kenne; er arbeitet im selben Gebäude wie ich. Je näher wir uns kommen, um so mehr lassen wir beide ein Lächeln erkennen. Auch er spricht mich an: »Sie werden immer schöner«, sagt er zu mir. »Ich komme gerade vom Essen«, sage ich, völlig ohne Bezug zu ihm. Doch mir wird ganz warm ums Herz. Ich habe zwei Komplimente bekommen. Das kostet nichts und bereitet mir Vergnügen.

14. Juli 2003
Weiße Zähne

Letzte Woche, auf dem Rücksitz eines Taxis: Im Rückspiegel bewundere ich die weißen Zähne des Fahrers. Im Radio läuft eine Sendung über Liebesbeziehungen. Ich sehe sein komplettes Gebiß. *Ultra Bright.* Dieser Fahrer ist wirklich gesund und sexy. Ich betrachte seine strahlend weißen Zähne und denke mir, daß es China wirklich gut geht. Bis zu dem Moment, als er um eine Kurve biegt und ich im Rückspiegel ein skelettartiges, zerfurchtes Gesicht sehe. Was für eine Enttäuschung!

14. Juli 2003
Weißer Rock

Zum ersten Mal in meinem Leben trage ich einen weißen Rock. Ich achte darauf, ein weißes Höschen zu tragen (vielleicht hätte ich doch ein schwarzes nehmen sollen?). Und ich ziehe extra ein ganz klassisches schwarzes Top an, das mit winzigen weißen Blüten bedruckt ist.

Dieser Look bringt mir zwei Kommentare ein:

1. »Du bist angezogen wie ein Mauerblümchen.« (Morgen gehe ich unten ohne, versprochen.)

2. »Du siehst wirklich sehr vornehm aus.« (Ich neige den Kopf und betrachte meine schwarzen Schuhe mit den weißen Schnallen, was denn auch sonst!)

Wartet nur ab, bis ich die richtig scharfen Waffen auffahre, das wird einen Aufstand geben!

14. Juli 2003
Dringende Bedürfnisse

Jedesmal wenn wir zusammen irgendwo unterwegs sind, geht der Fotograf, mit dem ich zusammenarbeite, mehrmals aufs Klo. Letztes Mal war es ein Interview mit einer ledigen Frau, bei dem er innerhalb von drei Stunden zweimal mußte. Die Toilette lag gleich neben dem Wohnzimmer. Da die Wände so dünn waren, hörte man, wie er die Wasserspülung betätigte, Mannomann. Ziemlich peinlich.

Heute fuhren wir zu Fotoaufnahmen in einen Schönheitssalon, zu dem Männer keinen Zutritt haben. Nach einer halben Stunde, wir hatten alles aufgenommen und besprochen, fragte er die Kosmetikerin, wo die Toilette sei. Sie reagierte überrascht, zeigte ihm aber den Weg. Ganz lässig marschierte er davon und machte wieder seinen Lärm.

Das schlimmste daran ist, daß es sich ständig wiederholt.

Vor einigen Monaten waren wir für eine andere Reportage über einen Schönheitssalon unterwegs. Während er seine Aufnahmen machte, blieb ich draußen mit der Geschäftsführerin. Dann gingen wir hinein, um zu sehen, ob alles gut läuft, und überraschten ihn dabei, wie er bei offener Tür pißte.

Ich weiß nicht, was mich daran hinderte, ihn zu fragen, ob er das Urinieren auf Damentoiletten nicht seinlassen könnte. Es brannte mir auf der Zunge, aber ich traute mich nicht.

17. Juli 2003
Mein geliebter Gleichgültiger

Heute nachmittag hörte ich das vierte Stück »Exit music (for a film)« des Albums »OK Computer« von Radiohead. Mein schöner Gleichgültiger spazierte zur selben Zeit ziellos durch die verschlungenen Sträßchen von Shanghai.

Je mehr Muße er hat, desto mehr kommt er meiner Idealvorstellung von einem Mann nahe. Am Abend des 23. Dezember 2002 sagte ich zu ihm: »Ich liebe dich sehr.« – »Das kommt daher, daß ich dir nicht das Herz gebrochen habe«, antwortete er.

Als ich heute alte Uni-Unterlagen durchblätterte, fand ich die Aufzeichnung einer Befragung meines geliebten Gleichgültigen mit Datum vom Sommer 2000. Innerhalb von etwa drei Stunden habe ich ihm an die einhundert Fragen gestellt. Er hat sich dabei ungefähr so benommen wie der Typ aus *Clockwork Orange* und währenddessen unentwegt in seinen

Laptop gehämmert: »Ich habe oft Angst, mich in der Nacht zu verlieren, aber im Grunde lasse ich mich gern treiben.« Gut erkannt.

Ende Dezember 2002 verließ er Kanton. Meine Tränen begannen zu fließen, und ich glaubte eine Zeitlang, daß zwischen ihm und mir alles echt und klar gewesen sei.

Im Juni 2003 habe ich meinen Blog gestartet, weil auch er mit seinem Tagebuch online gegangen ist.

Er ist der Gleichgültige, ich bin Mu Zimei.

17. Juli 2003
Rendezvous

Ich habe ein Motorola-Handy der älteren Generation. Es kann nur hundert Nummern speichern. Nach drei Monaten löscht es automatisch alle alten Namen und Nummern, um Platz für neue zu schaffen.

Vorgestern abend habe ich, um eine neue Eroberung registrieren zu können, einen Verheirateten gelöscht, der mit mir in einer Bar Austern essen gehen wollte und mir mehrere CDs geschenkt hat. Dann erhielt ich heute morgen eine anonyme SMS: »Hallo, Jiangzi[*].«

Da kennt mich jemand noch unter einem älteren User-Namen. Ich rufe zurück, weil ich wissen will, von wem die Nachricht kommt.

Er ist es.

»Bist du frei heute abend, Jiangzi?«

»He! Wenn du ein Rendezvous willst, mußt du öfter anrufen, sonst …«

»Aber ich war sehr beschäftigt. Solange das Sars-Virus umging, habe ich mich nicht rausgetraut, und danach bin ich nach Shanghai gefahren. Ich bin gerade erst wieder nach Kanton zurückgekommen.«

---

[*] Wörtlich: »gesalzenes Gemüse«, ein Modewort, das die Chinesen benutzen, um den taiwanesischen Akzent nachzuahmen.

»Also in dem Fall leiste lieber deiner Frau und deinem Kind Gesellschaft, und halte dich ein bißchen bedeckt.«

»Na schön, ich gehorche.«

Eine halbe Stunde später schickt er mir noch eine SMS: »Okay, freue mich heute abend auf deine charmante Begleitung.«

Ha, ha, er hat es schon vermasselt.

Ich habe ihn online kennengelernt, sein Chat-Name: »der Dialektiker«.

Was für ein Spießer. Wir haben zusammen gegessen, Austern, danach haben wir in seinem Wagen eine Nummer geschoben.

Manchmal, wenn ich wie besessen arbeite, wenn ich so viel geschrieben habe, daß ich schon halb blind bin, stelle ich mir vor, ich könnte mich von einem Herrn wie diesem aushalten lassen. Aber da er schon gelöscht worden ist, kann ich ihn auch gleich abschreiben.

17. Juli 2003
Süchtig

Vor vier Jahren sah mich eine Graphikerin aus einer Werbeagentur rauchen und erzählte mir, daß sie früher auch eine starke Raucherin gewesen sei. Bis dreißig sei sie süchtig gewesen. Aber schließlich widerten die Zigaretten sie an, da habe sie aufgehört.

Seit kurzem habe auch ich das Gefühl, daß ich Zigaretten immer schlechter vertrage. Wenn ich vor dem Computer sitze, habe ich aus Gewohnheit sofort Lust zu rauchen, aber schon nach ein paar Zügen fühle ich mich mies. Ich bekomme Probleme mit dem Atmen und einen üblen Geschmack im Mund. Von einem Moment auf den anderen drücke ich die Zigarette halb aufgeraucht aus.

Nur wenige Augenblicke später zünde ich mir wieder eine an, und kurz darauf geht alles von vorn los ...

Wie erbärmlich, einfach nicht aufhören zu können.

18. Juli 2003
Mülleimer

Ich habe es mir doch gedacht: Meine Freundin liest jeden Tag mein Internet-Tagebuch, obwohl ich ihr nie davon erzählt habe, daß ich einen Blog führe.

Allerdings habe ich mich gewundert, denn sie findet ja dort nur dieselben Geschichten, die ich ihr sonst jeden Tag am Telefon erzähle. Davon mal abgesehen, daß eine Stunde Unterhaltung mehreren Stunden Schreiben entspricht. Es kostet Zeit, ist anstrengend.

Der wesentliche Unterschied ist der, daß jetzt mein Weblog das übernimmt, was vorher meine Freundin gemacht hat – mein seelischer Mülleimer zu sein. Ha, ha!

Die Freundin hat mir erzählt, daß sie ein Freund aus dem Chat auf den Blog gebracht und ihr geraten habe, das Tagebuch einer völlig übergeschnappten Kantonesin zu lesen. Als sie einen Blick reinwarf, entdeckte sie sofort, daß ich dahinterstecke.

Ein andermal erzählte ihr ein Prominenter – ein Junggeselle, den sie kannte – ganz im Vertrauen, daß ich viel Talent hätte, ohne zu wissen, daß sie mich kennt.

TOP 1: Letzter Wille
Vielen Dank, meine geliebten Schwestern, meine geliebten Brüder, die Ihr meinen Mülleimer besucht!

Um die Wahrheit zu sagen, ich unternehme beträchtliche Anstrengungen, um ein Leben zu führen, das es wert ist, erzählt zu werden. Das alles, damit Ihr jeden Tag etwas zu lesen findet!

PS: Ich frage mich, ob meine Freundin, wenn sie dieses Tagebuch liest, es am Ende vielleicht saublöd findet.

PPS: Ich habe mir einen Spaß mit einem Kollegen gemacht und zu ihm gesagt: »Die internationalen Medien üben derzeit großen Druck auf den Wechselkurs des Renminbi* aus«, und

---

* »Volkswährung«, Währung der Volksrepublik China.

er antwortete mir: »Was für ein Thema. Über so was brauchst du mit mir gar nicht erst zu debattieren!«

Da mußten wir beide lachen.

18. Juli 2003
Wiederauferstehung
Heute nachmittag ist auf dem Display meines Handys wieder der Name eines Mannes erschienen, den ich aus meinem Telefonbuch gelöscht hatte: »Klasse Date heute nachmittag?«

»Alles klasse.«

»Möchte ein Mädchen treffen.«

»Mußt bloß dahin gehen, wo sie ist.«

»Möchte dich treffen ...«

...

»Autsch! Ich arbeite heute nachmittag, heute abend, dieses Wochenende ... keine Zeit.«

Er hat auch einen Blog. Codename »Casanova«. Vor sechs Monaten haben wir miteinander geschlafen. Zwei Abende in Folge. Am ersten Abend: sehr feucht. Am zweiten Abend: total trocken. Er wollte mehr, ich hatte genug.

Wir waren in einem Lokal, das Ludingji heißt. Wir haben Suppe gegessen. Dann sahen wir uns einen Underground-Film in einer Bar an, die den Charme einer Kantine hatte. Hand in Hand saßen wir da.

Das letzte Mal begegnete ich ihm im SW. Ich saß neben ihm und aß Rindfleisch à la SW. Dann zeigte ich mit fetttriefendem Finger auf Cools Herrchen und sagte: »Mit dem habe ich gefickt, auf dem Tresen hier in der Bar. Seitdem komme ich jeden Tag her, einfach so.«

Danach ist Casanova urplötzlich verschwunden, wie weggezaubert!

18. Juli 2003
DJ Mix

Ich höre nicht mit dem Rauchen auf. Ich wechsele die Marke.
Ich kaufe mir ein Päckchen DJ Mix mit Kirscharoma. Wegen
eines Freundes, den ich vor vier Jahren kennenlernte. Er bot
mir damals ein rotes Päckchen DJ Mix an. Jetzt hat er eine
Freundin, die zwölf Jahre älter als er ist. Sie kommt aus Peking.

Einmal, an einem Abend, an dem ich zuviel getrunken hatte,
gab mir die Wirtin in der Bar, in der ich war, ein gelbes Päckchen. DJ Mix mit Zitronenaroma. Ich schnappte mir die Zigaretten und dann noch einen Franzosen und ging zu Bett.

Die Wirtin in der Bar, sie war um die Dreißig, schickte mir
frühmorgens eine SMS und schrieb, sie sei betrunken, wolle
mich sehen, außerdem weine sie gerade. Ich bekam ein bißchen Angst – das fehlte gerade noch, daß sie mit meinem Mitleid rechnet. Seitdem habe ich sie nicht wiedergesehen.

Jetzt ist mein Päckchen Kirscharoma leer. Ich würde gern
mehr über DJ Mix wissen und googele den Namen. Das hilft
mir zwar auch nicht viel weiter. Aber immerhin finde ich dabei im Netz diesen Text, der mir sehr gefällt:

>»Am späten Nachmittag hatten Xiaoruo und ich ein Ren-
dezvous im ›Maji Ami‹, einer tibetanischen Bar in der Xin-
shui-Straße, einem Lokal, in dem wir oft abends essen. Ich
kam etwas früher an. Um halb sieben wartete ich schon
oben an der Treppe. Ich öffnete die Tür, ich sah Xiaoruo
auf der Bank. Sie war sogar noch vor mir angekommen. Sie
schien guter Laune, aber an dem verlorenen Ausdruck ihres Blicks erahnte ich eine gewisse Traurigkeit. Mir fiel auf,
daß sie eine andere Marke rauchte. Sie hatte englische Zigaretten dabei, DJ Mix. Auf dem Päckchen der Aufdruck
›Special Feel‹. Sie rochen nach tibetanischem Weihrauch,
gemischt mit dem Aroma von Zitrone. Es sah Xiaoruo gar
nicht ähnlich, ihre Marke zu wechseln. Bestimmt hatte sich
irgend etwas in ihrem Leben verändert.«

Ach! Ich will nicht mit dem Rauchen aufhören.

Einige Monate später wechsele ich wieder die Marke.

19. Juli 2003
Die Lasterhafte

Mein Zimmer ist ein einziges Chaos, ich ertrage das einfach nicht mehr. Je länger das so geht, desto schlimmer wird die Misere. Außerdem wird es immer heißer.

Ich lege »Hagoubang«* in den CD-Spieler, und los geht's! Ein Riesenradau – bei taiwanesischen R&B-Klängen putze, schrubbe, wienere, scheuere ich, das ist echt klasse!

Gerade eben, in der 13-Uhr-Sendung, wurde der Song »Mein Leben« vom selben Album zu einem Beitrag über Arbeitslosigkeit gespielt. Darin heißt es: »Ich lebe zügellos, ich rauche, / ich schwelge in meinen Lastern jeden Tag, / ich streichle meine Laster, / zärtlich, / wie einen Hund.«

Wenn er es sich in den Kopf setzt, alle Welt zu beleidigen, kann er ganz schön aggro sein. Zum Beispiel in dem Stück »Engel 13« singt er: »Mit Geld kann man sich alles erlauben, / mit Geld kann man sich alles erlauben.« Oder in »Die Alten von Ximending«**: »Alle wollen das Mädchen vernaschen, aber erst mal heißt's bei ihr, hinten anstellen. / Ob Impotenz, Erektionsprobleme oder vorzeitiges Kommen, sie nimmt alles, sie stinkt. Überall.«

Bis 3 Uhr morgens habe ich geschuftet. Bin noch nicht mal müde. Die rissigen Wände habe ich gescheuert, die Türen, alles bis ins kleinste Eckchen, habe noch die winzigste Spur Schmutz weggewischt. Verdammt noch mal!

Ich bin für die Sünde geboren, lebe ausschweifend, aber für meinen Geschmack noch lange nicht genug. Als ich »China Girl« von CS las, habe ich mich gefragt, weshalb ich mich nicht schon mit Fünfzehn oder Sechzehn blindlings ins Laster gestürzt habe.

* »Die Hot Dogs«, Gruppe des taiwanesischen Sängers MC Hot Dog.
** Stadtteil von Taipeh.

Schon als ich ganz klein war, bewunderte ich immer die Dichter, Maler und Sänger, die so kalt und egoistisch schienen und alles besser wußten. Solche sind mir haufenweise über den Weg gelaufen. Und ich kenne den Unterschied zwischen denen und mir. Danach bin ich zu Informatikern übergegangen, zu Mittelständlern, zu Auslandschinesen, Ausländern und sogar zu Kellnern, Taxifahrern ... Scheiße, ist das lächerlich (oder pathetisch).

Es ist einfach zu heiß. Morgen lasse ich eine Klimaanlage einbauen.

19. Juli 2003
Hitze und Langeweile

Die Hitze bringt mich noch um. Sie nimmt einem jegliche Tatkraft, ich habe überhaupt keine Energie mehr.

Hilfe, meine Ohren. Ich ertrage das nicht mehr. Diese schrillen Töne, das ist ja nicht zum Aushalten. Meine Nerven fühlen sich an wie zementiert. Ich kann kaum atmen. Mein Geschmackssinn funktioniert nicht mehr. Ich habe es gerade einmal geschafft, eine Papaya zu essen, etwas von dem schwarzen, bitteren Gefrorenen und die Hälfte des grünen Gefrorenen. Jetzt ist mein Magen eine Tiefkühltruhe, aber meine Haut brennt noch immer.

Ich fühle mich wie in einer Luftblase, um mich herum blühen noch mehr Blasen, die ich kaum wahrnehme. Ich strecke Arme und Beine aus, bin selbst voller Blasen, emotional aufgeblasen.

Ich bringe es nicht über mich, irgend etwas zu tun. Ich kann mich nur meinen Tagträumen hingeben.

Zum Glück habe ich einen großen Vorrat an Tagträumen. Ich gleite von A nach B, von Eins zu Zwei. Ich denke an ihre Gesichter, an den Hauch ihres Atems, an die Form, die sich in ihrer Unterhose abzeichnet, und an den Bambuszweig darunter.

Tagträume sind voller Köstlichkeiten. Ich denke an alle, die ich schon genossen habe, und an alle, mit denen ich noch nicht das Vergnügen hatte. Und ich finde sie alle verlockend. Was für eine herrliche Methode, gegen die Hitze und die Langeweile zu kämpfen. Auf die Art kann man sich konzentrieren und die Körpertemperatur senken, so kommt man schließlich zum Nullpunkt der Begierde. Im Grunde die Befreiung des Körpers.

Ich schwitze unter den Armen, und das ist alles andere als angenehm bei dem ständigen Luftzug. Schlimmer noch: Es ist so heiß, daß man nicht einmal daran denken darf, jemanden in die Arme zu nehmen. Das wäre reiner Selbstmord.

Könnte ich doch nur in ein riesiges Becken voller Fruchtwasser eintauchen, darin würde ich baden wollen.

20. Juli 2003
Momo

Das erste Mal begegnete ich Momo im Windflower. Mit den Worten »Ich möchte dir einen Freund vorstellen, der gerade einen Film dreht«, stellte ML ihn mir vor. Ich weiß nicht, ob das Englisch oder Französisch ist, aber die erste Silbe seines Namens wird »mo« ausgesprochen. Ich sagte: »Na, in dem Fall nenne ich dich Momo.«

Von da an fühlte ich mich unwiderstehlich zu Momo hingezogen. Es war die fast unwiderstehliche Mischung aus seiner Schüchternheit, seiner bissigen Art eines Filmtypen und dem mondänen Gehabe eines Bohemien. Das war es. Und er hat einen Bart.

Neulich traf ich ihn im SW. Er war mit einem Kumpel da und ließ sich vollaufen. Unter dem Einfluß des Alkohols wurde Momo ziemlich vertrauensselig und schickte sich an, mir seine traurige Geschichte zu erzählen: von seinen Enttäuschungen in Liebesdingen aus der Studentenzeit, von den drei Jahren in Frankreich, in denen er zu allen Mahlzeiten nur Spaghetti aß, und von seinen Kurzfilmen. Nachdem er sich ordentlich vollgesoffen und ordentlich ausgekotzt hatte, bescherte er mir eine Nacht ohne Morgen.

»Tauche ich nun bald in deinem Tagebuch auf?« fragte er mich.

»Was meinst denn du?«

»Na, mach halt, was du willst, auch gut.«

Mir fiel etwas ein, das der Gleichgültige einmal zu mir sagte: »Es ist ziemlich blöd, wenn man gar nichts gemacht hat, aber noch blöder, wenn man alles gemacht hat.«

23. Juli 2003
»Blauer Dunst«

Von DJ Mix gibt es vier verschiedene Aromen: Zitrone, Kirsche, Apfel, Schokolade. Ich habe alle ausprobiert.

Die Karriere einer Raucherin: Als Studentin habe ich überwiegend Salem geraucht. Dann zusätzlich YSL und More. Der Vorteil bei den Salem ist, daß sie einen dezenten Mentholgeschmack haben und leicht sind. Wenn ich schreibe, rauche ich sie stangenweise. Ich rauche so viel davon, daß ich nicht einmal mehr merke, wie sie schmecken.

Die YSL rauche ich wegen der Ästhetik. Sie sind weiß und schmal, haben den Charme einer Frau von Erfahrung. Im Gegensatz zu den Capri, die wie Zahnstocher aussehen. Aber der Nachteil ist, daß sie eine Art Nachgeschmack haben. Sie sind unangenehm zu rauchen.

More. Die Zigarette eines anderen Jahrhunderts. Sehr junge, literarisch interessierte Mädchen aus den achtziger Jahren (ebenso wie junge Männer). More rauchen ist wie eine Qipao[*] tragen und sich von einem Alten grüßen lassen, der plötzlich meint, einen wiederzuerkennen. Das braune Papier, in das sie gewickelt sind, ist recht dick. Die Asche fällt nicht runter. Wenn man aufhört, dran zu ziehen, gehen sie aus.

Als ich anfing zu arbeiten, kaufte ich erst weiter Salem. Als ich die Arbeitsstelle wechselte, wechselte ich auch die Marke.

---

[*] Traditionelles chinesisches Gewand, eng anliegend und an der Seite geschlitzt.

Durch Zufall entdeckte ich dann die Chahua, deren Geschmack und Farbe ich sehr mag. Sie sind weiß und mit Teeblüten aromatisiert. Sechs Monate habe ich die geraucht, dann fing ich an, dauernd auf dem Filter herumzukauen, ohne daß es mir so richtig bewußt wurde. Immerzu biß ich darauf herum. Da bin ich dann auf Zhongnanhai umgestiegen. Das sind die Zigaretten der Künstler, der Werbeleute und der Musiker. Sie sind gut und nicht teuer. Ein halbes Jahr lang nahm ich nur die, bis ich bei Zhenmu anfing.

Ich habe auch ein paar Abstecher gemacht zu Mild 7, Camel, Marlboro Light, Davidoff … Gelegenheitsliebhaber.

27. Juli 2003
LOW

Das ist unterste Schublade, deprimierend, stumpfsinnig, gewöhnlich, ohne Substanz … »all songs written and performed by LOW«. Im Halbdunkel ist auf leuchtend rotem Untergrund ein Arm zu sehen, auf dem Handrücken zeichnen sich deutlich sichtbar die Venen ab: Das ist das Plattencover des Albums »Trust«.

Meine Erinnerungen verfolgen mich. Lassen mir nicht eine Minute lang Ruhe. Verderben mir jede Sekunde. Ich werde sterben.

Ich glaube, irgendwann einmal bringe ich mich noch um, und zwar vor den Augen der Männer, die ich geliebt und mit denen ich gefickt habe.

Vor ein paar Tagen habe ich geträumt, ich steige in die Tiefen des Ozeans hinab. Vorgestern habe ich geträumt, meine Großmutter und mein großer Bruder liegen nebeneinander im Bett und krepieren. Unter qualvollen Zuckungen.

Letzte Nacht habe ich von den Leichen meines Bruders und meines Vaters geträumt und vom Geist meiner Großmutter.

Jedesmal bin ich in kalten Schweiß gebadet aufgewacht.

28. Juli 2003
Traum

Den Anfang des Traums habe ich vergessen. Aber ich erinnere mich noch ganz genau daran, daß ich mich in einer Wohnanlage verlaufen habe, in der es sehr dunkel war: Ganz allein, ganz nackt, gehe ich einen Gang entlang. Vor mir in einer langen, geraden Reihe haufenweise Aktenkoffer. In verschiedenen Größen, alle schwarz. Ich kann suchen, soviel ich will, ich finde meine Tasche einfach nicht. Zum Glück entdecke ich nach und nach meine Kleider.

Ich ziehe mich an und irre ziellos durch die Wohnanlage. Ein gewisser Dingsu (jemand, den ich kenne) läßt mich wissen, daß sich meine verlorene Tasche bei einem Mädchen befindet, das mir vorschlägt, ich könne im Zimmer ihres Vaters warten.

Der Vater ist ein Intellektueller. In dem Raum stehen tonnenweise Bücher und ein Projektor. Er zeigt mir einen Film, man sieht eine Brücke, sehr alt. Auf die Brücke sind große rote Buchstaben gemalt, die »Boulevard von Guandong« bedeuten. Dann kommt eine Abzweigung ... Er erklärt mir, es ist die Abzweigung nach Tsim Sha Tsui*. Das alte Touristenviertel versinkt im Nebel, und trotzdem meine ich darin das Abbild einer alten Fotografie zu erkennen.

Das Mädchen bringt mir meine Tasche. Ich verlasse die Wohnanlage und kehre nach Kanton zurück.

Das Wochenende hat begonnen. Die Luft ist ganz klar, die Vögel singen, die Blumen verströmen einen angenehmen Duft, ich habe Lust spazierenzugehen. Ich will durch Tianhebei schlendern. Unterwegs treffe ich die Freundin, neben der ich in der Klasse gesessen habe, und das schönste Mädchen der Schule, das in die Parallelklasse ging (wäre das kein Traum, hätte ich die beiden garantiert nicht wiedererkannt). Seite an Seite gehen sie am Stadion entlang, und sie fragen mich, wohin ich will. Ich antworte: »Nach Tianhebei.« – »Und was

---

* Südspitze der Halbinsel Kowloon, im Norden von Hongkong gelegen.

willst du da?« – »Ein Freund hat mir erzählt, es gebe dort ein neues Geschäft.« Mit einem strahlenden Lächeln verabschieden sie sich. In dem Moment erscheint vor meinen Augen ein Modemagazin: Auf der linken Seite sehe ich das Foto eines Geschäfts, in dem Haushaltswaren und Kleidung verkauft werden (dieses Foto gleicht dem Bild, das mein Kollege GM gestern mit seiner Digitalkamera aufgenommen hat, wie ein Ei dem anderen). Ich bin begeistert, genau die Art Laden, die ich suche. Der Name: Chujiangyu (das erinnert mich an einen Kollegen). Auf dem Aushängeschild kann man auch die Festnetz- und die Handynummer lesen, die mit »13817« beginnt.

Im selben Moment fängt mein Handy an, wie verrückt zu klingeln. Ich wache auf.

Am Apparat ist A'dan, der mir erzählt, er habe sein Handy verloren und finde die Nummer von Moulei nicht. Während ich die Nummer in meinem Telefonbuch suche, lasse ich den Traum Revue passieren. Mouleis Handynummer beginnt mit »13817«.

28. Juli 2003
Aus dem tiefsten Innern

Ich habe einfach keine Zeit mehr, in meinen Blog zu gehen. Ich müßte einiges an Rückstand aufholen. Ich habe schon gar keine Ahnung mehr, wer meine Leser eigentlich sind. Oft reicht es schon, daß ich irgendeinen Namen erwähne, und schon melden sich haufenweise Leute. Ich bin müde. Diese Woche habe ich viel zu tun, und nächste Woche fahre ich nach Hongkong. Acht bis zehn Tage lang werde ich mein Tagebuch nicht führen können.

Das Motto des Tages lautet: »Glaubst du, es ist selbstverständlich, jeden Tag versorgt zu werden?«

Diese Frage richtet sich ebenso an meinen Blog wie an mich. Ich meine, ich stelle mich der Gesellschaft zur Verfügung. Wenn ich trotz des stressigen Lebens, das ich führe, die Zeit für Sex finde, bedeutet das immer noch ein Stück Arbeit für mich.

Ich muß gute Themen finden; ich muß interessante Erfahrungen aufspüren und ohne Skrupel darüber schreiben.

Den Männern, mit denen ich geschlafen habe, bin ich unendlich dankbar. Denen, die in meinen Tagebuchaufzeichnungen vorkommen, gestehe ich diese besondere Aufmerksamkeit zu. Manchmal fühle ich mich wirklich schuldig, habe ein schlechtes Gewissen und ein ungutes Gefühl, wenn ich daran denke, daß ich weder ihre Gefühle noch ihre Privatsphäre schütze – auch wenn ich beim Akt selbst hundert Prozent bei der Sache bin. Ich bewundere meine Fähigkeit, das zu ertragen.

Eine Freundin sagte einmal zu mir: »Ich habe Angst, daß du dich noch umbringst.«

Als ich das hörte, hätte ich am liebsten losgeheult.

Jeder muß sein eigenes Leben leben. Jeder muß seine Rolle finden. Und wenn man erst einmal angefangen hat, kann man nicht mehr zurück. Das ist wie bei der Mafia. Kaum bist du mit einem Fuß drin, bleibst du bis in alle Ewigkeit dabei. Und bist du tot, wirst du ein Mafiagespenst.

Einsames, hoffnungsloses Leben.

Unter welchen Umständen auch immer – kein Mann kann sich je in mich verlieben.

Ich brauche Liebe, aber ich muß mich hunderttausendmal mehr dafür anstrengen als sonstwer. Nun ist es mir allerdings verboten zu lieben. Jedenfalls für den Augenblick.

Ich muß ein einsames Dasein führen. Wie eine Kriminelle. Ein Leben, das nicht geteilt werden kann. Ein Leben, in dem ich mich nur auf mich verlasse.

29. Juli 2003
Größenwahn

Seit sieben oder acht Stunden schon ordne ich Unterlagen, ohne zu essen, ohne zu schlafen. Ja, sogar ohne Pause. Betrachtet man allerdings, was ich geleistet habe, muß man sagen, ich bin eine Null. Ich kämpfe gegen Windmühlen.

Als ich gestern mit meiner Freundin sprach, sagte ich zu ihr: »Am liebsten würde ich mich umbringen, aber wenn ich an all die Arbeit denke, die noch auf mich wartet, tja, da habe ich wohl nicht das Recht dazu.«

Wann kommt der Tag, an dem man sich nicht mehr seinen Lebensunterhalt verdienen muß?

1. August 2003
Zwei oder drei Dinge, die ich über Chen Tong weiß

Während ich mich aufmerksam in eine Beschreibung des Gleichgültigen von Chen Tong vertiefe, habe ich das Gefühl, ihn leibhaftig vor mir zu sehen. Er ist schmächtig, klein, trägt einen Schnurrbart. Ich habe ihn nie lächeln sehen. Allerdings muß man auch sagen, daß ich ihn überhaupt nicht oft gesehen habe.

Als ich ihm das erste Mal begegnete, war ich gerade erst einundzwanzig, noch ein richtiges Küken. Damals war er Redakteur und einer der Mitbegründer von »Vision 21«, einer Zeitschrift, die Ende letzten Jahres eingestellt wurde und die ich sehr mochte. Hinzu kam, daß ich einen gewissen Qiu Dali kannte, der damals auch dort arbeitete (ein ziemlich fähiger Typ mit riesigen Nasenlöchern). Eines Wintertages, an einem Nachmittag, an dem es nicht schneite – was sicher ist in Kanton! –, ging ich in die Redaktion, bewaffnet mit meiner ersten Erzählung, einem ziemlich experimentellen Text, handgeschrieben, mit dem Titel »Er tröstet«. Ich kam am Eingang des riesigen Gebäudekomplexes an, ging in eine Telefonzelle und rief die Zeitschrift an. Eine ernste, tiefe Stimme antwortete auf meine Frage: »Qiu Dali ist nicht da.« Das war Chen Tong.

An dem Tag war ich als »Cyber-Manga« gestylt, ich war von Kopf bis Fuß in glänzendes schwarzes Leder gekleidet, trug eine Afro-Perücke à la Jackson Five und war stark geschminkt. Ich sah schräg aus.

Zwar hatte mir Chen Tong die Nummer des Gebäudes gegeben, aber ich verlief mich prompt. Zweimal wechselte ich den Aufzug, der dann auch noch steckenblieb. Dann war ich endgültig durcheinander und fand mich plötzlich in einem mit Kartons vollgestopften Raum wieder. »Zu wem wollen Sie?« ertönte eine Stimme vom hintersten Ende des Korridors. Es war die Stimme eines kleinen Mannes mit Schnurrbart, der ganz in Schwarz gekleidet war. Irgendwie beunruhigend. Ich sagte mir: Das muß Chen Tong sein. Er erwartete mich beim Fenster.

Das ist kein Mann, den man einfach so zum Spaß verführt. Sein Aussehen und sein schulmeisterliches Gehabe – nicht nur, weil er Professor an der Akademie der Schönen Künste ist – wirken einschüchternd. So vor ihm, in meiner Aufmachung, kam ich mir lächerlich vor. Ich spürte sofort, daß ich ihm nicht gefiel.

Die Unterhaltung zwischen uns lief nicht gerade flüssig, deutlicher Mangel an *good vibrations*. Ohne einen Blick auf meine Erzählung zu werfen, meinte Chen Tong, er wolle sie an Qiu Dali weiterleiten. Er nahm die letzte Ausgabe von »Vision 21« und fragte mich nach meiner Meinung. Ich bin, ehrlich gesagt, kein besonders gebildeter Mensch – Bildung schüchtert mich ein –, und so habe ich bei meiner Antwort wohl zu kleinmädchenhaft herumgeplappert. Und das auch noch haarscharf am Thema vorbei. Verurteilt hat er mich zwar dafür nicht, aber genausowenig hat er Interesse an mir gezeigt. Ich weiß noch, daß diese Nummer der Zeitschrift sich mit Kino und mit Maggie Cheung befaßte. Er fragte mich, wie ich es anfangen würde, einen Artikel über die Schauspielerin zu schreiben. Ich wußte nicht, was ich antworten sollte. Ich war zu nervös. Ein Riesenabgrund zwischen uns. Wir redeten über den Regen, übers schöne Wetter, und dann sind wir auseinandergegangen.

Danach hatte ich nur noch ein einziges Mal Gelegenheit, mit ihm zu sprechen, und zwar an dem Tag, als ich ihn anrief und um Informationen zu einem Thema, das ich gerade recherchierte, und einen Kontakt bat. Aber ich habe mich nicht getraut, ihm zu sagen, wer ich bin.

Dann bin ich ihm noch ein paarmal zufällig über den Weg

gelaufen. Vor allem in der Bar Maitian. Einmal war ich dort mit einer Gruppe von Leuten von der Zeitschrift »Wei«, die einen Vortrag über Videoprojektionen organisiert hatte. Es war ein Tag, an dem ich Lust hatte, mich unter Menschen und in ihr Leben zu mischen, sie zu verführen (schließlich vernaschte ich zwei oder drei Typen und stillte damit einige alte Begierden). Chen Tong hielt sich abseits, er saß im Dunkeln. Er sah mich. Ich sah ihn. Ich glaube, er hat mich erkannt. Ich war tatsächlich verlegen.

Aber das ist noch gar nichts im Vergleich zu der Scham, die ich letzten Herbst bei einer Vorstellung in der Xinhai-Oper empfand. Ich wollte mir die Aufführung der Tänzerin Jin Xing* ansehen. Chen Tong hatte sich zu mir gesetzt, direkt auf den Platz neben meinem. Die Reihe, die anfangs noch ganz leer war, füllte sich. Jin Xing hatte für ein volles Haus gesorgt. Die ganze Vorstellung über haben wir kein einziges Wort miteinander gesprochen. Das enge Beieinander machte es mir möglich, die Baumwollfasern seines Hemds zu riechen, den sauberen Duft, der seinen schmächtigen kleinen Körper schützte. Deutlich erkannte ich die Farbe seiner Socken. Ich konnte die Form seines Hinterns durch die Hose hindurch erahnen. Ich nahm sein leichtes Luftholen, sein dezentes Atmen wahr. Ich habe mich nicht getraut, die Hand auf die Armlehne zu legen. Während er sich ganz natürlich verhielt, zappelte ich ständig hin und her. Schon verrückt, was die bloße Anwesenheit von Chen Tong mit mir anstellt.

Was folgte, war noch schlimmer. Nach der Vorstellung ging ich einen Cocktail trinken. Ich stand am Büfett mit einem Mädchen, das ich erst kurz zuvor kennengelernt hatte. Wir redeten und tranken einen Drink nach dem anderen. Genau in diesem Augenblick kreuzte Chen Tong auf. Solche Eindrücke kann man nicht mehr ausradieren. Das Bild, das ich bei ihm

---

* Gefeierte Tänzerin und Choreographin aus Shanghai, die als Mann zur Welt kam und Oberst der chinesischen Armee war. Ihre Geschlechtsumwandlung war die erste, die in China mit offizieller behördlicher Genehmigung geschah.

(ohne es zu wollen) hinterlassen hatte, konnte ich nicht mehr korrigieren, sosehr ich mich auch anstrengte. Ich kam mir vor wie ein Schwamm: Je mehr er sich voll Wasser saugt, um so mehr schwillt er an.

Neulich las ich seinen Text »Eine Welt für sich«. Und ich ging in seine Buchhandlung, Librería Borges. Zufällig war er gerade nicht da.

1. August 2003
Verletzend und verletzt

Vorgestern wurde ich angezeigt. Man forderte mich auf, »ein gewisses Online-Tagebuch« einzustellen. Ich habe gemerkt, daß es ernst war.

Ich kann nur hoffen, daß die Leute, die im Netz die postumen Liebesbriefe der Mu Zimei lesen, nicht darüber reden. Daß ihnen der Name der Menschen, die ich erwähne, und das, was ich mit ihnen gemacht habe, etwas bedeuten.

8. August 2003
Der Liebe nahe

Ein Junge, der täglich das intime Tagebuch der Mu Zimei liest, hat mich »Xiaomu«[*] getauft.

Xiaomus Erscheinungsbild ist das einer jungen Schülerin. Sie kokettiert gern und wirft den Männern verliebte Blicke zu.

Ich habe keine Ahnung, wie es ihm gelingt, Xiaomu und Mu Zimei auseinanderzuhalten.

Er, der zuerst in Mu Zimei verliebt war, hat sich jetzt von Xiaomu umgarnen lassen. Nun liebt er Xiaomu, er will nichts mehr davon hören, daß sie Mu Zimei ist.

»Ich werde nicht mehr mit dir schlafen. Denn wenn du nicht fickst, bist du Xiaomu. Nur wenige Männer haben Zugang zu Xiaomu. Aber wenn du fickst, bist du ohne Zweifel Mu Zimei.«

---

[*] Wörtlich: »Wäldchen«.

Mu Zimei gehört aller Welt. Xiaomu gehört nur ihm. Und deshalb wird Xiaomu an dem Tag, an dem er mich nicht mehr Xiaomu nennt, aufhören zu existieren.

Xiaomus Körper ausgestreckt auf dem Bett, ihr Kopf auf dem Boden. Mit dem zerzausten Haar ums Gesicht sieht sie aus wie ein schwarzer Rock, der auf einem Kleiderbügel hängt.

»So könntest du glatt eine Rolle in einem Film von Shunji Iwai[*] bekommen«, sagt mein kleiner Fan. *Yentown, April Story* oder *All About Lily Chou-Chou* …

Er kommt nicht mehr dazu, seine Aufzählung zu beenden, Tränen schießen mir in die Augen, kullern mir übers Gesicht, auf die Stirn und in die Haare. Traurigkeit mal andersherum.

Er zerreißt ein Kleenex und tupft mir die Stirn ab, als sei es Schweiß. Kein Wort des Trosts, keine Fragen.

Ich stehe auf, gehe hinaus, winke ein Taxi heran und verschwinde.

8. August 2003
Ein Aufbruch

Ich komme am 12. oder 13. zurück. Wenn ich wieder hier bin, werde ich schon sehen, ob es Xiaomu noch gibt.

Und wie sich Mu Zimei hält.

10. August 2003
Vertrauliches Tagebuch

Heute bin ich deprimiert. Um 10 Uhr vormittags habe ich das Haus verlassen. Um 11 Uhr war ich mit meiner Arbeit fertig. Ich habe Schmerzen in den Füßen und im Rücken, und ich laufe und laufe. Von Xixi habe ich schlimme Neuigkeiten erfahren. Ich versuche sie zu verdrängen.

---

[*] Einer der erfolgreichsten japanischen Regisseure seiner Generation, dessen Filme für eine Art japanische *Nouvelle Vague,* die Popkultur und »Shojo manga« (Mangas für Mädchen) stehen.

Ich habe mein Paßwort geändert. Im Moment haben nur einige wenige Zugang zu meinem Blog.

Ich werde mich nicht umbringen. Nein. Trotz all der Verleumdung, deren Opfer ich geworden bin.

10. August 2003
Rote Fahne in Hongkong

Am 4. August, im Zug Kanton–Jiulong, bekam ich eine Nachricht von meiner Freundin: »Hisse die rote Fahne in Hongkong! Es lebe die Revolution!« Also habe ich gestern abend meine Mission erfüllt. Ich habe einen Schwarzen, den ich im Viertel Lan Kwai Fong traf, mit zu mir genommen. Ziemlich gut ausgestattet von der Natur, echt wahr.

13. August 2003
Rückkehr

Ich habe aufgeräumt – in meinem Tagebuch.

Gestern abend, im Hotel Imperial in Tsim Sha Tsui, bin ich in Tränen ausgebrochen. Ich habe das Gefühl, daß Mu Zimei tot ist.

Allein gegen alle. Die Ameise, die sich vom Elefanten besteigen läßt.

Es wäre mir echt zuwider, wenn man mein Tagebuch öffentlich auseinandernehmen würde!

13. August 2003
Noch einmal Xiaomu

Am 4. August hat Xiaomi eine SMS an Xiaomu geschickt: »Versuch, nicht an mich zu denken.«

Okay, aber dafür muß ich mich schon ziemlich anstrengen – was könnte selbstverständlicher für Xiaomu sein, als zärtlich an jemanden zu denken.

13. August 2003
Kleine Verschnaufpause

In der Abwesenheit Mu Zimeis sind allerlei spannende Dinge in Kanton passiert. Wie schade! Ich wette, daß sich der Wind bei ihrer Rückkehr gelegt hat und die Wogen geglättet sind.

14. August 2003
Den Feinden ausgeliefert

In der Nacht vom 4. auf den 5. August: Es regnete. »Jedesmal wenn ich nach Hongkong fahre, regnet es«, stellte mein Kollege fest. Selbst ich sorgte für keine Abweichung von der Regel. Wir nahmen die Digitalkamera, gingen hinaus und fotografierten ein Taxi mit einem Reklameschild für eine Immobilienfirma. Nach einer Viertelstunde im Regen verzichteten wir darauf, auf weitere Taxis zu warten, und gingen weg. Wir kamen über eine Fußgängerbrücke und blickten über das Geländer herab auf ein wahres Gewirr aus Straßen. Als ich die weißen, auf den Asphalt gemalten Buchstaben erkannte, drehte ich vor Freude fast durch: »Boulevard der Königin« hieß es da, und ich stellte mir vor, wie mein Idol Luo Dayou[*] lauthals skandierte: »Huanghou dadaodong! Huanghou dadaodong!« Zwei Doppeldeckerbusse bogen majestätisch um die Kurve und bahnten sich ihren Weg unter den Fußgängerbrücken hindurch in Richtung Boulevard. Ihre dicken Reifen verwischten die aufgemalten Buchstaben. Wie in einer Zeitlupe ... große Gefühle auf großer Leinwand. In meinem ersten Jahr in Kanton waren die Doppeldeckerbusse im Aussterben begriffene Dinosaurier. In Hongkong nennt man sie *Ding Ding*.

In der Nacht vom 6. auf den 7. August: Wie eine Lawine brachen die Nachrichten herein: Repressalien, Gewalt, Skandal ...

[*] Berühmter taiwanesischer Sänger und Songwriter, der in ganz China glühend verehrt wird. In einem seiner Lieder heißt es: »Boulevard der Königin, Boulevard der Königin ...«

Hongkong hat mich in eine völlig absurde Lage gebracht. Unmöglich per Fernbedienung zu regeln. Meine Eskapaden haben mich dem Feind in die Arme geworfen. Zwei Männer luden mich ein, mit ihnen auszugehen, ganz entspannt. Wir nahmen einen *Ding Ding*, der uns wie in einem Cocktailshaker durchschüttelte. Durch meine Tränen hindurch sah ich die Straße nur undeutlich. Meine Stimmung schwankte zwischen Niedergeschlagenheit und Wut. Ich redete unzusammenhängendes Zeug. An der Causeway Bay stiegen wir aus dem Bus und gingen in einen Seven-Eleven-Shop. Die jungen Verkäuferinnen saßen in einer Ecke und rauchten. Als wir hereinkamen, warfen sie ihre Kippen auf den Boden. Grauenhaft! Wir spazierten durch die kleinen Gassen, in denen sich Geschäfte und Bars aneinanderreihten. Ich war ganz wacklig auf den Beinen. Schließlich sackte ich auf dem Bürgersteig zusammen, einem Mann vor die Füße, der eine Kent rauchte. Die Asche flog vorbei, die Zigarette ging aus. Wir verzogen uns lieber.

In der Nacht vom 7. auf den 8. August: Der Mann mit dem Sternzeichen Jungfrau war krank, also bin ich mit dem Krebs ausgegangen. Er bestand darauf, daß wir bis zum Meer gingen; ich hatte die Füße voller Blasen. Wir überquerten die Straße der Bars in Wanzai. Vor jeder Bar gab es große Willkommensschilder zur Begrüßung der amerikanischen Marinesoldaten. Kurz zuvor war eine Reihe von Kriegsschiffen angekommen und in der Bucht von Hongkong vor Anker gegangen, was einige Tage lang für ein ziemliche Aufregung sorgte. Die Wirtinnen in den Bars, alterslose Frauen, gaben sich alle Mühe, Kunden anzulocken. Sie schnappten sich die Männer von der Marine, wollten sie ins Innere ziehen, faßten dabei vor allem größere Gruppen ins Auge. Unmengen von Frauen, große, kleine, dicke, mittlere oder knochige, alle in hautenger, verlockender Aufmachung, tauchten von überallher auf und drängten sich um die Marinesoldaten. Man könnte den Eindruck gewinnen, Hongkongs Wirtschaft sei drauf und dran, sich in nur einer einzigen Nacht wieder zu erholen. Ich hätte mich gern unter sie gemischt, aber in der Hand hielt ich eine weiße, schäbige Plastiktüte aus dem Seven-Eleven mit den Damenbinden, die ich gerade für fünfundzwanzig Hongkong-Dollar erstanden hatte. Deshalb gingen wir weiter Richtung Strand. Ich stimmte ein Klagelied über meine schmerzenden Füße an. Der Krebs-Mann verlor die Geduld. Er zog mir meine Sandalen aus. Ich hatte keine andere Wahl und ging barfuß weiter. Toll. Wie romantisch. Und ging weiter. Und weiter … Dabei mußte ich an das Buch »Die Tänzerin von Izu«* denken.

Am Strand machten wir dann halt. Wir steckten uns eine Zigarette an. Die Zeichnung des Meeresufers ähnelte einer Perlenkette. Lange Zeit blieben wir einfach nur stehen, ohne uns zu regen. Dann wollte er zurück, denn er hatte Angst, er könnte zum Material einer Geschichte Mu Zimeis werden. Ich trank das Wasser aus, das ich mitgebracht hatte. Dann gab er mir seine Karte und ließ mich einfach stehen. Was für ein unverhofftes Glück – ich würde mich in einer Bar so richtig austoben können, ohne mich zusammenreißen zu müssen! In der ersten Bar verwehrte man mir den Eintritt, weil ich mit meiner weißen Plastiktüte wie eine Müllsammlerin aussah. Bei der zweiten tastete der Türsteher meine Tüte ab und ließ mich rein. Drinnen tanzten chinesische Frauen mit Soldaten und anderen ausländischen Gästen. Sie rieben sich an ihnen, warfen ihnen laszive Blicke zu, gaben sich äußerst sexy, doch trotzdem herrschte eine eher gemütliche Atmosphäre. Eine Frau verkaufte Amulette und bot blinkende Abzeichen an. Ich setzte mich an den Tresen und fixierte die Flaschen und den Spiegel dahinter. Erneute Panikattacke: Ich fürchtete plötzlich, dem Feind in die Klauen zu fallen, ich sah mich schon in den Abgründen der Ausschweifung versinken … Am liebsten hätte ich mich vor ein Auto geworfen. Dann kam so ein Rüpel und quatschte mich mit einer Uralt-Anmache an: »Ich gebe Ihnen einen aus, einverstanden? Ich trinke für mein

* Novelle (1926) des japanischen Schriftstellers und Literaturnobelpreisträgers Yasunari Kawabata.

Leben gern. Darf ich Sie dazu einladen?« Plötzlich, an diesem von »ausländischen Teufeln« belagerten Ort, erschien er mir als einzig annehmbarer Typ – er war mein Gegenstück! Aber die Einladung schlug ich trotzdem aus, und dabei lächelte ich ihn an und warf ihm den Blick des stillschweigenden Einverständnisses der Landsmännin zu.

In der Nacht vom 8. auf den 9. August: Um 1 Uhr morgens beschloß ich, noch einmal in das Viertel Lan Kwai Fong zu gehen. Ich sollte vielleicht dazu sagen, daß das Fernsehen ein Freundschaftsspiel zwischen Real Madrid und der hongkong-chinesischen Mannschaft Zhongxiang in einer Endlosschleife zeigte. Außerdem ist Lan Kwai Fong mit all seinen Restaurants und Bars und seiner hektischen Betriebsamkeit wie gemacht für einen Nachtmenschen. In diesem Teil der Stadt führen die Straßen steil auf und ab, ich stieg hoch, ging runter, stieg wieder hoch, ging erneut runter, als wollte ich auf Umwegen in den siebten Himmel. An der heißesten Bar des Gipfels angekommen, blieb ich stehen und besah mir das unglaubliche Schauspiel der Trinkenden. Der Rausch der meisten hatte die vom Gesetz gestatteten Grenzen weit hinter sich gelassen. Völlig betrunkene Ausländer tanzten Tango, Flamenco und Conga, wobei sie ihre Flaschen und Gläser noch in der Hand hielten. Ich genoß die verrückte Atmosphäre. Die Ausländer legten eine besondere Vorliebe für die Holzplanken an den Tag, die wegen Bauarbeiten mitten auf der Straße aufgestapelt liegen. Unermüdlich sprangen sie um die Wette hoch und runter. Eine Italienerin (oder eine Französin) wäre beinahe böse gestürzt, aber sie tanzte weiter in der Reihe der Feiernden, als sei nichts gewesen.

Schließlich hielt ich es auf der Straße nicht mehr aus. Ich ging wieder in die überfüllte Bar zurück und bestellte mir ein Bier. Mir genau gegenüber saß ein Schwarzer, der seine Augen gar nicht mehr von mir abwenden konnte. Er stand auf und pirschte sich heran. Er holte Geld aus seiner Tasche und legte es auf den Tresen, um mir eine von meinen Marlboro-

Schachteln abzukaufen. Ich ließ ihn sein Geld wieder einpakken und bot ihm eine Zigarette an, die ich für ihn ansteckte. Wir setzten uns, legten die Füße auf den Tisch, beobachteten das Spektakel auf der Straße und zogen dabei an unseren Zigaretten. Echt cool. Er fing an, mich zu streicheln, packte meine Beine mit seiner großen schwarzen Hand, glitt immer wieder zwischen meine Schenkel. Wir boten offensichtlich ein Schauspiel, das – ebenso wie unsere unterschiedliche Hautfarben – unsere Umgebung erregte. Die Blicke der Leute waren auf uns gerichtet. Wir verließen die Bar, gingen zu ihm. Ich zog mich nicht aus. Legte kein einziges Kleidungsstück ab. Ich trug etwas Lotion auf meine weiße Hand auf und masturbierte ihn. Ein mächtiges, reinweißes Feuerwerk spritzte aus seinem tiefschwarzen Phallus hervor. Die ganze Zeit über beobachtete ich ihn mit weit aufgerissenen Augen, ich wollte sehen, wie er sich in alle Richtungen wand, wollte seinen keuchenden Atem spüren. Am Ende war ich ziemlich stolz darauf, daß es mir gelungen war, einen schwarzen Riesenschwanz zu bändigen.

Zwischen dem 9. und dem 12. August: Ich entfernte mich von der Ausschweifung, von der Dekadenz, der Exotik … Teilnahmslos irrte ich durch die Straßen. Als ich an den Arkaden von Chongqing vorbeiging, reichten mir Kellner ihre Speisekarten. In den Boutiquen mit den bekannten Marken oder bei McDonald's hörte ich die Leute Mandarin sprechen, vor allem den Shanghai-Dialekt. Hongkong ist ebenso das Opfer der Touristenhorden wie der Einwanderungswellen geworden, aber gerade der Tourismus rettet auch die Wirtschaft. So titelte das »Weekly Magazine« in einer Reportage über die Stadt: »Hongkong: den Feinden ausgeliefert.«

14. August 2003
Das Leben von Xiaomu
Sie wartet auf den Anruf von Xiaomi. Um 7 oder 8 ist er mit der Arbeit fertig.

Sie hat vorgeschlagen, Xiaomi zum Abendessen einzuladen, aber er zieht es vor, sie einzuladen.

Sie hat gerade viel bei der Arbeit um die Ohren. Früher hat sie sich wieder und immer wieder gesagt, sie habe einfach nicht die Zeit, sich zu verlieben – inzwischen verbringt sie ihre Zeit damit, brav auf ihn zu warten. Am Telefon lacht Xiaomi nervös, er ist zwar immer cool, klingt aber angespannt.

Xiaomu fragt sich, ob sie und Xiaomi sich die Hand geben sollen, ob man beim Essen lachen darf, ob sie ihm ihre Füße voller Blasen zeigen oder ihn eher spüren lassen sollte, daß sie eine autoritäre Frau sein kann, die Befehle erteilt und Männer wie Untergebene behandelt.

Xiaomu will schier das Herz zerspringen. Es ist schon so lange her, daß sie eine ernsthafte Affäre hatte, sie ist das gar nicht mehr gewöhnt. Der Computer zeigt an, daß es 19.07 Uhr ist. Wird sie in dreißig oder sechzig Sekunden einen Anruf von Xiaomi erhalten?

Ihre Freundin meint, Xiaomi sei sehr redegewandt. Jeden Tag schwärzt er die unwichtigen Dinge in seinem Tagebuch, bis sie unleserlich sind; er erzählt, was er gegessen hat, was er eingekauft hat, und führt über alles Buch.

Aber Xiaomu liest die Texte von Xiaomi zu gern. Er ist überhaupt nicht prätentiös, hat Freude am Leben, und seine Art ist wirklich einnehmend.

Sollte Xiaomu am Ende noch werden wie er?

14. August 2003
Die Dependance

In Hongkong gibt es ein großes Restaurant, das eine Niederlassung nur für Jugendliche eröffnet hat. So eine Art Dependance ist Xiaomu für Mu Zimei, nennen wir es ihre entschärfte Version. Ihre Zielgruppe sind die Achtzehn- und Neunzehnjährigen.

Xiaomu geht mir mit ihrer Naivität und ihrer Unwissenheit auf die Nerven. Sie strotzt nur so vor Illusionen. Wenn

Xiaomi ihr erst einmal das Herz gebrochen hat, wird sie sich vollfressen und vor der Zeit altern, sie wird es der ganzen Welt übelnehmen und kein Vertrauen mehr in die Liebe haben.

Heute trägt Xiaomu eine Umhängetasche mit der Aufschrift »NetMD«, die sich im Rhythmus ihrer Schritte wiegt. Sie sieht schrecklich jung aus.

Xiaomu wünscht sich eine freundschaftliche Beziehung zu Xiaomi wie zwischen Klassenkameraden. Wünscht sich, daß sie den Schulweg gemeinsam zurücklegen, daß sie ihre Leckereien teilen.

15. August 2003
Vergessen

»Was würdest du jetzt wohl machen, wenn wir beide uns an dem Tag damals nicht getroffen hätten?« will Xiaomi von Xiaomu wissen.

Xiaomi schätzt sowohl den Wert der Dinge als auch die Legende von Maiduhuanzhu[*] falsch ein. Man sollte nicht vergessen, daß an ebendiesem Tag auch die Glocken für Mu Zimei läuteten. Tja, was würde ich machen? »Also, na ja, schließlich hätte ich wohl irgendeinen anderen kennengelernt. Dann würde ich mich wahrscheinlich ziemlich wohl fühlen, mich zu guter Letzt an der Seite eines fremden Mannes ausstrecken und friedlich einschlafen können.«

Immer derselbe Mann, derselbe Mann für immer ... ein neues Leben.

---

[*] Ein Mann aus dem Königreich Chu begab sich ins Königreich Zheng, um dort Perlen zu verkaufen. Für ihren Transport fertigte er ein Holzkästchen an, das er anschließend parfümieren und mit allerlei Edelsteinen kostbar schmücken und verzieren ließ. Ein Mann aus dem Königreich Zheng, dem die Schönheit des Kästchens ins Auge gefallen war, kaufte es, gab aber dem Händler die Perlen zurück, die das Kästchen enthielt. Erzählt von Han Feizi, einem Gelehrten und Philosophen aus dem dritten Jahrhundert vor Christus.

15. August 2003
Teilnahmslos

Ich habe Xiaomi eine Nachricht geschickt, aber er hat mir nicht geantwortet. Ich rufe ihn auf seinem zweiten Handy an, aber auch da bekomme ich keine Antwort.

Wenn das so weitergeht, wird Xiaomu noch die Geschichte einer »heimlichen Leidenschaft« schreiben, ein herzzerreißendes Tagebuch. Immer wenn sie von Leidenschaft verzehrt wird, stürzt sie sich blindlings hinein, nur um auf Gleichgültigkeit zu stoßen.

»Ich würde die Menschen gern glücklich machen, aber ich bringe ihnen immer nur Kummer.«

Xiaomi ist sich dessen bewußt, daß er kompliziert ist, und Xiaomu leidet unter seiner Teilnahmslosigkeit.

15. August 2003
Auf der Straße

Eine Geste des Abschieds von Xiaomu an Xiaomi, dann ein weiteres Handzeichen, mit dem sie ihn noch einmal heranwinkt. Sie möchte sich einfach nicht von ihm trennen, aber der Bus fährt bereits an. Ihr Handy klingelt. Sie denkt sich: Das ist Xiaomi, aber nein, wieso ruft er sie denn nicht an?

Bald erreicht sie ihr Ziel, aber sie will noch nicht aus dem Bus aussteigen. Sie ruft Xiaomi an und fragt ihn, wie seine Station heißt. Dann geht sie an der Bushaltestelle in die Hocke, zündet sich eine Zigarette an und wartet auf die Ankunft des 551er.

Xiaomus Gesicht hat sich verfinstert. Auch sie hat schon ihre *Grausame Geschichten der Jugend**[*]* erlebt, nun lebt sie in der virtuellen Gemeinschaft des Weblogs. Es gibt keine Kids in ihrer Umgebung, die ihr eine verwandte Seele sein könnten, keinen *Brighter Summer Day*[**] am Horizont. Xiaomu fühlt sich iso-

---

[*] Japanischer Film von Nagisa Oshima (1960).
[**] Taiwanesischer Film von Edward Yang (1991), in Deutschland als *Ein Sommer zum Verlieben* oder *Mord eines Jugendlichen auf der Guling-Straße* gezeigt.

liert, es gelingt ihr einfach nicht, »die rebellischste Fünfzehn-
jährige von der ganzen Welt zu sein«, und dennoch gefällt sie
sich im Unglück und klammert sich verzweifelt an ihre Jugend. Das ist nun einmal ihr Hang zur Romantik.

Endlich kommt der 551er. Xiaomi steigt aus dem Bus, fährt
Xiaomu durch ihr Haar und befiehlt ihr gleichzeitig: »Steh auf.«
Sie fügt sich, sie hat es gern, wenn er sie herumkommandiert.

Xiaomi und Xiaomu ziehen durch die Gegend. Beide wissen keinen Ort, an den sie gehen könnten. Sie hängen auf der
Straße ab. Xiaomi fragt: »Bleiben wir jetzt etwa die ganze Zeit
hier?« Xiaomu nimmt sich eine Zigarette. Er sagt zu ihr: »Es
ist nicht schön zu rauchen.« Da streicht sie sich das Haar zurück und meint: »Und das, ist das schön?« Er antwortet: »Nein.«
Es scheint, er habe ganz genaue Vorstellungen, wie Xiaomu
sein sollte.

15. August 2003
Nachlässig

Gerade hat Xiaomi mich angerufen. Ich höre es zu gern, wenn
er mich »Xiaomu« nennt, diesen Namen ausspricht, mit dem
nur er mich ruft. Er klingt so schön in meinem Ohr. Ob er
wohl in meinem Weblog gelesen hat, daß Xiaomu, wenn er sie
eines Tages nicht mehr Xiaomu nennt, verschwinden wird?

Xiaomi fragte: »Hast du mich vorhin angerufen? Ich habe
mein Handy nicht gehört.«

»Ja. Jedesmal dasselbe, nie hörst du dein Handy. Wieso
eigentlich nicht? Heute vormittag habe ich dir außerdem eine
SMS geschickt, und die hast du auch nicht beantwortet. Ich
habe schon gedacht, du bist sauer wegen irgend etwas.«

»Eine SMS habe ich auch nicht gekriegt!«

»Hatte auch nichts Besonderes zu sagen«, meinte Xiaomu
und legte wütend auf.

Sie ist besessen. Sie kann einfach nicht aufhören, an ihn zu
denken. Je mehr Zeit sie miteinander verbringen, desto mehr
fehlt er ihr, wenn sie sich trennen.

15. August 2003
Das Verhängnis

Ein Mann hat mir eine Nachricht hinterlassen. Er hofft, daß Xiaomu ihn nicht enttäuschen wird. Sie müsse dieselben tödlichen Schläge austeilen wie Mu Zimei. Mein Gott, wie pervers!

Xiaomi sagt, daß Xiaomus Weblog immer beschissener wird. Aber schließlich führt Xiaomu ihr Tagebuch nur für sich. Wen es langweilt, der braucht bloß darauf zu verzichten.

Mein Blog wurde bis auf weiteres gesperrt. Plötzlich wollen alle Zeitschriften Interviews mit mir. Verleger sprechen mich an, wollen mich unbedingt treffen. Und dann auch noch die ganzen Scheidungsfälle ... Voilà, das sind doch immerhin ein paar Ergebnisse, und wenigstens darf ich die noch unter die Leute bringen!

Xiaomu macht derweil ihr Recht zu enttäuschen geltend. Es steht ihr frei, sich albern zu benehmen.

15. August 2003
Düster

Heute nachmittag haben sich zwei Verlage an mich gewandt: Mingpai und Sanlian. Bei allen Gesprächen ging es um Mu Zimeis Privatleben. Ist schon irgendwie ulkig, so befragt zu werden. Aber wer kann schon wissen, ob man mich nicht zensiert? Seit Mu Zimei gewisse Passagen des Tagebuchs ausgelassen hat, lebt sie vielleicht nicht mehr ganz so radikal.

Aber: So gern sie feiert, so sehr sie das Chaos liebt – den Schritt, sich zu einer Durchschnittsexistenz zu machen, hat sie noch nicht gewagt.

19. August 2003
Sehnsucht

Gestern vormittag rief mich ein ehemaliger Mitschüler an und meinte: »Du bist krank.«

»Krank«, stimmte ich ihm zu.

»Echt krank.«

»Echt krank.«

»Erstklassig krank.«

»Erstklassig krank.«

»Megakrank.«

»Megakrank.«

Damit waren wir beim Thema. Ich kam ihm zuvor: »Ich bin berühmt geworden, weißt du? Alle Medien reden nur von mir.«

»In Shenzhen habe ich nichts davon gehört.«

»Das geht vor allem in Peking, Shanghai und Kanton so.«

»Ach so? Und dabei behauptet man doch von Shenzhen, das L. A. von China zu sein.«

Er seinerseits fängt an, mir eine Geschichte zu erzählen, die ihm passiert ist. Eine Geschichte, in der es um die Rivalität um eine Frau geht. Die Rolle, die er darin spielt, ist heldenhaft:

»An dem Tag nahm ich ein Taxi, weil ich schon ahnte, daß es krachen würde. Als ich ausstieg, ließ ich den Taxifahrer meine zwei Yuan Wechselgeld behalten. Dann drehte ich zehn Runden im Laufschritt um das Haus, um mich aufzuwärmen. Als ich schließlich rauf wollte, war der Aufzug kaputt. Also lief ich die sechzehn Etagen zu Fuß. Ich hatte mir alles im voraus überlegt. Als ich oben vor der Tür ankam, rief ich: ›Aufmachen, es ist dringend.‹ Die Tür ging auf, und ich stellte mich vor dem Kerl in Positur, den ich ›Onkel‹ nenne – er ist ein kahlköpfiger Lüstling. Ich zeigte mit den Finger auf ihn und brüllte: ›Verschwinde.‹ Ich hatte vorher nie den richtigen Ton für dieses ›Verschwinde‹ getroffen, aber in dem Moment kam es wie von selbst. Er stolperte zurück in die Wohnung und blickte mich erschrocken an. Ich richtete ihn übel zu. Erst wollte ich zwischen seine Beine zielen, aber dann bekam ich Mitleid mit ihm und versetzte ihm einen Schlag in die Nierengegend. Doch er sprang noch ein letztes Mal hoch und stellte sich auf wie ein Boxer, der Arsch. Ich versetzte ihm dann noch einen rechten Haken und schlug wütend die Tür hinter mir zu. Ich war ganz schön geladen.

Unter Frauenmangel hat der Typ nie gelitten, und unter allen, denen er den Laufpaß gab, befanden sich zwei oder drei, die sogar das Land verlassen mußten, nachdem sie sich mit ihm eingelassen hatten. Im Lektionenerteilen ist er Spitze, aber er selbst hat noch nie was abbekommen.«

Wir kamen uns sehr nahe bei diesem Gespräch und fingen an, uns Geschichten von früher zu erzählen, aus der Schulzeit. Er fragte: »Und dein kleines Heft, hast du das noch?«

»Was für ein Heft?«

»Das Heft, das du mir an dem Tag gezeigt hast, als ich dich besuchen kam. Um 11 Uhr bin ich gekommen, das weiß ich noch, es war ziemlich spät.«

»Du bist zu mir nach Hause gekommen?«

»Aber ja. Du hast damals zwischen der Zengxianxi-Schule und der Kreuzung gewohnt.«

»Ach, stimmt ja, jetzt erinnere ich mich!«

»Der letzte Satz in deinem kleinen Heft lautete: ›Wir haben nichts getan.‹«

»Wirklich?????«

Ich versuchte mich zu erinnern, wann und unter welchen Umständen wir was nicht getan hatten, aber es war nichts zu machen. Dafür fiel mir wieder ein, daß ich schon damals auf der Schule die Angewohnheit hatte, meine Gedanken über die Beziehungen zwischen Männern und Frauen niederzuschreiben.

Wenn man nur dieses kleine Heft in die Hand bekäme, dann hätte man so etwas wie das allererste intime Tagebuch der Mu Zimei! Und wenn sich doch nur jeder Mann, den ich dort verewigt habe, an mich erinnern könnte – denn ich vergesse sie alle!

19. August 2003
Erinnerung an XX

Eines Nachmittags rief mich ein Mann von einer gewissen Zeitschrift an, um mich zu fragen, ob ich mich nicht in Peking niederlassen wollte. Er erzählte mir, daß er ein Kollege von XX sei, der ihn aufgefordert habe, mich anzurufen. Ich antwortete ihm, daß es den Leuten in Peking wohl nicht an Humor fehle: Nachdem ich Kanton zur Strecke gebracht habe, wollten sie nun, daß ich mit Peking dasselbe machte! Aber ganz im Ernst, allein der Gedanke umzuziehen ermüdete mich. Außerdem würde ich bei der Übersiedlung womöglich mein Ende finden – wie die Zeitung »Qiubaodao«[*]. Kaum hatte ich diesen Witz ausgesprochen, fand ich meinen Humor auch schon recht dürftig.

Dennoch katapultierte mich dieser Anruf wieder in die Zeit zurück, als ich noch total auf XX abfuhr. Während meines zweiten oder dritten Jahres an der Uni hat er mich ziemlich neugierig gemacht. Ich habe sogar ein paarmal bei ihm angerufen, ohne meinen Namen zu nennen. Eines Tages besuchte ich ihn in der Redaktion der »Southern Metropolitan Daily«[**]. Ich wollte mich ganz locker geben, ohne zu bedenken, daß er ohnehin tausendmal cooler war als ich. Mit dem Rücken an die Tür seines Büros gelehnt, gab er mir zwei oder drei Minuten Zeit, um ihn zu bewundern, dann wandte er sich wieder anderen Dingen zu.

Eigentlich hatte XX eine ziemlich merkwürdige Figur. Zum Glück haben wir nicht miteinander geschlafen.

Immer wieder rührt es mich, wenn mir klar wird, daß es auch Männer gibt, mit denen ich nicht geschlafen habe, die sich an mich erinnern.

---

[*]   Etwa »Berichte vom Globus«, liberale Zeitung, die verboten wurde. Die meisten Medien werden in Kanton aus der Taufe gehoben und zensiert, sobald sie in Peking, in der Nähe der zentralen Macht, ansässig werden.
[**] Tageszeitung in Kanton, die wegen ihrer kritischen Sichtweise schon oft mit Sanktionen belegt wurde. Außerdem das erste Blatt, das über das Sars-Virus berichtete und die Regierung unter Druck setzte, jenes Gesetz abzuschaffen, das die Verhaftung von Menschen ohne Personalausweis ermöglichte (die Leiter der Zeitung verbrachten zehn Jahre ihres Lebens im Gefängnis).

21. August 2003
Mich verlaufen?

Xiaomi hat Xiaomu dreimal mit zu sich genommen. Jedesmal sind sie einen anderen Weg gegangen.

Als Xiaomu noch klein war, träumte sie davon, die Geliebte eines Sängers zu werden, der nie Geld hat und in einem feuchten, düsteren Souterrain wohnt. Aber Xiaomi hat das Gitarrespielen schon lange aufgegeben. Er hat sein Instrument in der Nähe des Schranks verstaut. Tag für Tag zieht nun eine Prozession von Küchenschaben völlig geräuschlos daran vorbei.

Wenn Xiaomi getrunken hat, ist er sehr maskulin. Ein kraftvoller Mann, zum Haß wie zur Liebe fähig, der Xiaomu bei der Hand nimmt und in seine Arme zieht. Aber wenn er nüchtern ist, wird er wieder zum Kind. Ein Junge, der nichts von der Liebe weiß und es noch weniger versteht, sie auszudrükken. Xiaomu nimmt Xiaomi in die Arme: »Wenn du mich umarmst, dann laß nicht die Hände in den Taschen.«

Er zieht sie heraus, nimmt sie bei den Schultern und sieht sie mit kindisch albernem Blick an.

»Xiaomu braucht es, daß du auf sie acht gibst.«

»Ich werde mich gut um Xiaomu kümmern.«

»Bist du entschlossen, Initiative zu ergreifen?«

»Ja, ich werde die Zügel in die Hand nehmen.

Bevor Xiaomi und Xiaomu sich verliebten, hatten sie sich mehrmals getrennt. Jedesmal wenn Xiaomu Xiaomi Lebewohl sagte, war das wie ein endgültiger Abschied.

Xiaomu kennt die drei Wege, die zu Xiaomi führen, aber sie kennt nur einen Weg, um von ihm wieder fortzugehen.

21. August 2003
Ein guter Deal

Gestern wollte XX aus Peking ein Interview mit Mu Zimei, nur kann der Artikel nicht in seiner Zeitschrift erscheinen, da das Magazin sich auf einmal mit Problemen konfrontiert sieht. Diese Scheißkonservativen!

Trotzdem hat Mu Zimei ein Interview mit XX ausgehandelt: »Wenn dieser Artikel nicht in einem Männermagazin erscheint, interessiert das Ganze mich nicht. Da brauchst du dir gar nicht erst die Mühe zu machen, mich zu interviewen. Aber wenn du Zeit hast, komm doch nach Kanton, ich kümmere mich schon um dich.«

»Aber sicher machen wir das Interview. In irgendeinem kleinen Blatt im Norden wird der Artikel schon erscheinen können.«

»Wie kannst du dir da so sicher sein? Es sei denn, du schläfst mit mir.«

»Wenn du nach Peking kommst, lade ich dich zum Abendessen ein.«

»Laß gut sein, kein Interesse.«

»Was? An dem Interview oder an dem Abendessen?«

»Wenn wir nicht vögeln, bin ich nicht interessiert.«

»Ich kann mich nur für sehr kurze Zeit freimachen für dich. Und ich fürchte, das wird dir nicht reichen.«

»Was? Also dann interessiert mich das überhaupt nicht!«

»Also wie lange?«

»Vierzig Minuten, würde das reichen?«

»Ab wann gezählt?«

»Ab dem Moment der Penetration.«

»Mein Rekord liegt bei fünf Minuten.«

»Ich werde dir schon dabei helfen, das ein bißchen hinauszuzögern.«

»Wir einigen uns über das Interview, und hinterher bereden wir die Extras.«

»Das Interview wird so lang sein, wie die Penetration dauert. Wenn du einverstanden bist, kannst du mir dann ja über BBS* Bescheid geben, und dann geht's los.«

...

Das ist der fairste Deal in der Geschichte der Presse.

* Bulletin Board System: eine Art elektronisches Schwarzes Brett, in dem sich jeder einloggen, Nachrichten verschicken und mit anderen kommunizieren kann.

22. August 2003
Mein treuester Cyberlover

Gestern abend, ich bereitete mich gerade gewissenhaft auf die Prüfung im Kurs »Weiterbildung für Angestellte im Pressewesen« vor, erhielt ich einen Anruf von S., einem Cyberlover aus meiner Zeit als »Jiangzi«.

Da ich immer, wenn ich angerufen werde, guter Stimmung bin, fühlte sich auch S. gleich aufgemuntert: »Du bist immer so lebendig, so voller Energie, das freut mich.«

Dann erzählte er mir, daß sich einige Tage zuvor ein gewisser »Guyun«* in einen bestimmten Chat einloggte und anfing, von seiner Affäre mit einer gewissen Bloggerin zu berichten. Er gab einen ganzen Haufen Details preis, schreckte vor keiner Indiskretion zurück. Als S. auf die Geschichte stieß, sagte er sich, es könne dabei vielleicht um mich gehen (er kannte mich nur unter dem Namen Jiangzi). Er fing an, sich Gedanken zu machen, und quetschte Guyun aus, um Jiangzis Spur zu finden. Schließlich entdeckte S. meinen Blog, der ihn wiederum zu mir führte: »Ich habe mir wirklich Sorgen um dich gemacht, ich hatte Angst, es könne dir schlecht gehen ... Mir liegt sehr viel an dir.«

»Oh! Ich erinnere mich, dir das auch einmal gesagt zu haben. Aber im Moment bin ich verliebt.«

»Ich weiß«, erwiderte S. eifersüchtig. »In Xiaomi.«

Drei Monate ist es jetzt her, daß ich keinen Kontakt mehr mit S. hatte. In den intensivsten Gesprächen unserer virtuellen Beziehung haben wir alles durchlebt: Tränen, Lachen, Eifersucht, Wut und, natürlich, immer wieder Lust. Einmal ist er heimlich aus seinem Büro weggegangen, um mich anzurufen. Da habe ich ihm gesagt, daß ich, nur mit einem Höschen bekleidet, auf dem Bett liege, am offenen Fenster. Die erotischen Gefühle, die ich in ihm wachrief, brachten ihn dazu, mir davon zu erzählen, wie man einen Mann besonders lustvoll befriedigen kann: indem man den Schwanz in die eine Hand nimmt und ihn zärt-

---

* Wörtlich: »Einsame Wolke«.

lich preßt, dabei gleichzeitig die Hand auf und ab bewegt und mit der Innenfläche der anderen Hand die Eichel bedeckt, sie streichelt und mit kleinen kreisenden Bewegungen liebkost … (Tatsächlich habe ich diese Methode mit dem Schwarzen in Hongkong ausprobiert und fand sie äußerst wirksam.)

Während unseres Telefonats war S. ganz steif geworden und mußte sich auf der Toilette Erleichterung verschaffen. Ganz verlegen kam er zurück.

Während unserer Affäre hat S. für Jiangzi viele Gedichte geschrieben und sie ihr ständig gemailt – einfach weil er nicht wollte, daß sie aus dem Netz geht. Er ist der Typ Mann, der es fertigbringt, die Zeitungskioske und Buchhandlungen von ganz China abzuklappern, nur um ein bestimmtes Fotomagazin zu finden (im Juli, als er in Chongqing auf Dienstreise war, hat er endlich eins aufgetrieben).

Von all meinen Cyberlovern ist S. der aufrichtigste, aber auch einfältigste. Es ist ihm nie gelungen, das Virtuelle und die Realität auseinanderzuhalten, bis zu dem Tag, an dem ich mich aus meiner Identität als Jiangzi zurückzog. Ich mußte mich in Luft auflösen, damit er es endlich merkte.

22. August 2003
Dauerwelle

Gerade habe ich mir die Haare gewaschen. Sie sind noch nicht ganz trocken. Sie kräuseln sich. Sind ausgebleicht zu einem braunen Farbton und strubbelig wie bei einem Hund. Im Aufzug treffe ich einen Typen, einen Mann, der übertrieben freundlich und dick und fett ist. Auf der achten Etage entschließt er sich endlich, mich anzusprechen: »Sie haben eine wirklich schöne Frisur.«

»Danke.«

»Viele junge Frauen haben glatte Haare, Ihre sind ganz anders.«

»Sie machen wohl Witze, was? Frauen mit Dauerwellen sieht man überall auf den Straßen.«

»Dauerwellen finde ich schön.«

Meine Fresse, was für ein Verführer, ist ja kaum zu glauben!

Als der Aufzug in der elften Etage angekommen ist, antworte ich ihm nachsichtig: »Na, in dem Fall werde ich die Frisur behalten.«

25. August 2003
Die große Überraschung

Ein Mann schreibt über mich: »Danke, Jiangzi, für deine Aufrichtigkeit und deine Hingabe.« Sein Blog:

LASS DIE FACKEL DES HERZENS BRENNEN
IN DER DUNKLEN NACHT

Als ich mich über das Geländer beuge, sehe ich ein Mädchen, sie ist in Blau und Grün gekleidet, hält gerade nach jemandem Ausschau. Mannomann! Die ist ja ein echter Igel, ihre Haare wehen wie Stacheln im Wind, und sie hat etwas von einer kleinen Hexe. Wir haben uns einfach nur guten Tag gesagt. Ich kratze mir den Kopf, an einer Stelle kribbelt es, als säße dort ein kleiner Dämon. Wie schaffe ich es nur, sie zu mir zu kriegen? Wie stelle ich es am besten an? Ich betrachte diesen total zerzausten Igelkopf, und nun kribbelt es an meinem ganzen Körper.

Als wir schließlich bei mir sind, mache ich mich daran, den Beschützer zu spielen, und frage mich dabei nur, wie ich wohl einen friedlichen Abend mit einem Dämon verbringen soll. Ich bin ein geschickter Redner, ziemlich wortgewandt, ich kann die einfachen Dinge sehr kompliziert darstellen und die komplizierten Dinge ganz einfach. Aber man könnte meinen, sie interessiere sich für nichts. Mir ist nichts Besseres eingefallen, als ihr mein Fotoalbum zu zeigen. Leider hatte ich ein wichtiges Detail übersehen: In dem Album gab es Fotos von meiner Freundin. Ich habe ihr das Album ja bloß gezeigt, damit sie mich kennenlernt, damit sie wenigstens ein bißchen von meinem Leben erfährt.

...

Jiangzi hat sich im Wohnzimmer auf dem Fußboden ausgestreckt. Ich mache mir Sorgen, daß sie sich erkälten und von den Mücken gestochen werden könnte. Ich bringe ihr ein Federbett und decke sie zu. Ich betrachte ihren zusammengerollten Körper, der makellos ist. Sie ist hinreißend. Und dann ...

Ich knie mich neben sie und hebe sie sacht hoch, weil ich sie aufs Bett legen will. Schließlich seufzt Jiangzi und fängt an, mich zu küssen.

»Ich gehe mich duschen.«

Kaum bin ich wieder zurück, ahne ich, daß es völlig sinnlos wäre, mich wieder anzuziehen. Ganz nackt und noch naß gleite ich in ihre Arme.

Laß die Flamme des Herzens brennen in der dunklen Nacht.

Jiangzis Kuß ist kraftvoll, aber ungeschickt. Ist das ein typischer Jiangzi-Kuß? Ganz plötzlich spüre ich Stiche am Herzen. Ich komme wieder zu Atem. Ich werde ihr Vergnügen bereiten ...

Mit der Hand liebkose ich ihre kleinen, anmutigen Brüste. Ich spiele mit ihren zwei winzigen Trauben. Jiangzis Körper biegt und windet sich, voller Wehmut verlassen meine Lippen ihren Hals und gleiten zu der harten kleinen Brustwarze. Ich nehme sie in den Mund und sauge gierig daran, dann liebkose ich sie mit sanften Zungenschlägen ...

Jiangzis Körper dreht sich erst davon, um mich gleich wieder heranzulocken. Mit der Hand liebkose ich ihren Bauch und lasse sie bis in ihren Schoß gleiten. Sie ist schon ganz feucht. Sie stöhnt immer heftiger.

»Komm ...«

»Hm.«

Mit Mühe dringe ich in sie ein. Als ich mich ihrer Enge angepaßt habe, dränge ich weiter voran. Jiangzi umschließt mich fest, heiß und feucht. Ich küsse sie. Gierig erwidert sie meinen Kuß. In diesem Moment dringe ich noch weiter ein, stoße kurz und heftig zu. Ich bin jetzt ganz in ihr. Ich kann das Vergnügen, das mein Schwanz ihr bereitet, sehen, sie versteift sich und kommt ohne einen Laut. Ich traue mich kaum noch, mich zu rühren. Ich bewege mich ganz sacht auf und ab …

Nach einigen Malen hin und her nimmt Jiangzi ihn in die Hand.

»Wieso ist der denn immer noch steif?«

Mist, wer hätte geahnt, daß diesem kleinen Dämon das nicht gefällt? Im übrigen hat sie recht, wenn es zu lange dauert, wird es monoton.

»Versuchen wir es mal von hinten?«

O ja, von hinten! Wieder habe ich Mühe, in sie einzudringen, sie wird immer feuchter.

»Kann ich das Kondom runternehmen? Ich komme sonst nicht.«

Stöhnend stimmt Jiangzi zu.

…

Am Ende komme ich auf Jiangzis Bauch.

Als wir geduscht haben, legen wir uns im Wohnzimmer eng umschlungen auf den Fußboden.

Acht Stunden später wacht Jiangzi auf. Sie legt sich auf mich und neckt mich: »Hast du mir für heute vormittag nicht eine Revanche versprochen?«

Schelmisch steckt sie mir ihre Zunge ins Ohr und kitzelt mich. Die Augen halb geschlossen, lasse ich mich gehen.

»Wieso stöhnst du nicht im Bett?«

»Ich?« fragte ich erstaunt.

»Einmal habe ich mit einem Typen geschlafen, der mich am Stöhnen gehindert hat. Als ich vor Lust schrie, hat er mir mit der Hand den Mund zugehalten: ›Hör auf zu schreien! Hör auf!‹, und ich wäre fast erstickt.«

»Da brauchst du hier nichts befürchten. Einmal habe ich sogar eine DVD mit Ai Lijima[*] eingelegt, bei offenem Fenster!«

[*] Japanischer Pornostar.

»Ich habe den Eindruck, du bist ein wirklich einfühlsamer Mann.«

»Willst du damit sagen, die großen Kaliber sind nicht einfühlsam?«

»Weiß nicht. Jedenfalls nicht alle.«

Jiangzi greift sich meine Finger, nimmt sie in ihren Mund und saugt daran. Die Flamme entzündet sich wieder, ich bin schon in Habachtstellung. Ich drehe sie mit einem Schwung herum und dringe von der Seite ein. Sie ist noch nicht richtig feucht. Das Aneinanderreiben unserer Körper, Haut an Haut, vermischt Schmerz und Vergnügen.

Die Flamme breitet sich aus und erhellt sie bis auf den Grund. Meine Bewegungen werden jetzt immer sanfter, und Jiangzis Körper versteift sich unter ihrer wachsenden Lust. Ihr Schoß scheint sich zusammenzuziehen, und ich dringe noch tiefer in sie ein, mein Schwanz stößt in sie, wie um sie zu durchbohren. Jiangzi ist so erregt, daß ihr Schrei in der Kehle erstickt, sie kommt keuchend. Sie umschließt mich fest.

...

Es ist an der Zeit, daß wir uns trennen, wir umarmen und küssen uns. Ich presse sie fest an meinen Oberkörper. Sie schmiegt ihre kleinen Brüste an mich. Lange Zeit verharren wir so in zärtlicher Umarmung. An der Bushaltestelle schneide ich Grimassen für sie und winke, ein Abschied nach dem anderen. Ihre Hand hat sie gegen die Fensterscheibe gedrückt, die uns trennt.

Der Bus biegt um die Kurve, der untergehenden Sonne entgegen. Ich sehe ihr nach, die Hände hinter dem Rücken gefaltet. Die Luft scheint aufgeladen, ähnelt vergoldeten Strahlen, die mein Herz und nach und nach meine Seele durchdringen.

Der Bus ist hinter der Kurve verschwunden. Der Tag ist zu Ende.

Hätte ich sie aufhalten sollen?

25. August 2003
Es ist schwierig weiterzumachen

Wieviel Lebenslust wir auch haben mögen, wir können nicht einfach immer weitermachen.

Ein Frosch zieht eine Kaulquappe groß, und diese Kaulquappe wird dann ihrerseits ein Frosch. Metamorphose. Wachsen tut immer weh.

Als ich klein war, stellte ich mir die Liebe wie einen großen Tonkrug vor: Es genügt, daß ein Sima Guang[*] auftaucht, und schon sprudelt die Liebe.

Als ich größer wurde, hörte ich jemanden von der »Unmöglichkeit der Liebe« reden. Ein anderer sagte mir, es sei unsere Liebe, die unmöglich wäre, und ich habe ihm geglaubt. Schließlich hat er eine andere geheiratet. Vielleicht war er einfach nur unfähig, Leute zu lieben, die »zu lieben unmöglich« ist.

Mutigen Herzens, von einem Dornenpanzer umgeben, betrete ich das Schlachtfeld. Denn sobald man aufhört zu kämpfen, stirbt man. Die Folgen einer Niederlage sind rein gar nichts im Vergleich zu den Folgen der nächsten Niederlage.

»Meine Jugend ist nicht wie die Schwalbe, sie kommt nicht wieder. Meine Jugend zieht vorüber.« Ich mag ja die Melodie dieses Lieds von Luo Dayou auswendig kennen, doch wenn ich es höre, befallen mich jedesmal Schwermut und Lebensüberdruß.

Und trotzdem ist die Liebe für mich ein großer Tonkrug geblieben, doch einer, der sich nicht zerschlagen läßt. Von der Sonne verbrannt, vom Regen durchnäßt, brüchig und voller Risse, aber immer wieder geflickt. Ständiger Verschleiß tötet die Liebe. Daran zu sterben ist der grausamste Tod, den es gibt.

Es ist wie in der Geschichte von dem Mönch, der seinen

---

[*] Sima Guang (1019–1086), Politiker und Historiker unter der Song-Dynastie. Man erzählt sich, daß er im Alter von sechs oder sieben Jahren mit anderen Kindern spielte und dabei einer der Jungen in einen großen mit Wasser gefüllten Tonkrug fiel. Während die anderen Kinder erschrocken davonliefen, nahm Sima Guang einen Stein und zerschlug den Behälter. So floß das Wasser ab, und sein Freund war gerettet.

Durst am Brunnen stillen will. Ein zweiter kommt, und für zwei ist das Wasser schon knapp, als noch ein Dritter kommt, versiegt der Brunnen.

25. August 2003
Bericht über Masturbation
Die Methode, von der ich vergangene Woche erzählte, läßt sich einzig und allein auf Weiße und Schwarze anwenden. Was die Asiaten angeht, genügt eine Hand.

26. August 2003
Von den Tücken des Ruhmes
Inzwischen fühle ich mich schon verpflichtet, mindestens einen Orgasmus pro Tag haben.

Ich bin gar nicht mehr so sehr Bloggerin, sondern eher so etwas wie eine Personalchefin. Das ist kein Weblog mehr, was ich da führe, sondern ein Nudistencamp.

Was soll ich bloß tun? Als Erfolgsprämie biete ich Hausbesuche an.

26. August 2003
Parallele Wege
Um 5 Uhr morgens beginnt Xiaomu, an Xiaomi zu denken. Und das fühlt sich an, als wälze man ihr Herz in zerstoßenem Glas.

Ganz allein setzt sie sich ans Ufer eines kleinen, unbekannten Flusses und betrachtet das friedliche, still dahinfließende Wasser. Gestern erst umspülte das Wasser Kinderfüße; morgen wird es sich ins Meer ergießen. Und heute muß man sich von seinen Illusionen verabschieden.

Wie Xiaomu träumt auch Xiaomi gern. Und dennoch kann er nicht mit ihr zusammenbleiben. Xiaomu hebt die Hand, und ihr ist, als berührte sie das lange, seidenweiche Haar

Xiaomis. Sie ist überzeugt, daß auch er sich nicht mit dem zufriedengibt, was er hat. Er ist ein ewig Unzufriedener.

Der Grund der Einsamkeit gleicht einer gebogenen Röhre, in der man das Ende nicht sieht. Bevor Xiaomu den Boden berührt, muß sie allein bleiben, ein bißchen wie ein Wassertropfen, der an einer gekühlten Flasche herabgleitet und sich niemals mit einem anderen vereinigt.

Jedesmal wenn Xiaomi und Xiaomu schweigend spazierengehen und nebeneinander laufen, ist es dasselbe: Sie verspürt Lust, in Tränen auszubrechen.

»Glaubst du eher an den Idealismus oder an den Illusionismus?« fragt Xiaomi.

27. August 2003
Vorzüge

Gestern mittag wollte ich gerade unter die Dusche gehen, als mein Handy klingelte. Eine alte Bekannte war dran – eine Seltenheit, daß sie sich meldet – und sagte mir, sie lese mein Internet-Tagebuch schon von Anfang an und finde, daß mein Stil von Tag zu Tag besser wird. Mit Komplimenten wirft sie sonst nicht gerade um sich. Na ja, ich fühlte mich auf jeden Fall sehr geschmeichelt.

»Lesen denn bei deiner Zeitung alle meinen Blog?« wollte ich von ihr wissen.

»XX vielleicht.«

Na super, ich brauchte an XX bloß zu denken, schon blieb mir die Luft weg.

Einige Jahre ist es jetzt her, es war Winter, zu der Zeit, in der ich als Cyber-Manga herumlief. XX lebte in einem alten Wohnheim in der Peking-Straße. Ständig hingen wir zusammen ab, ohne gegenseitige Verpflichtungen, aber wir investierten beide viel Energie. Wir gingen Hand in Hand, aßen zusammen bei McDonald's, und wir schliefen miteinander.

Manchmal lag ich auf seinem Bett und schrieb für ihn Artikel über unsere Manga-Generation. Und er kuschelte sich in die Decken wie ein kleiner Junge und nahm mich in die Arme. Wir kosteten diese intimen Momente voll aus, und wenn ich mit dem Schreiben fertig war, tauschten wir die Rollen, und er unterschrieb den Text mit seinem Pseudonym.

Da er mich für begabt hielt, redete er mir zu, in seinem Nest auch mal mit anderen Genres zu experimentieren und Gedichte oder Erzählungen zu schreiben.

Die Zustände in diesem alten Wohnheim waren ziemlich kraß. Sein Bett war von dem seines Nachbarn lediglich durch einen Vorhang getrennt. Oft trauten wir uns nicht, miteinander zu schlafen oder anderen Lärm zu machen. Ich weiß noch, wie einmal einer seiner Mitbewohner einfach hereinplatzte und er mich schnell zudeckte, um mich zu verstecken.

Auf seinem Bett liegend, erzählte ich ihm von dem Gitarristen, in den ich einmal unsterblich verliebt war. Als ich zu der Stelle kam, an der man üblicherweise heiße Tränen weint, tröstete er mich: »Hör auf, sonst verliebe ich mich noch in dich.« Also soviel stand fest, von ihm geliebt zu werden, wäre um Längen besser, er war ein wirklich netter Kerl.

»Was ist dein größter Vorzug?« fragte ich ihn. »Das da«, antwortete er und deutete mit dem Finger unter seinen Hosenbund. Eine Antwort von verblüffender Offenheit, geradezu der Lower Body Poetry Group* würdig. Ich fing an, mich für seinen Vorzug zu interessieren, und tauchte ungeschickt mit meiner Hand in seine Hose.

Eines Morgens sollte ich um 8 Uhr bei einer Pflichtvorlesung sein, aber er hielt mich zurück und ließ mich erst noch meine anderen Pflichten, in diesem Fall oral, erfüllen, ehe ich ging. Wie schön – ein autoritärer Mann voller Begierden …

Als brave, fleißige Studentin schaffte ich es, den Hörsaal eine halbe Minute vor Beginn der Vorlesung zu betreten, noch immer ganz weggetreten.

Sechs Monate später zog er um, und von da an hatten wir

---

* Gruppe junger Dichter, die sich Anfang 2000 gründete und mit den Themen einer neuen urbanen chinesischen Kultur – Sex, Nachtleben, Drogen, Dekadenz, Zynismus, Lethargie etc. – auseinandersetzte.

»offiziell« Sex. Im Schnitt einmal pro Trimester. Die Bindung zwischen anständigen Leuten ist ebenso flüchtig wie ein Wassertropfen. Aber sein Vorzug hat meine Vorstellungen vom Sex erweitert. Er öffnete mir die Augen, was die Größenunterschiede zwischen Männern betrifft. Danke, XX! Während ich hartnäckig einer vergeblichen und nicht auf Gegenseitigkeit beruhenden Liebe hinterherlief, hast du mich gerettet, indem du mir beibrachtest, Körper und Seele zu trennen.

Immer wieder verloren wir uns aus den Augen. Dann, im vergangenen Herbst, teilte er mir mit, er habe geheiratet. Das hat mich sehr erstaunt. Als wir uns das letzte Mal sahen, lehnte ich meinen Kopf an seine Schulter und war in Gedanken bei seinem Freund, der gerade aus Peking kam. Ich ließ ihm über die Freundin seines Kumpels eine Nachricht zukommen: ein Abenteuer für eine Nacht, immerhin.

Dieses Mädchen ist ein seltenes Juwel. Ich aus dem Süden, sie aus dem Norden, so hatten wir uns am Telefon viel zu erzählen und verbrachten einige Zeit miteinander. Sie fragte mich, wie ich ihren Liebhaber fand.

»Er hat ein gutes Rhythmusgefühl.«

»Na ja, und sonst?«

»Potent.«

»Und außerdem?«

»Ah!«

»Findest du nicht, daß er einen ziemlich dicken hat?«

Das stimmt. Der Vorzug des Freundes von XX ist deutlich dicker als der größte Vorzug von XX. So dick, daß es im Verhältnis zu seinem Körper schon fast unproportioniert wirkt.

Vor ein paar Tagen dachte ich ohne besonderen Grund an einen Jungen aus Peking. Ich rief den Freund von XX an, um ihn aufzuspüren. Das Handy klingelte, aber niemand ging ran. Also versuchte ich es über das Handy der Freundin des Kumpels von XX. Und siehe da – es ist schon aus zwischen ihnen.

Der Kumpel von XX hat Peking verlassen. Er hat seinen Vorzug nach Brasilien getragen.

In tiefer Trauer.

29. August 2003
Sonne von 9 bis 10 Uhr*

Ich ging sehr früh aus dem Haus. Kaum war meine Nase durch die Tür, wurde ich auch schon Zeugin eines Verkehrsunfalls. Ein Motorradfahrer war von einem Minibus mitgerissen worden. Auf der Erde eine Blutlache, so groß, daß man eine Badewanne damit hätte füllen können.

Ich nahm ein Taxi, und kurz vor der Kanton-Brücke hörten wir im Radio, es habe in nördlicher Richtung ebenfalls einen schweren Unfall gegeben, einen Zusammenstoß eines Autos mit einem Bus, kilometerlanger Stau bis zur Mautstelle.

Sofort bat ich den Taxifahrer, einen anderen Weg zu nehmen. Die Sonne von 9 bis 10 Uhr war in der Tat sehr stark: Der Fahrer trug eine bordeauxrote Brille und hatte kurze, rot gefärbte Haare. Sehr gestylt. Seine Gegenwart verjagte alle schlechten Schwingungen dieses Morgens.

Später, in der Redaktion, begegnete ich der Anwältin Jiang Yiping im Aufzug. Da sie eine hochangesehene Frau ist, stellte ich mich ihr spontan vor und sprach ihr meinen Respekt aus. Sie trug ein schwarzweißkariertes Kostüm und flache, schlichte Sandalen. Je nachdem, ob man am Vormittag oder am Nachmittag aus dem Haus geht, passieren eben ganz unterschiedliche Dinge. Dann loggte ich mich in meinen Blog ein, der Webmanager hatte mir eine Nachricht geschickt:

RE: RE: RE: RE: Bitte schädliche Inhalte löschen.
He! Ich bin der Webmanager und habe mit unserem Webmaster gesprochen, der jetzt damit einverstanden ist, daß Sie mit Ihrem Tagebuch weitermachen. Ich kann Ihnen also hiermit mitteilen, daß Ihr Blog nicht länger zensiert wird. Na dann, viel Spaß!

Hätte ich das nur früher gewußt, ich hätte nie im Leben so viel Zeit damit verloren, Backups zu machen, was für eine Ver-

---

* Anspielung auf Mao, der die Bedeutung der Kinder, als der Lebensadern des Landes, mit der »Sonne um 9 oder 10 Uhr« verglich.

schwendung! Außerdem habe ich inzwischen etliche Nachrichten von meinen Fans bekommen, die mich unterstützen wollen, so was Blödes!

Das ist wirklich lästig, und Sie sehen mich am Boden zerstört, aber wenn der Inhalt meines Tagebuchs Ihnen schädlich erschien, werden Sie verstehen, daß ich unmöglich in Erwägung ziehen kann, es noch bei Ihnen zu veröffentlichen.

29. August 2003
Ausgelaugt

Gestern abend bin ich um 9 Uhr schlafen gegangen. Um 2 Uhr bin ich dann wieder aufgestanden, um einen Artikel zu Ende schreiben. Um 9.30 Uhr habe ich mich auf den Weg ins Büro gemacht. Bis jetzt habe ich noch kein Auge zugetan. Seit dem 4. August arbeite ich pausenlos. Von morgens bis abends durchkämme ich die Straßen auf der Suche nach Themen. Danach schreibe ich ununterbrochen. Manchmal fange ich nachmittags an, arbeite bis zum Morgengrauen, manchmal nur nachts. So ein Berg Arbeit hat sich seit bestimmt zwei Jahren nicht mehr vor mir aufgetürmt. Ich bin fix und fertig ... Für den Rest des Wochenendes werde ich mich wohl einschließen müssen.

Die Ereignisse haben sich in letzter Zeit überschlagen. Verleger umwerben mich, Zeitschriften und Fernsehsender sprechen mich an, weil sie ein Interview mit mir wollen. Einige haben mich gewarnt, daß die Überzeugung von der Vergänglichkeit der Liebe nicht ewig bestehen würde, andere haben aufs schärfste gegen meinen Blog protestiert ... eine Kette aufregender, angsteinflößender Ereignisse, die sich ausgerechnet in dem Moment ergibt, in dem ich so beschäftigt bin wie nie zuvor und nicht die Zeit habe, meine Gefühle zu hinterfragen. Zum Glück wird das auch einmal ein Ende haben.

Auch der August wird vorübergehen. Diesen Monat werde ich als den heftigsten meines Lebens in Erinnerung behalten.

Ich bin stärker, als ich geahnt hatte.

1. September 2003
Mutter und Tochter

Ich bin mit den Nerven nicht mehr ganz so am Ende und muß an Mama denken. Das Telefon klingelt lange, dann hebt meine Großmutter ab.

»Ich möchte mit Mama sprechen.«

»Wer ist denn da?«

»Gib mir Mama.«

»Oh!« Meine zweiundachtzigjährige Oma dreht langsam durch. Endlich höre ich Mamas Stimme. »Ich habe mich gerade ein bißchen hingelegt«, sagt sie.

»Und ich bin gerade erst aufgestanden.« Es ist 3 Uhr nachmittags.

»Als ich das Telefon klingeln hörte, dachte ich zuerst, es wäre bei einem Nachbarn. Aber als dann der Hund anfing zu bellen, war mir klar, daß es doch bei uns sein muß.«

»Der Hund lebt noch?«

»Aber ja. Voriges Jahr wurde die Gute krank, aber gestorben ist sie nicht. Dieses Jahr hat sie drei Welpen bekommen, ihr Fell hat sich verändert. Sie ist noch schöner geworden.«

»Und unsere Katze?«

»Die hat einen Wurf kleiner Kätzchen in die Welt gesetzt. Weil sie sich mit dem Hund nicht versteht, trägt sie ihre Kätzchen nach draußen und kommt erst wieder zurück, wenn sie Hunger hat.«

Ach, unser Hund und unsere Katze sind immer noch so niedlich. Ich erzähle Mama, daß ich eine Katze kenne, die in einer Bar großgezogen wurde. Karamelfarbenes Fell, paßt gut zur Bar.

Mama redet weiter: »Ich habe neulich deine Zeitschrift gekauft. Die gibt es bei der Post, ich hätte sie früher schon einmal kaufen sollen. Beim Lesen war mir so, als sähe ich dich vor mir.«

»Welche Nummer war es denn?«

»›Panik in der Stadt‹.«

»Die ist doch schon ganz alt, kauf dir eine neuere!« Mama

ist ein richtiger Witzbold, da bringt sie mich doch tatsächlich mit ›Panik in der Stadt‹ in Zusammenhang?

»Ich habe nur die Artikel gelesen, an denen du mitgearbeitet hast. Doch deine eigenen Reportagen habe ich nicht gefunden.«

»Ja, das ist ja auch eine Sondernummer gegen den Krieg, sie haben andere Artikel an die Stelle meiner Interviews gesetzt.«

»Aber in einer Rubrik habe ich Sachen gesehen, die sahen mir sehr danach aus, als hättest du sie geschrieben.« Sollte das möglich sein? Hatte Mama am Ende meine Sexchronik entdeckt?[*]

»Inwiefern sieht das nach mir aus?«

»Es geht um eine Frau, die an Dongxi[**] schrieb, um zu gestehen, daß sie Sex mit Männern jeglicher Herkunft hatte.«

»Na ja, das bin ich jedenfalls nicht.«

»Und doch sieht dir das sehr ähnlich.«

Ich bin eben das Kind meiner Mutter, wieso also länger leugnen. »Und habe ich deiner Meinung nach Talent zur Schriftstellerin?«

»Mir wäre lieber, du wärst Büroangestellte oder etwas Ähnliches, dann hättest du wenigstens ein festes Einkommen. Du könntest ja in deiner Freizeit immer noch schreiben, wenn du unbedingt willst.«

»Nächstes Jahr bringe ich ein kleines Buch heraus, aber ich werde es dir ganz bestimmt nicht zeigen.«

»Ich weiß sehr wohl, was du alles fertigbringst. Es wird voller nackter Leute sein, so was ist obszön.«

»Aber ich hab Talent zu so was!«

»Es wäre trotzdem besser, wenn du Beamtin wärst.«

»Hör auf! Beamtin, also das wäre nun wirklich zu blöd.«

---

[*] Mu Zimei hatte im Januar damit begonnen, in dem Lifestyle-Magazin »City Pictorial« zweimal wöchentlich über Themen wie »Die beste Musik für den Geschlechtsakt«, »Austern als Aphrodisiakum« und »Technische Ratschläge für Sex im Auto« zu schreiben.
[**] Chinesische Schriftstellerin, die vor allem in Zeitschriften veröffentlicht.

»Wie du meinst. Ach, apropos! Man ist an mich herangetreten und hat um deine Hand angehalten. Eine Frau kam zu mir und schlug mir vor, ihr Sohn und du könntet heiraten. Er arbeitet in der Verwaltung. Abteilung für seismische Flächenberechnung in Kanton. Er verdient mehrere tausend Yuan im Monat.«

»Scheiße! Und ich, verdiene ich vielleicht nicht mehrere tausend Yuan im Monat?«

»Ich will dich ja nur auf dem laufenden halten. Ich habe in deinem Namen höflich abgelehnt. Aber gleich am nächsten Vormittag war sie wieder da.«

»Wenn sie sich noch einmal blicken läßt, sag ihr, ich schreibe Pornos.«

»Oje, oje, oje …«

»Paß gut auf dich auf, Mama. Die Wahrscheinlichkeit ist groß, daß ich keine Kinder haben werde, die sich um dich kümmern können, wenn du alt bist.«

»Natürlich. Aber hast du denn keine Angst, daß du mit Mitte Dreißig immer noch unverheiratet sein wirst?«

»Aber Mama, ich bin erst fünfundzwanzig!«

»Du bist vierundzwanzig.«

»Tatsächlich?«

»Im Dezember wirst du fünfundzwanzig.«

Mama ist erstaunlich. Dank ihrer Worte fühle ich mich verjüngt.

»Na, jedenfalls rechne nicht mit mir. Vielleicht riskiere ich es nächstes Jahr sogar, von hier abzuhauen, ganz weit weg.«

»Fünf Jahre ist das jetzt schon her, daß du den Jahreswechsel das letzte Mal zu Hause gefeiert hast. Komm doch einfach zum Nationalfeiertag*, wir tun so, als sei Neujahr!«

»Versuch bloß nicht, mit mir zu handeln, sonst siehst du mich nie wieder.«

»Na gut. Ich sage ja schon nichts mehr.«

Ich plaudere noch ein Weilchen mit Mama, die sich mir ge-

---

* 1. Oktober 1949: Gründung der Volksrepublik China.

105

genüber sehr verständnisvoll zeigt. Als ich auflege, hat sie mich direkt aufgeheitert.

Mama ist wirklich eine erstaunliche Mutter. Hätte sie meinen Vater nicht geheiratet, wäre sie sicher Schriftstellerin geworden. Als ich noch klein war, erzählte sie mir jeden Abend von den Abenteuern des Sherlock Holmes. Später, ich war schon größer, kroch ich oft zu ihr ins Bett, und wir lasen gemeinsam. Jede ihren eigenen Roman. Und wenn ich auch immer noch nicht alle Schriftzeichen beherrschte, ermunterte sie mich doch, Zeitung zu lesen. Und egal, ob ich bei den Prüfungen in der Schule als Beste abschnitt oder mich einem lasterhaften Leben hingab, Mama war immer stolz auf mich. Für sie bin ich kein Mädchen wie all die anderen, und sie ist keine Mutter wie all die anderen. Aber wenn sie den Blog der Mu Zimei lesen würde, wäre sie vermutlich erschüttert!

Ich weiß noch, daß ich einmal – das war zu der Zeit, als ich noch mit dem Kiffer zusammen war – getrunken hatte und völlig verzweifelt war. Um 5 Uhr früh rief ich bei uns zu Hause an. Zwischen den Schluchzern konnte ich immer nur wieder wimmern: »Mama, Mama, Mama …« Auch sie begann am anderen Ende der Leitung zu weinen. »Du mußt gut auf dich aufpassen, Mama, tu es für mich, ich habe solche Angst, daß du eines Tages nicht mehr dasein könntest.«

1. September 2003
Märchenwald

Xiaomu hat die ganze Nacht durchgearbeitet, jetzt kommt sie aus der Dusche. Sie hat großen Durst und beschließt, sich eine Mandelmilch der Marke Loulou zu kaufen. Aber sie ist zu faul, sich anzuziehen.

Sie wirft sich ein weißes, mit blau-schwarzen Blumen bedrucktes Nachthemd über. Auf der Vorderseite sieht man Liu, das Manga-Kaninchen. Sieht man sie am Spiegel vorbeigehen, könnte man sie tatsächlich für eine junge Unschuld vom Lande halten!

Sie muß unbedingt einen Vorwand finden, um Xiaomi in diesem Aufzug zu besuchen, oder eine Ausrede, um ihr Nachthemd bei ihm zu lassen! »Weshalb hast du beim Schlafen nichts an? Hier wimmelt es von Kakerlaken!« (Das gab er ihr eines Tages zu bedenken.) Das stimmt sogar. Einmal ist ihr eine auf den Rücken gekrabbelt, sie hat vor Angst geschrien. Davon ist Xiaomi aufgewacht. Er hat das Insektenspray geholt und die Kakerlake besprüht, woran sie jedoch nicht gestorben ist. Sie blieb auf dem Rücken liegen, mit den Beinchen in der Luft, und lieferte einen erbitterten Kampf gegen den Tod. Nach vielen Versuchen gelang es ihr, sich wieder umzudrehen, nach wenigen Schritten kippte sie aber erneut auf den Rücken.

Den Blick fest auf sie gerichtet, sah sie ihr beim Sterben zu; es war herzzerreißend.

Allerdings hat Xiaomu beim Schlafen nur ungern etwas an. Dagegen findet sie es herrlich, sich wie ein Nachthemd auf Xiaomi auszustrecken.

Xiaomu wirft noch einen Blick in den Spiegel. Dieses Nachthemd scheint ihr auch sehr gut zum Tag zu passen, wieso also nicht darin ihre Mandelmilch kaufen!

Sie macht sich nicht die Mühe, ein Höschen anzuziehen, und diese kleine Ruchlosigkeit erregt sie.

Sie steigt die Treppe hinunter, geht ein paar Meter die Straße entlang und biegt dann um die Ecke. Sie verlangt eine Loulou, doch die ist ausverkauft. Sie nimmt Milch – pur.

Xiaomu-ohne-Höschen trinkt ihre Milch. Unterwegs begegnet sie mehreren Leuten.

»Keiner merkt, daß ich kein Höschen trage«, kichert sie vor sich hin. Wie albern! Als ob die Leute ihr das sagen würden!

Xiaomi hat jedenfalls keine Bedenken, ihr zu sagen, daß sie sich manchmal ziemlich dämlich benimmt. Einmal rief sie ihn auf seinem Handy an, und als Xiaomi abhob, alberte sie herum: »Also so was! Gerade habe ich auf deinem anderen Handy angerufen, und du bist nicht drangegangen; jetzt habe ich gar nicht damit gerechnet, daß du doch abhebst. Eigentlich gibt es gar nichts Besonderes. Was bin ich doch blöd!«

»Ja, Xiaomu, du bist in der Tat sehr blöd.«

Sie hat ihre Milch in einem Zug ausgetrunken. Durst hat sie noch immer. Sie denkt wieder an Xiaomi, an seine Ratschläge: zwei Mahlzeiten pro Tag, wenn möglich drei. Und wenn man lange nichts gegessen hat, dann lieber zuerst etwas Milch trinken …

Jetzt hat sie keinen Durst mehr, aber sie wird allmählich müde.

3. September 2003
Der Musikkritiker

Eine Bekannte fragte einmal einen sehr bekannten Musikkritiker in Kanton, ob er einmal mit Mu Zimei … habe. »Sie hat versucht, mich zu verführen, aber für mich kam das einfach nicht in Frage«, antwortete er ihr.

Als sie mir davon erzählte, habe ich dem Mädchen in aller Deutlichkeit zu verstehen gegeben, daß dieser Kritiker absolut mein Fall ist. (Zwischen den Zeilen: Ich verlaß mich darauf, daß du ihm das erzählst!)

Von dem Gleichgültigen einmal abgesehen, ist dieser Kritiker genau jener Typ Mann, bei dem mein Herz im Rekordtempo zu schlagen anfängt. Und wie bei Chen Tong ist er genau jener Typ, bei dem ich mir wie die totale Null vorkomme.

Deshalb habe ich mich auch ziemlich aufgeregt, als ich vor einiger Zeit hörte, wie er gegen das schlechte Benehmen von Mu Zimei loswetterte. XX, du, dem ich meine Liebe und meinen Respekt anbiete, weshalb gehst du mir so fürchterlich auf die Nerven?

Dann mischte sich jemand ein und versuchte zu vermitteln: »Also in Wirklichkeit hält XX sehr viel von dir«, vertraute sie mir an.

»Ich habe XX auch immer sehr geschätzt«, erwiderte ich ebenso trocken.

»Na, das ist doch perfekt; ihr achtet euch gegenseitig.«

Auch wenn ich nie ein einziges Wort mit ihm gewechselt habe, halte ich tatsächlich sehr viel von ihm. Und das nicht erst seit gestern.

Neujahr 2001 hing ich mit einem Jungen herum, der immer im Rock ging. Wir wollten unser Festessen ein wenig in Schwung bringen, also fingen wir an, einfach irgendwelche Leute anzurufen und sie auf die Palme zu bringen. Er holte sein Adreßbuch heraus. Ich ging die Nummern durch und blieb bei der hängen, die mich am meisten interessierte: der des Musikkritikers.

Es war Mitternacht, als wir unseren Gesprächspartner erreichten. Mit heiserer Stimme meldete er sich am Telefon: »Was machst du gerade?« fragte ich ihn. »Wer ist denn da?« Er wirkte so ernst, daß ich mich nicht traute, ihn noch weiter zu belästigen, und so gab ich den Hörer an den Jungen im Rock weiter. Der Junge berichtete mir dann, der Kritiker sei in Peking, um Neujahr mit seiner Freundin zu feiern. Wir lachten uns tot, warum auch immer.

Danach bin ich ihm oft bei Konzerten begegnet. Manchmal hält er sich völlig abseits vom Trubel, manchmal am Rande des Geschehens. Gelegentlich treffe ich ihn aber auch mitten im Gedränge. Aber immer unverkennbar einsam.

Er läßt mich immer an meinen Patenonkel denken, an diese Art Mensch, der seinem Gegenüber stets Respekt einflößt, jemand Ernsthaftes, der die Leute dazu bringt, eine gewisse Distanz zu wahren. Er ist klein und schlank, und er strahlt dieses gewisse Etwas aus, eine Form der Erhabenheit, die man spürt, aber kaum benennen kann. Ich fühle mich sehr von ihm angezogen.

Wenn er, einmal in vierzehn Tagen, in die Redaktion kommt, kann ich mich einfach nicht beherrschen, ich sehe ihm heimlich nach. Eine widerspenstige Haarsträhne fällt ihm in die Stirn, sein Blick ist durchdringend, und seine Augen treiben meinen Herzschlag wie mit Peitschenschlägen an.

Ist er da, ergreife ich irgendeinen beliebigen Vorwand, um

aus meinem Büro zu kommen. Ich mache mich auf jede nur erdenkliche Weise bemerkbar und klacke mit den Absätzen, ich rauche das Vierfache an Zigaretten und plappere lauthals mit meinen Kollegen los. Erbärmlich, ich gebe es ja zu.

Ich rätsele, ob andere Mädchen, die heimlich in ihn verliebt sind, sich genauso hysterisch benehmen wie ich. Ich habe schon meine Kollegen um Rat gefragt: »Meint ihr, ich wäre natürlicher, wenn ich ein paarmal mit ihm essen ginge?«

Bis jetzt hat er uns erst zweimal die Ehre gegeben und in unserer Firma gegessen. Wenn er sich auf den Platz mir gegenüber setzt, habe ich den Eindruck, auf glühenden Eisenspitzen zu sitzen. Ich klammere mich so krampfhaft an meine Schale, daß ich Angst habe, sie umzukippen. Als unsere Bestellung ankommt, habe ich Angst, meine Stäbchen versehentlich in sein Essen zu stecken.

Ich beobachte ihn aus den Augenwinkeln oder werfe ihm verliebte Blicke zu, ohne ihn direkt anzusehen. Manchmal wende ich unverblümt den Kopf ab, schaue zum Fernseher und tue so, als interessierten mich die Werbespots und die Unterhaltungssendungen, die alles andere als unterhaltsam sind. Das alles nur, um meine Nervosität zu verbergen.

In regelmäßigen Abständen versuche ich, mich in die Gespräche mit ihm einzumischen, aber ich finde nie den richtigen Zugang. Ab und zu werfe ich ein oder zwei total blöde Kommentare ein, für die ich mich sofort danach ohrfeigen könnte. Ich bin echt eine Null.

Auf jeden Fall habe ich, was immer ich auch tue, den Eindruck, für ihn vollkommen durchsichtig zu sein. Er ist absolut cool, so daß er schon fast unmenschlich wirkt.

Das Essen schmeckt fade, und als es endlich vorbei ist, bin ich erleichtert.

Gäbe es die Affäre Mu Zimei nicht, hätte ich niemals erfahren, daß ich ebenfalls Eindruck auf ihn gemacht haben muß. Aber meine Seitenblicke sind ihm keineswegs entgangen, was für ein feines Gespür er hat! Allein das übersteigt schon all meine Hoffnungen.

Dann erzählt die Bekannte: »Vorhin hat XX mich sagen hören, daß ich mit einem Mädchen essen gehen will, und hat mir vorgeschlagen, gemeinsam zu gehen, aber kaum erwähnte ich den Namen Mu Zimei, hat er einen Rückzieher gemacht.«

Er macht mich echt schwach. Das ist doch kindisch. Es erinnert mich an etwas, das Niu Niu über Chen Tong erzählte: Einmal hatten sie sich gestritten, und noch Tage danach hat er schon die Flucht ergriffen, wenn er sie nur sah. Die Katze, die Angst vor der Maus hat.

5. September 2003
Der Superstar-Effekt

In Reaktion auf das, was ich vorgestern in meinem Blog schrieb, erhielt XX eine Vielzahl zustimmender Kommentare.

Er dementierte unterdessen schlichtweg, jemals gesagt zu haben, »sie hat versucht, mich zu verführen«. Na klasse, das fehlte mir noch!

Das ist noch nicht alles. Gestern abend rief mich eine andere Frau an, die stets für Schlagzeilen sorgt, sich aber sonst nur selten bei mir meldet: »Gib mir XX, es ist dringend!«

My God, ist es denn wirklich denkbar, daß er bei mir ist? Auch wenn er gerade das Konzert einer Pekinger Band mit organisiert, heißt das doch noch nicht automatisch, daß ich in den Saal stürze, um den zu sehen, »der seinem Gegenüber stets Respekt einflößt …, der die Leute dazu bringt, eine gewisse Distanz zu wahren«.

»Tut mir leid, ich kann nicht, man filmt mich gerade auf der Toilette!«

5. September 2003
Der eine, der uns alle schwach werden läßt

Als wir mit unseren Aufnahmen und dem ganzen Haufen Arbeit fertig sind, setzen wir uns alle drei in ein Café. Wir rauchen eine nach der anderen und reden über die Männer, um die es in Mu Zimeis Blog geht.

Niu Niu schlägt vor: »Wie wär's? Laßt uns doch den wählen, der uns alle schwach werden läßt!«

Hm, ein Typ, den wir alle kennen und auf den wir alle scharf sind … Gar nicht so einfach.

»Was haltet ihr von XX?« fragt Niu Niu.

Wow! XX findet einhellige Zustimmung. Er gefällt uns allen drei, sowohl MM und mir, Jahrgang 1981 und 1978, als auch Niu Niu, die Ende der fünfziger Jahre geboren ist. Wir sind uns einig, beinahe gleichzeitig schlagen wir mit der Faust auf den Tisch.

Er hat einen Bart. Trägt immer Schwarz. Er hat eine Zeitlang in der Steppe gelebt. Er führt ein Nomadenleben, weiß aber genau, wohin er will. Er hat viel durchgemacht, aber deswegen nie den Mut verloren. Sehr poetisch, aber nicht zynisch; sehr lyrisch, aber ohne zu übertreiben. Großzügig und schlicht … das wäre sein Porträt.

Er hat eine ebenso sinnliche Stimme wie Leonard Cohen, den wir alle drei verehren. Als ich noch studierte, bin ich ihm mehrfach in den Dichtergruppen begegnet. Obwohl die Szene, in der er sich heute bewegt, ziemlich out ist und von Angebern und Snobs wimmelt, ist seine Ausdrucksweise immer noch voller Gefühl, seine Sprache zeugt von seiner tiefen Gemütsbewegung. Weder hat er den ausgeprägten Yunnan-Akzent eines Yujian[*] noch die für Kanton typische verwaschene Intonation eines Langzi[**] oder eine schrille Stimme wie meine, wenn ich vor Publikum Verse deklamiere. Schon allein seine Art, seinen Gedanken freien Lauf zu lassen, ist Poesie.

---

[*] Chinesischer Dichter, geboren 1954 in Kunming. 1994 veröffentlichte er ein Gedicht, das – in Form eines offiziellen Formulars – die weitgehende und lebenslange Kontrolle der Bürokratie über den einzelnen dokumentiert.

[**] Pseudonym des Dichters Wu Mingliang aus Kanton, der die vierteljährlich erscheinende Lyrik-Zeitschrift »Zhong xi she ge«, die sich neben chinesischer auch westlicher Lyrik widmet, mitbegründete.

Als ich anfing, als Journalistin zu arbeiten, sollte ich ein Interview führen, für das ich einige Hintergrundinformationen benötigte. Von der Redaktion auf der achtzehnten Etage stürzte ich die Treppe bis zur zwölften Etage hinunter, um XX zu suchen. Was war ich doch glücklich, einen Vorwand zu haben, ihn aufzusuchen. Er empfing mich sehr höflich, fragte mich, was ich brauche. Wir kamen über meine Fragen ins Gespräch, und obwohl meine Kenntnisse über das Thema recht oberflächlich waren, hatte ich nicht das Gefühl, abschätzig betrachtet zu werden. Sein Blick war ebenso aufmerksam wie wohlwollend, dabei stets unzweideutig.

Anschließend kam es vor, daß ich ihm im Aufzug oder in der Eingangshalle über den Weg lief, und einmal saß er in einem Restaurant sogar am Nebentisch. Jedesmal sah er mich mit komplizenhaftem Lächeln an, mit der Art Lächeln, das besagen will, er erinnert sich an dich, er kennt dich, und er versteht dich. Verglichen mit dem Lächeln einer Mannes, der sich über das Wetter freut, und im Gegensatz zum Lächeln des Mädchenaufreißers ist das Lächeln von XX geistiger Natur. Nach seiner Stimme und seinem Blick ist sein Lächeln seine dritte Stärke. Er ist überwältigend.

MM ist erstaunt darüber, daß ich ihn kaum als sexuelles Wesen wahrnehme, aber sein innerer Reichtum ist so groß, daß ich dies ausblende. Er ist ein Mann, der soviel Auf und Ab in seinem Leben durchgemacht hat, daß nichts ihn erschüttern kann.

Ich verlasse das Café, gehe nach Hause, schminke mich ab und wasche mir das Gesicht, dann will ich den Computer anmachen, um mich in meinen Blog einzuloggen und mein Tagebuch zu schreiben. Aber es geht nicht! Meine Tastatur ist kaputt, die Tasten sind glutheiß; irgend etwas muß durchgeschmort sein. Also nehme ich ein Blatt Papier und einen Stift und schreibe, noch ganz im Überschwang der Gefühle, mit der Hand: »Der eine, der uns alle schwach werden läßt.«

5. September 2003
Blut
Als ich mir heute morgen die Zähne putzte, waren die Borsten
meiner Zahnbürste ganz rot.

Ich dachte, ich hätte Leukämie.

5. September 2003
Wochenendmelancholie
Um Männer bin ich nicht verlegen – aber um einen Computer. Ich muß meine Artikel im Büro überarbeiten.

5. September 2003
Schizophrenie
Wenn die Nacht hereinbricht, bekomme ich Angstzustände.
Unruhe überkommt mich, und ich mache ein paar Anrufe.
Kurz darauf wird mir klar, daß ich unzusammenhängendes
Zeug geredet habe. Vielleicht gelingt es mir nicht mehr, Mu
Zimei und mich selbst auseinanderzuhalten. Ich habe den Ein-
druck, daß ich ein gefährliches Spiel spiele. Ich habe eine Ver-
rückte geschaffen, die sich Mu Zimei nennt, und ich lasse
mich von ihr verführen wie ein Mann, den sie bezirzt hat. Ich
will sie nicht aus dem Weg räumen, ich lasse mich zerstören
und mir das Herz brechen. Ich schaffe es einfach nicht, diesen
Teufelskreis zu durchbrechen.

Ich weiß nicht, ob es anderen auch so ergeht. Wie war es
wohl für Leslie Cheung, als er in *Lebewohl, meine Konkubine*
spielte? Ich sehe, wie Mu Zimei ihr Leben in Flammen aufge-
hen und sich selbst von den Ereignissen fortreißen läßt, während ich, die Umständliche, mich an das Floß klammere und
pausenlos arbeite. Nicht weiter verwunderlich, daß ich unter
Panikattacken leide, denn ich muß all die Probleme lösen, die
Mu Zimei verursacht. Ich ertappe mich dabei, wie ich einen
x-beliebigen Typen anschreie: »Mu Zimei gehört der ganzen
Welt.«

7. September 2003

Befreiung

Heute vormittag zog ich zwei DVDs aus dem Regal.

1. *Idioten* von Lars von Trier.

2. *Naked States.*[*]

Das sind meine beiden Lieblingsfilme.

Wenn man sich befreien will, stößt man immer wieder auf überkommene Vorstellungen. Die individuelle Befreiung wird behindert durch die Gesellschaft und durch den Menschen selbst, der an seinen Tabus festhält. Wenn es ihm nicht gelingt, diese Ketten zu sprengen, erlangt er seine Freiheit nie.

Indem ich mein intimes Tagebuch führe, folge ich ganz dem Geist der »Befreiung des Menschen«. Die sexuellen Beziehungen enthüllen, was die zwischenmenschlichen Beziehungen ganz allgemein verschweigen. Nacktheit und Sexualität geben Aufschluß über unsere Menschlichkeit. Deshalb besteht auch die beste Methode, einen Menschen kennenzulernen, darin, mit ihm zu schlafen. Die Intimität ermöglicht, sich ebenso eine Vorstellung von der Triebhaftigkeit wie der Menschlichkeit des einzelnen zu machen.

Die Erfahrungen, die ich sammle, und die Umstände, unter denen dies geschieht, erlauben es mir, das Menschliche in den Männern klar zu erkennen, besser als es einer x-beliebigen Frau möglich ist, die verzweifelt der Liebe hinterherläuft.

Simple Feststellung: Ein Strumpffetischist, ein Homosexueller, der seine Neigung verdrängt, ein Mann, der sich an allen möglichen Orten Tag für Tag auf die Pirsch begibt, ein Verheirateter, der in außerehelichen Verhältnissen Erektionsprobleme hat, ein Mann, der unsere Liebesspiele gerne filmt, ein Sadomasochist … das alles sind ganz gewöhnliche Männer, anständig in vielerlei Hinsicht, sie leben in geordneten Verhältnissen, sind verheiratet oder haben eine feste Freundin.

---

[*] Preisgekrönter Dokumentarfilm der Amerikanerin Arlene Donnelly über den Fotografen Spencer Tunick, der durch die Vereinigten Staaten reiste und Leute dazu überredete, sich von ihm auf der Straße nackt fotografieren zu lassen.

Nach außen hin gleichen sie einander, aber bei mir lassen sie dem, was sie voneinander unterscheidet, freien Lauf. Und mich berührt es, zu sehen, wie sich die wahre Natur, die nicht länger unterdrückt wird, entfaltet.

Von den Gestörten mal ganz abgesehen – am meisten fühle ich mich zu den Schattenseiten der Männer hingezogen.

Einmal meinte zum Beispiel ein Mann, sich unbedingt noch einmal bei mir verausgaben zu müssen, obwohl seine Freundin kurz darauf von einer Reise zurückkehren sollte. Als er aufbrechen wollte, geriet er schließlich in Panik bei dem Gedanken, daß sie auch nur die geringste Spur seines kleinen »Ausrutschers« entdecken könnte. Er erklärte mir, daß er an die vierzig Affären gehabt und während seines gesamten Aufenthalts in Lijiang ein ziemlich wildes Leben geführt habe. Später dann, nach der Affäre Mu Zimei, warf er mir vor: »Seitdem du das Gerücht verbreitet hast, daß ich vierzig Geliebte hatte, bin ich deinetwegen bei einigen Leuten unten durch.«

Ein anderes Beispiel: Nachdem er gerade abgespritzt hatte, er hatte noch nicht einmal die Hose wieder hochgezogen, rief ein Typ seine Frau an: »Tut mir leid, ich bin eben nicht drangegangen, weil der Bus so überfüllt war, es war einfach zuviel Krawall.« Er kommt immer heimlich nach dem Mittagessen, und wenn er geht, läßt er ein Dutzend gebrauchter Kondome in meinem Abfalleimer zurück. Das hindert ihn allerdings nicht daran, sich vor seiner Frau als unschuldiges Opfer darzustellen.

Diese Fälle sind verblüffend in ihrer Banalität. Sie gründen nicht auf Problemen der Sexualität, sondern der Menschheit; sagen wir, es handelt sich um ein moralisches Paradoxon der Chinesen. Nur zu gern biete ich ihnen die Stirn, mache ihnen Angst, demoralisiere und provoziere sie ... In diesen Momenten sind sie am authentischsten. Sie zeigen spontane Reaktionen, kein Zweifel.

Es läßt sich nicht übersehen, daß meine sexuelle Chronik bereits humanitäre wie humanitätsduselige Vorstellungen enthält, aber bei all den Hindernissen, die mir in den Weg gelegt werden, habe ich mehr und mehr Probleme, meine Aufgabe als Schriftstellerin zu erfüllen. Ich stehe derart unter Druck, daß ich allmählich daran zweifle, meine Arbeit fortführen zu können. Ist das alles wirklich der Mühe wert?

7. September 2003
Brief einer Journalistin

Betreff: Meine Eindrücke von deinem Blog von heute.

1. Seit der Affäre Mu Zimei bist du emotional angeschlagen. Und seit du Interviews gibst, bist du noch unruhiger als sonst. Ob nun die Betroffenen Wert darauf legen, bekannt zu werden, ob sie bereit dazu sind, aus der Anonymität zu treten oder nicht, darum geht es nun nicht mehr, es ist zu spät. Anfangs hatten diese Männer die völlige Willensfreiheit, sie haben Entscheidungen gefällt, aber die Konsequenzen sind – wie bei Dominosteinen – unkontrollierbar.

2. Deine sogenannte Berühmtheit. Vom weiblichen Standpunkt aus gesehen, fühlt sich die Mehrheit von uns beleidigt. Je mehr du auf Reaktionen aus bist, desto unzufriedener wirst du und desto weniger bist du in der Lage, die Rolle der Mu Zimei zu verkörpern, denn du enthüllst deine wahre Persönlichkeit. Tatsächlich gerätst du in Gefahr, eben das zu empfinden, was du eigentlich bei den Männern auslösen willst. Ein Wagnis, bei dem du dich ins eigene Fleisch schneiden kannst.

3. Es wird immer Leute geben, die gegen dich sind und dich beleidigen, denn ihre Ansichten und deine gehen eben auseinander, aber das sei ihnen freigestellt! Wird es dir gelingen, sie zu überzeugen? Nein. Die Leute, die dich schätzen, die deine Ansichten teilen, bekennen sich öffentlich dazu, oder sie behalten, falls sie nicht offen darüber reden, deinen Blog im Auge. Und dann gibt es da noch die anderen, die eine andere Auffassung vom Leben haben, die sich deinen Vorstellungen nicht anschließen können. Es ist nicht der Mühe wert, deine Energie an diese Leute zu verschwenden oder versuchen zu wollen, sie für deine Sache zu gewinnen.

Mit dem zweiten Punkt bin ich relativ einverstanden, besonders da, wo sie sagt: »Tatsächlich gerätst du in Gefahr, eben das zu empfinden, was du eigentlich bei den Männern auslösen willst.« Sie hat recht, ich bin auf der Suche nach mir, deshalb setze ich mich selbst dieser Zerreißprobe aus.

8. September 2003
Vergnügen

Ich bekomme eine seltsame SMS: »Habe gehört, du schreibst perverses Zeug im Internet.« Ich rufe die angezeigte Nummer an. Zu meiner großen Überraschung höre ich am anderen Ende der Leitung meinen allerersten Liebhaber. Wir freuen uns beide sehr.

»Donnerwetter! Ist es also auch bis zu dir durchgedrungen?«

»Na klar. Die ganze Welt weiß Bescheid.«

»Ich bin durch eine gute Schule gegangen! Erkennst du deinen Anteil daran?«

»Ich habe dir überhaupt nichts beigebracht, du wärst früher oder später sowieso berühmt geworden.«

»Wenn man mich interviewt und mich fragt, wer mein erster Liebhaber gewesen sei, antworte ich, daß das inzwischen ganz unwichtig ist.«

»Da hast du recht.«

»Erkauf dir lieber schnell mein Schweigen, ich könnte dich bloßstellen!«

»Was denn? Dazu habe ich weder die finanziellen noch die körperlichen Mittel.«

»Das stimmt, besonders gut ausgestattet bist du nicht, ein Glück, daß ich dich nicht blamiert habe. Diejenigen, deren Ruf ich ruiniert habe, wünschen mir den Tod.«

»Und mit XX von Ogilvy hast du …?«

»Den kenne ich gar nicht. Aber es ist noch nicht lange her, da habe ich mit einem Unbekannten aus derselben Firma geflirtet.«

»Ach, dieser junge Kompagnon! Du langweilst dich ja nicht gerade. Um so zu leben wie du, wäre ich schon gerne eine Frau.«

»Ach, hör doch auf. Du bist als Mann doch bisher auch auf deine Kosten gekommen.«

»Wo bist du?«

»Bei mir. Ich traue mich kaum noch aus dem Haus. Ich habe Angst, es lauert mir womöglich einer auf. Ich habe schon zu viele Empfindlichkeiten verletzt. Du mußt bedenken, daß ich damals schon sehr verstört war, und dabei hatte ich nur dich beleidigt.«

»Die Vergangenheit ist nichts im Vergleich mit der Gegenwart. Ich war schon am Ende. Und du trau dich bloß, mir zu sagen, daß auch nur ein einziger von diesen Typen kein Mistkerl gewesen sei!«

»Am Anfang war ja alles ganz locker, inzwischen habe ich das Gefühl, Opfer einer ›Umerziehungskampagne‹ zu sein. Ich habe mehr als nur einem gehörig Angst gemacht, aber gleichzeitig habe ich auch viel Vergnügen daran.«

»Meine Fresse, was für ein Vergnügen!«

»Aber wer hat dir denn das alles erzählt? XX?«

»Nein.«

»Anfangs hat er das Gerücht verbreitet, ich sei durch deine Schuld so geworden.«

»Aha!«

»Wenn einer in deiner Gegenwart meinen Namen nennt, kannst du dich ja damit brüsten, der erste bei mir gewesen zu sein.«

»Das würde kein Mensch glauben!«

»Na, wenigstens könntest du Zweifel säen.«

…

Mein erster Liebhaber kommt gerade zur rechten Zeit, um mich zu meinen Heldentaten zu beglückwünschen. Wie sich das Blatt doch gewendet hat!

Keine Spur mehr von jener Einundzwanzigjährigen, völlig niedergeschmettert von der Abtreibung, von ihrem Freund im Stich gelassen. Er ist kein Freund für mich, ist es nie gewesen. Wir waren einfach nur Partner in einem Spiel mit strikten Regeln. Was ich jetzt bin, bestärkt ihn lediglich in der Meinung, die er damals schon von mir hatte. Bis zu diesem Satz, über den ich andere entscheiden lassen möchte: »Du hast die Spielregeln nicht respektiert, du hast dich in mich verliebt. Du bist raus aus dem Spiel!«

Eine Lektion fürs Leben.

9. September 2003
Hochspannung

Gestern abend schickte mir mein allererster Liebhaber des allerersten Mals noch eine SMS. Unsere Geschichte ist nun vollständig ans Tageslicht gekommen; tatsächlich haben einige erraten, wer sich hinter meinem Tagebucheintrag »Vergnügen« verbirgt. Das hat ihm überhaupt nicht gepaßt.

Ich habe ihm in aller Bescheidenheit ins Gedächtnis gerufen, daß ich weder jemals seinen Namen genannt noch Einzelheiten über sein berufliches Umfeld preisgegeben habe. Es gibt also nicht den geringsten Grund, mich derart runterzumachen!

Aber er hat mich nicht nur angeschnauzt, sondern ist auch sonst völlig durchgedreht: »Nimm mich mit in deine Netzwelt. Mit dir an der Seite werde ich jetzt über jede Frau schreiben, die ich gekannt habe!«

Was für ein Mist! Am Ende wird man uns noch mit Bestattungsunternehmern vergleichen, die vom Krieg profitieren. Hier ist offensichtlich der totale Wahnsinn ausgebrochen. Wir werden für meine »Postumen Liebesbriefe« noch Sponsoren anlocken. Erst machen wir einen Deal mit Durex, das klappt sicher. Anschließend stellen wir Ogilvy, sofern von denen in meinem Blog noch öfter die Rede sein wird, ihre Erwähnung in Rechnung … Irgendwann machen wir dann aus dem Blog das erste private Unterhaltungsmagazin, womit wir einen Wahnsinnserfolg haben werden, und später könnten wir es noch verfilmen und eine Serie daraus machen. Eine glänzende Zukunft liegt vor uns …

Und dennoch ist es dem seltsamen Vogel in einem günstigen Moment gelungen, eine Linie zwischen unseren parallel laufenden Flugbahnen zu ziehen: »Stimmt schon, ich habe dich damals nicht so geliebt, wie du es verdient hast … Aber auch wenn ich mich anders verhalten hätte, hätte dich das wohl kaum von deinem Weg abgebracht, du wärst auch so zu dem geworden, was du heute bist!«

»Und wenn ich mich auch mit Dutzenden von Männern in die Luft geschwungen habe, so hoch hinaufgekommen wie du ist doch keiner!« gab ich ihm schlagfertig zur Antwort. »Aber tu dir von jetzt an keinen Zwang an, wenn du bei den Mädchen angeben willst. Sag doch: ›Wenn du genauso berühmt werden willst wie Mu Zimei, mußt du zuerst mit mir schlafen.‹«

9. September 2003
Neues Image
Gestern abend bin ich ins Café Ten zu einem Interview gegangen. Unterm Arm trug ich die Tastatur meines Computers. Danach bin ich ins Yes No, wo ich eine Verabredung mit einem Promi hatte, die Tastatur noch immer unterm Arm. Als ich gerade aufbrechen wollte, sprach mich ein Unbekannter an: »Wenigstens mal was Neues, eine Tastatur mit sich herumzuschleppen!« Ich reichte ihm die Tastatur, aber weil sein Look eher altmodisch war, sah er damit ziemlich merkwürdig aus. Sie paßte einfach nicht zu ihm. Kein Vergleich mit mir, mit meinen roten Haaren, meiner Jacke Marke colourful, meinen kurzen Jeans und meinen Tulip-Schuhen, die gerade extrem angesagt sind … Die Tastatur wird demnächst noch zum unverzichtbaren Accessoire avancieren. Wenn ich jetzt täglich damit rausgehe, kreiere ich bald einen neuen Trend – den Tastatur-Look!

Als wäre nichts Besonderes dabei, mit einer Tastatur durch

die Stadt zu laufen, meinte meine Freundin vorhin, ohne eine Miene zu verziehen: »Na, das ist ja mal was ganz eigenes, eine Tastatur herumzutragen! Ist die nicht schwer?«

»Gar nicht, sie wiegt nicht mehr als ein Regenschirm.«

Offenbar habe ich bereits das richtige »Tastatur-Image«.

9. September 2003
Das erste Mal schrieb ich unter dem Namen Mu Zimei im Oktober 1999

Der Beweis schwarz auf weiß.

Als ich in den Gleichgültigen verliebt war, benutzte ich die Identität seiner Heldin »Jiangzi«, um im BBS-Forum des Servers wanke.com.cn zu surfen; eine Heldin namens »Mu Zimei« hat es nie gegeben. Deshalb habe ich, als ich zum Surfen zu sina.com.cn wechselte, einen neuen User-Namen angenommen, der das genaue Gegenteil »seiner kleinen Spießerin Jiangzi« sein sollte. Ich war es mir schuldig, ihr ihre Unschuld und Reinheit zurückzugeben.

9. September 2003
Unterstützung durch die Presse

Heute nachmittag hat ein bekannter Herausgeber anspruchsvoller Literatur seine Bewunderung für seine schreibende Kollegin Mu Zimei zum Ausdruck gebracht.

»Einige Leute haben mir die Frage gestellt, ob ich wohl ›der eine, der uns alle schwach werden läßt‹, bin«, erklärte er voller Anmaßung.

»Herrje, unmöglich! Du widerst mich an!«

11. September 2003
O gegen YY

Abends um 11 Uhr kreuze ich in einer Bar auf, wo eine »80s Night« stattfindet. In einem neongrünen Outfit platze ich mitten in die versammelte Hautevolee der Kunstwelt, Presse und Werbung. Die Creme der Gesellschaft schlürft genüßlich ihre Freigetränke zu fünfzig Yuan.

Wie immer lasse ich erst einmal den Blick über die Anwesenden schweifen und entdecke nicht mehr als drei oder vier Männer, mit denen ich schon gefickt habe. Rekordverdächtig ist das nicht gerade.

Plötzlich kreuzt ein junger Amerikaner von der Agentur Ogilvy auf. »Lächelnd kommt er auf mich zu« – genau wie in dem Chanson von Zhang Xing. Er zieht an seiner Zigarette, und seiner Gestik entnehme ich, daß er für gewöhnlich nicht raucht. Radebrechend reden wir miteinander, jeder in seiner eigenen Sprache, ohne einander zu verstehen, aber wir begreifen, daß wir eines gemeinsam haben: das Schreiben. Sonst nichts. Der Alkohol beginnt seine Wirkung zu zeigen, seine Füße folgen dem Beat, als habe er Lust bekommen zu tanzen. Na dann los. Hiphop, Tango, chinesischer Gesellschaftstanz ... wir tanzen alles. Einmal lasse ich meine Hand unter sein Hemd gleiten, und sieh mal einer an, da wird er ganz schüchtern! Die Leute um uns herum auf der Tanzfläche beäugen meine immer lasziveren und provozierenderen Bewegungen, also gebe ich noch einen drauf. Ich bin im Besitz eines Zaubertranks: weibliche Eitelkeit. Jetzt habe ich einen Ausländer zum Angeben, da sind mir die Verletzungen, die mir meine chinesischen Liebhaber zugefügt haben, scheißegal. Mein Ausländer ist Balsam für mein geschundenes Herz.

Wir tanzen eng umschlungen, wir schwitzen, und ich ziehe mein Straßjäckchen aus, um meinen hautengen Pullunder zu zeigen. Einige Presseleute fotografieren uns, drücken jedesmal auf den Auslöser, wenn wir uns küssen, was mein Begehren nur noch weiter anfacht. Ich räkele mich mit ihm auf dem Sofa, lege mein Bein erst auf seine Schulter, dann strecke ich es auf dem Geländer aus. Berauschte Küsse. Brennend heiße Liebkosungen. Sein unschuldiger Gesichtsausdruck gibt mir einen Stich. Bist du ein kleines Lämmchen? Bin ich etwa der große böse Wolf? Heute abend bist du das Instrument, auf dem ich spiele, aber ich habe absolut nicht die Absicht, mit dir zu ficken.

Als dann das Lämmchen von Ogilvy immer drängender wird und mich mit zu sich nehmen will, vertröste ich ihn und mache ihm klar, daß von meinen Freunden noch niemand gegangen sei. Ach! Meine Freunde ... XX, der sich für einen Dandy hält, gibt mir Zeichen, will versuchen, mich daran zu hindern, mit einem Ausländer nach Hause zu gehen. Weil ich vor drei Jahren total auf dich abgefahren bin, weil ich daran beinahe krepiert wäre und weil du schließlich mit mir geschlafen hast, ohne es richtig zu wollen – willst du mir etwa deshalb jetzt verbieten, mit anderen zu ficken? XX wendet sich ab und geht albern grinsend weg. Ein alter Grapscher kommt zu mir und kann seine Finger nicht bei sich behalten. Tja, wer nicht hören will, muß fühlen ... Ich lande bei ihm einen Volltreffer mit meinem Absatz. Verpiß dich, alter Mistkerl, hast dich wohl verlaufen, hier ist kein Platz für dich bei dieser großen Maskerade, du bist nur ein Stück Scheiße, das unterm Fuß zerquetscht wird.

Der Kiffer pflanzt sich auf das Sofa gegenüber, und ein Mädchen setzt sich neben ihn. Ich habe keine Ahnung, wer die Frau ist, seine Jetzige, seine Ex oder seine Zukünftige. Ich gehe mit dem Lämmchen von Ogilvy auf Tuchfühlung, behalte aber den Kiffer fest im Blick. Wie weit sich dieses Spiel doch treiben läßt! Und wie einfach es ist, die Naivität des Typen von O. auszunutzen!

Die Musik bricht ab, die Menge zerstreut sich, und mit wiegenden Schritten gehen wir die Treppe hinunter, Hand in Hand, bis wir unten an der Theke ankommen. Dort sitzt mittlerweile der Kiffer mit einigen Bekannten. Der Zufall will es, daß ich mit allen anwesenden Typen im Bett war, mit Ausnahme eines Jungen mit langen Haaren von YY. Im SW bin ich ihm schon einmal über den Weg gelaufen und total auf seine nüchterne und lässige Art abgefahren; irgendeine Erfahrung hat ihm alle Illusionen über die Liebe geraubt. Damals habe ich aus purer Provokation zu dem Kiffer gesagt: »Mit dem möchte ich schlafen.«

Plötzlich denke ich mir, daß dem Lämmchen von O. im Vergleich zu dem Typen von YY die nötigen Voraussetzungen fehlen. Der Kiffer wird sich tausendmal mehr gedemütigt fühlen, wenn ich mit YY schlafe, auch wenn er ein Herz aus Stein hat beziehungsweise so tut, als sei es ihm egal, und er gar kein Herz aus Stein hat. Eine Frau, deren Gefühle man verletzt hat, kann ein ziemlicher Schweinehund sein.

»Meine Freunde sind hier, ich bleibe. Du kannst jetzt gehen, wenn du willst«, sage ich zu dem Lämmchen von O.

»Ich kann ja warten«, antwortet er ein wenig überrascht, aber immer noch sehr höflich.

Na bitte, dann warte eben. Ich werde dich auf Stand-by halten. Und dann fange ich an, YY anzumachen. Ich finde ihn sehr zuvorkommend. Er bringt mir etwas zu trinken, zündet mir eine Zigarette an und gibt mir seine Visitenkarte. Unsere Schultern streifen sich flüchtig. Jetzt will ich es wissen: »Du kommst heute abend mit zu mir, ich habe keine Lust, mit dem Ausländer abzuziehen.« Er ist einverstanden. Ich drehe mich um und sage zu dem Amerikaner: »Du kannst jetzt gehen. Mein Freund begleitet mich nach Hause.« – »*Your boyfriend?*« – »Yes.« Er macht ein ganz verkniffenes Gesicht. Sein Mund verzerrt sich, er ist gekränkt in seiner Eigenliebe, getroffen in seiner Reinheit, aber er besitzt immer noch die Höflichkeit, mir »*Bye-bye!*« zu sagen. Das ist eben das noble Benehmen, das man bei Ogilvy an den Tag legt.

Die große Überraschung: Der Abschluß wird getätigt, und der einheimische Vertreter von YY trägt den Sieg über den Vertreter der multinationalen, leistungsstarken und unglaublichen Agentur Ogilvy davon. Man muß es gesehen haben, um es zu glauben, so offensichtlich war das Ungleichgewicht der Chancen. Noch der letzte Esel weiß, daß die Ausländer fähiger sind als die Chinesen. Und doch zog ich wie ferngesteuert die rote Karte. Trotzdem schätze ich Ogilvy sehr und weiß ganz genau, daß es da noch weit Interessanteres zu holen gibt. Doch die Welt der Werbung ist nicht gefeit gegen die Launen des Schicksals.

Wie kann ich mir ansonsten ein Spielchen auf dem Rücken, Beine in der Luft, mit YY leisten. Ich fahre ihm mit der Hand durch die langen Haare. Er ist total am Boden, hat sich noch nicht von seinem Liebeskummer erholt. Er ist einfach zum Anbeißen. Er hat mein Verlangen geweckt. Wenn die Natur mit von der Partie ist, spielen die sexuellen Fähigkeiten dieses Mannes im Grunde keine große Rolle mehr. Es genügt schon, daß wir uns in die Falle hauen und uns gegenseitig die Wunden lecken. Unsere Körpersäfte austauschen.

Der Kiffer, der mich die ganze Zeit mit einem verächtlichen Blick beobachtet hat, fängt an, höhnisch zu grinsen. Ganz klar, er will die Kränkung mit größtmöglicher Gleichgültigkeit behandeln. YY bekommt nicht mit, was sich da im verborgenen zusammenbraut. Er ist müde, will gehen, und ich gehe mit ihm. Ja. Ich verziehe mich mit ihm direkt vor der Nase des anderen. So einfach ist das.

»Wo setze ich dich ab?«

»Bei dir.«

YY nimmt mich mit zu sich. Unterwegs gehen wir noch in einen Seven-Eleven-Laden und kaufen Wasser. Aber wo sind seine Schlüssel? Wir durchsuchen seine sämtlichen Taschen einschließlich Aktenmappe, nichts! Und die Schlüssel mitten in der Nacht aus seinem Büro zu holen ist auch keine gute Idee. Es hätte eine gut organisierte Sache sein sollen, hat sich aber inzwischen in einen wahren Akt der Nächstenliebe verwandelt. Ich werde einen Obdachlosen beherbergen müssen.

»Tja, geht wohl nicht anders, da müssen wir eben zu mir.«

In diesem Moment höre ich von YY eine besonders entzückende Ansage: »Ich hab das aber echt nicht mit Absicht gemacht.«

Als wir dann bei mir sind, ist YY nicht gerade gesprächig. Da sieht man, wohin diese vielen, in der Werbebranche angehäuften Überstunden führen. Viele Männer haben das Verlangen, aber nicht die Energie. Diese Kreativen mit ihrem schnell entflammten Herzen, das Hirn kocht, die Ideen brennen ab wie ein Feuerwerk. Verglichen mit den Leuten von der Presse

126

oder aus der Kunst, sind sie lebendiger, mehr Avantgarde, verbringen auch mehr Zeit im Nachtleben. Aber sie sind am Ende ihrer Kräfte. Was für ein Scheiß! Jeden Tag arbeitet er bis Mitternacht, Tag und Nacht malocht er bloß. Du glaubst, der menschliche Körper kann das alles einfach wegstecken? Um etwas über den Gesundheitszustand der in der Werbung Beschäftigten zu erfahren, muß man deren sexuelles Potential erforschen.

Im vorliegenden Fall sieht es so aus, daß YY am Rand der totalen Erschöpfung steht. Den jüngsten kreativen Job schludert er so hin, da ist nicht viel rauszuholen. Aber das ist ja auch verständlich. Schon als ich auf sein Angebot einging, sagte ich mir, daß das Angebot von O eigentlich glanzvoller sei, aber da ich nun mal eine patriotische Ader habe und dazu noch die unbedingte Tugend der traditionellen Chinesin, gebe ich mir alle Mühe, YYs Leistung zu schätzen. »Ähm, sehr angenehm …« Am Morgen darauf erneuert YY, von Gewissensbissen gequält, sein Angebot. Zunächst unterbreitet er es mir mit den Händen, dann mit dem ganzen Körper, er rückt sogar mit ein paar Zugaben heraus. Mehr Empfindsamkeit, beträchtliche Erhöhung der sinnlichen Wahrnehmung, die Zufriedenheitsschwelle hebt sich. Was sehr schön beweist, daß die Angestellten von YY alles in ihrer Macht Stehende tun, um ihre Kunden zufriedenzustellen, und daß ihre Verbesserungsfähigkeit Teil des Vertrauensvertrages ist.

Ich habe ja schon immer gewußt, daß Freundin Mu Zimei ihre Recherchen nicht auf den Bereich der Spezies männliches Wesen beschränkt, sondern daß sie, ausgehend von ihren Entdeckungen über die Männer, auch ein Licht auf die internationale Konjunktur, die wirtschaftliche und soziale Situation des Landes und den Wettbewerb in der Industrie wirft … Durch ihre analoge Herangehensweise unterscheidet sie sich von den anderen.

12. September 2003
Vertrieben

Am Abend des Mondfestes* habe ich eine Verabredung mit einem Journalisten aus Peking im SW, es geht um ein Interview.

Wir haben noch nichts zu trinken bestellt und auch noch nicht mit den Fragen angefangen, da kreuzt plötzlich das Herrchen von Cool auf.

Seit einiger Zeit hat Cools Herrchen eine Art Radar entwickelt, noch im verborgensten Winkel des SW stöbert er mich auf, und das auch noch auf den ersten Blick. Und er versäumt es nie, mich das wissen zu lassen. Dieser Abend ist da nicht anders, abgesehen davon, daß Cools Herrchen gestern abend eine unwiderrufliche Entscheidung getroffen hat. Er hat beschlossen, Freundin Mu Zimei zu vertreiben. Das kann ich sehr gut verstehen, denn es kann immer vorkommen, daß man eines Tages die Nerven verliert.

Mein einziger Daseinszweck ist es, dich zu verletzen.

Nichts auszusetzen an seiner Entscheidung. Wenn da nicht die Mittel wären, deren er sich bedient. Er hat einen Nachtwächter des SW beauftragt (vielleicht auch einen Koch?), einen Mann, der nie ein Wort mit mir gesprochen hat und den man selten im Raum der Bar sieht. Er kommt zu mir herüber und übermittelt folgende Botschaft: »XX will, daß du verschwindest.«

Das ist das erste Mal, daß ich den Klang seiner Stimme höre. Sie ist ziemlich plump, aber geradezu vollendet ahmt er den kühlen Tonfall von XX nach. Ich bin sprachlos. Er wiederholt: »XX will, daß du verschwindest.« Okay, ich sage »okay«. Dann spielt er den grimmigen Zerberus an der Tür, wartet darauf, daß ich verdufte.

Ich denke, er ist nicht bereit, mich zu vergessen. Hätte er

---

* Das Mondfest findet nach dem chinesischen Kalender am fünfzehnten Tag des achten Mondmonats statt. Es ist nach Neujahr das zweite große traditionelle Fest des Jahres.

die Wahl gehabt, hätte er es vorgezogen, nie auch nur ein Wort mit mir zu sprechen, aber er hatte eben nicht die Wahl; XX, der Grausame, hat ihn für die Abschiedszeremonie ausgewählt.

Bevor ich das SW verlasse, werfe ich einen prüfenden Blick auf den Nachtwächter. Eine irgendwie sentimentale Sache. Auch wenn er so zurückgezogen ist und sich immer im Dunkeln verkriecht, weiß er alles.

Bei meinem ersten Besuch im SW haben wir bis 3 Uhr morgens einen ziemlichen Radau gemacht. Die Gäste waren alle gegangen, und Cools Herrchen wollte Strippoker mit mir spielen. Er hat die Karten so gut gemischt, daß ich meine Jacke, meinen Pullover, meine Stiefel, meine Strümpfe verloren habe ... Mir blieben nur noch mein violetter BH, mein Höschen und meine Hose, was ich alles vorübergehend behalten durfte (wegen der Kälte).

Dann tauchte der Nachtwächter vor uns auf, mit völlig ausdruckslosem Gesicht. Respektvoll wandte er sich an Cools Herrchen: »Sie sind noch nicht gegangen? Soll ich abschließen?« Der antwortete ihm: »Du kannst gehen, ich schließe ab.« Er schien ein wenig verstimmt, aber das dauerte nur den Bruchteil einer Sekunde, und ohne ein weiteres Wort drehte er den Stapel mit den Karten um und verschwand.

Später erfuhr ich, daß der Nachtwächter keine andere Unterkunft zum Schlafen hatte als die Bar.

Um mich zu erobern, behandelte mich Cools Herrchen in dieser Nacht mit ausgesuchter Höflichkeit. Er führte mich zum Tresen hinüber, und das Spiel ging weiter. Als ich schließlich splitterfasernackt war, sagte er mit selbstzufriedener Miene: »Und was können wir jetzt noch machen?«

»Wir könnten weiterspielen. Jedesmal wenn ich verliere, darfst du einmal in mich eindringen.«

Ganz im Sinne des Fairplay hielt er sich zunächst an meine Spielregeln. Doch als ich dreimal hintereinander verloren hatte, glitt er mehrmals in Folge hinein und wieder heraus. Womöglich dachte er, wir wären schon mitten im Liebesspiel und er würde mich zum Höhepunkt bringen, aber nein, als wir bei drei waren, sagte ich zu ihm: »Hör sofort auf. Das ist gegen die Regeln.« Er mußte sich regelrecht Gewalt antun, um sich zurückzuziehen. »Zehnmal, reicht das, damit du zum Orgasmus kommst?« fragte ich ihn. »Unmöglich«, antwortete er. »Tja dann, auch wenn wir bis zum Morgengrauen weitermachen, wird es dir nicht gelingen, richtig mit mir Liebe zu machen.«

Diese Art der Herausforderung hatte er vorher offenbar nicht mit eingeplant. Er bat mich, ihm Erleichterung zu verschaffen und ihm einen zu blasen. »Na los, wir gehen. Kommst du mit zu mir?« flehte er mich an.

Nachdem seine Bitte erfüllt war, wurde das Spiel natürlich zu Ende geführt.

Beim Bloggen fiel mir wieder ein, was für eine romantische Szenerie es war, als ich mit ihm wegging: Noch im Taxi liebten wir uns und sahen dabei zu, wie der Tag anbrach, der Himmel sich erhellte und die Stadt nach und nach erwachte. Es muß kurz vor Morgengrauen gewesen sein. Doch jetzt, wo ich mir diesen Abend ins Gedächtnis rufe, frage ich mich, was der Nachtwächter wohl zwischen Mitternacht und Morgengrauen gemacht haben mag. Wohin ist er gegangen, als er das SW verließ? Wo hat er in dieser Kälte geschlafen?

In dieser ersten Nacht hat Cools Herrchen zu ihm gesagt: »Du kannst gehen.«

In der letzten Nacht hat er ihm den Auftrag gegeben, mir zu sagen: »Du kannst gehen.«

Hinter dem plumpen Gesichtsausdruck des Nachtwächters verbirgt sich womöglich ein großes Herz. Sein eisiger Tonfall ist unmißverständlich, aber es steht fest, daß meine erste Nacht im SW ihn seine Nacht gekostet hat. Wie sollte er mich da nicht hassen.

Also bin ich gegangen. Mein Abgang war bewegender und feierlicher als deiner. Du hast ja doch eher den Rückzug angetreten, ich dagegen habe mich eindeutig vertreiben lassen. Wir wissen beide, wer das Wort »gehen« ausgesprochen hat. Aber ich hege keinen Groll gegen dich.

12. September 2003
Egal illegal

»Xiaomu, XX und XXX haben ihre große Beichte abgelegt. Unbefugt haben sie öffentlichen Raum eingenommen, aber das ist ihnen egal.«

Immer noch billiger als auf dem Flohmarkt. Ja, an der Strippe ist es fast umsonst.

15. September 2003
Frauenbewegung

Trotz der Risiken, die ich damit eingehe, begebe ich mich aufs French International Music Festival. Um 6 Uhr kreuze ich auf, genau die Zeit, um die auch XX auftritt. Ich habe schon vorher einige seiner Stücke gehört, sein Stil ist alles andere als neu. Ich lehne an dem Absperrgitter vor der Bühne, beobachte die Fans, die fast in Trance sind. Mitten im Konzert tanzen Wasser- und Colaflaschen in der Luft, die Mädchen hieven sich auf die Schultern ihrer Freunde, es ist der reine Wahnsinn.

Aber der eigentliche Wahnsinn kommt erst noch. Auf XX folgt die Band Yufeimen, und ich finde meine Freundin wieder, die etwas zu essen holen war. Ich bin auch ziemlich ausgehungert, und sie bringt mir einen kleinen Spieß mit gewürzten Fischklößchen und Püree mit. Als ich gerade einen ordentlichen Schluck Wasser nehme, trifft mich völlig unerwartet ein Faustschlag. Ausweichen ist nicht möglich, ich kriege ihn mitten auf die Brust. PENG. So eine Scheiße, es haut mich glatt um. Da merke ich, daß mein Angreifer niemand anders als Cools Frauchen ist.

»Komm bloß nie wieder auf die Idee, irgendwas über das SW zu schreiben, egal was!« kreischt sie hysterisch.

Na, die ist aber cool. Sie hat sich ihr gestreiftes T-Shirt in der Taille geknotet. Man sieht ihren Bauchnabel.

»In Zukunft schreibe ich nicht mehr übers SW«, behaupte ich aus lauter Feigheit.

Hinter ihr erscheint Cools Herrchen, ihm auf den Fersen seine ganze Clique, und sie machen keinen besonders friedlichen Eindruck. Ich nehme Reißaus wie ein geölter Blitz. Als ich merke, daß man mich nicht mehr verfolgt, bleibe ich stehen und trinke etwas Wasser, ehe ich mich wieder dem Geschehen auf der Bühne zuwende. Trotzdem behalte ich Cools Frauchen im Auge. Sie ist derart high, daß sie hektisch rumzappelt und obszöne Gesten macht. Hm ... heldenhaft von ihr, mir eine geballert zu haben, daß ich zu Boden gegangen bin. Wenn es dir Spaß macht, mich zu schlagen, bitte, nur zu, tu dir keinen Zwang an.

Ich schnauze meine Freundin an: »Du hättest auf mich aufpassen sollen, statt dessen hast du nicht mal den kleinen Finger gerührt!« Und ich fügte noch hinzu: »Soll sie doch noch mal kommen und mich schlagen, ich hab noch nicht genug.«

Ganz offensichtlich muß wohl auch Cools Frauchen noch nicht genug gehabt haben, denn im Nu geht sie wieder zum Angriff über. Beim ersten Mal hatte sie mir mit der Rechten einen Haken verpaßt, diesmal fange ich mir eine gewaltige Ohrfeige ein. Sie hat Übung, trainiert irgendwas in der Richtung. Ihre Schläge sind wirklich nicht einfallslos: Sie schlägt mich nicht voll ins Gesicht, sondern zielt auf den Nacken und erwischt mich mitten auf der Wange. Die linke. Ich bin ziemlich durchgeschüttelt, aber diesmal geht es schon besser aus – ich bin nämlich nicht zu Boden gegangen.

»Und das war nur eine Warnung! Lösch alles, was das SW betrifft, hast du mich verstanden?« kreischt die Furie.

Hm, die Ansprüche steigen. Du reichst ihr den Finger, und sie nimmt die ganze Hand. Aber ich bin fest entschlossen, ihren Forderungen nicht nachzugeben, ich biete ihr unverfroren die Stirn: »Na los, nur zu, mach doch weiter.«

Auch sie ist entschlossen, nicht nachzugeben, und statt einfach drauufloszuschlagen, stößt sie Drohungen aus: »Wir verklagen dich!«

Oh! Ich werfe einen Blick auf Cools Herrchen, das direkt neben ihr steht: »Ich werde gar nichts löschen.«

»Eines Tages mach ich dich kalt!« erwidert er, wirklich bösartig. Ein Satz wie von einem Mafioso, man könnte meinen, wir wären in einem Film. Dann sind sie abmarschiert, der Triumph stand ihnen ins Gesicht geschrieben.

Tja. Durch diese Aktion hat sie wohl ihre Liebe zu ihrem Freund bewiesen. Indem sie mich selbst geschlagen hat, hat sie ihn davor bewahrt, das Gesicht zu verlieren, denn er hätte ja sonst die goldene Regel brechen müssen, die da lautet: »Eine Frau schlägt man nicht.«

Nach ihrer zweiten Attacke triumphiert sie noch mehr als vorher. Wieder bei ihren Leuten, tanzt sie, grinst dabei bis über beide Ohren. Und ich freue mich genauso; allen, die mir über den Weg laufen, werde ich erzählen, was mir passiert ist: »Gerade hab ich mich von Cools Frauchen verprügeln lassen. Zweimal hat sie zugeschlagen.« Ich muß unbedingt den Journalisten aus Peking finden, der zu dem Interview gekommen ist. Beim Mondfest Leute rauszuwerfen und auf dem French International Music Festival Krawall zu machen, was für ein Knüller! Das wird seinem Artikel erst die richtige Würze geben. Ihm ist daran gelegen, die spontane Reaktion von XX zu sehen. Na, dann mal los. Wir suchen jemanden, der uns in den Backstage-Bereich läßt. Hinter dem Absperrgitter nimmt uns XX in Empfang und sagt: »Hat keinen Zweck, hier sind zu viele Menschen.«

In den drei Minuten, die wir hinter den Kulissen verbringen, fangen, nur drei Zentimeter von mir entfernt, zwei Idioten zum Schein eine Prügelei an. Als einer der beiden mit der Faust droht, kriege ich es mit der Angst. »Schlag mich nicht!«

So ein Mist, das ist ja der reine Wahnsinn, was für Aggressionen dieser Electrosound auslöst. Als ich mich aus dem Menschenschwarm löse und zu XX gehe, um mich noch ein bißchen weiterzuamüsieren, kommt Cools Frauchen und setzt sich an die Seite; auch ist sie müde. Das kann ich ihr nicht übelnehmen. Wenn es in einer Frau brodelt, ist es nur natürlich, daß sie es irgendwann zeigt. Und noch weniger nehme ich ihr übel, daß sie mir die Logik des Kampfes demonstriert hat: »Wenn man dich schlägt, hat es keinen Sinn zu fliehen, man muß Mut beweisen.«

Ich denke schon, alles sei wieder in Ordnung, aber dann sagt mir meine Freundin, einem Mädchen, das neulich auch bei der »80s Night« war, gehe es schlecht und sie wolle von mir getröstet werden. Ich wittere sofort eine Falle, aber da meine Freundin mir versichert, es handele sich um eine enge Freundin einer Freundin, denke ich mir, daß es wohl ungefährlich ist. Also gehen wir hin. Unter einem Zelt sitzt ein traurig aussehendes Mädchen. Ich gehe auf sie zu, und sie empfängt mich wie eine Königin auf ihrem Thron. Nervös reicht sie mir die Hand, genau in diesem Moment höre ich, wie ein Typ einen Namen brüllt, den ich ebenfalls von der »80s Night« kenne. Ich packe meine Freundin bei der Hand, und wir nehmen Reißaus. »Das ist eine Falle, da sind noch zwei Typen, die mir an den Kragen wollen!«

Wir laufen bis kurz vor das Absperrgitter. Der Typ von der Security hindert uns daran, wieder reinzugehen. Aber wenigstens baut er sich zwischen mir und meinen beiden Angreifern auf. Ich zünde mir eine Zigarette an. Ich sehe in ihre mordlustigen Augen. Ein Glück, daß ich schnell laufen kann, sage ich mir tief im Innern.

...

Das Festival geht seinem Ende entgegen, und ich mache mich mit zwei Freunden auf den Weg, um eine Kleinigkeit zu essen. Wir reden nur von dem Überfall auf mich, von nichts anderem. Wie öde. Ich bin mein eigenes Hauptgesprächsthema geworden.

Und das ist noch nicht alles. Um Mitternacht wird das Drama noch komplizierter. Folge und Ende der Intrige: Ein Freund ruft mich an und erzählt mir, daß die Ex von XX, die Freundin von XXX und ein Typ, den ich nicht kenne, sich vor meinen Augen schlagen wollen. Wie lächerlich. Schwer zu sagen, ob es stimmt oder nicht, aber es wäre wohl besser, die Wogen würden sich glätten.

Man stelle sich bloß mal vor, die Freundinnen von XX und

XXX wechselten in mein Lager und unterstützten mich in meinem Kampf, das wäre dann schon eine richtige Frauenbewegung. Beispiellos in der Geschichte.

15. September 2003
An meine verehrten Besucher

Da achtzig Prozent meiner Besucher im Internet Idioten, Einfaltspinsel und miese Typen sind, werde ich von morgen an die Nachrichten an mich filtern lassen. Ich werde damit beginnen, mein Hausrecht als Bloggerin auszuüben. Wer auch immer feststellt, daß seine Nachricht nicht weitergeleitet wurde, wird verstehen müssen, daß ich ihn verachte und ihm aus diesem Grund den freien Zugang zu meinem intimen Tagebuch verweigern muß.

16. September 2003
Protest

Also wer leitet nun eigentlich dieses Google? Wer hat denen erlaubt, meinen Blog in ihre Suchmaschine aufzunehmen?

Ach Scheiße, die tun so, als sei ich Al-Dschasira.

16. September 2003
Wenn man sich Jiangzi nennt

Heute habe ich einige Mails von meinen Online-Freunden bei wanke.com.cn bekommen, und ich werde mich mit ihnen bei diaoke.com.cn treffen. Es war meine Freundin HY, die mein neues Versteck gefunden und verraten hat.

Also. Wenn man mich Jiangzi nennt, kommt es mir so vor, als sei das mein Vorname. Es klingt sehr liebevoll.

Früher haben wir uns eingeloggt, um uns zu amüsieren und Spaß zu haben. Heute ist der Blog so etwas wie der arme Außenbezirk. Entschwunden die makellose Reinheit, vergangen die honigsüße Milde ... Wer die sorglose Zeit der Foren von wanke.com.cn in den letzten beiden Jahren miterlebt hat, kann deren Verlust nur beklagen. Wenn ich auch stark und entschlossen bleibe. Mir stehen fast Tränen in den Augen, auch meine Freunde sind Vergangenheit.

16. September 2003
Meine Freundin

»Du könntest ruhig mal nettere Sachen über mich schreiben …«, sagt sie.

Berichtigung. Es ist nicht so, daß meine Freundin nicht auf mich achtgibt, es ist einfach nur so, daß sie keine Ahnung von Kampftechniken hat. Wir beide haben keine Ahnung von Kampftechniken. Außerdem habe ich das Verb »anschnauzen« benutzt, und sie findet, daß sie dadurch weniger als nichts zu sein scheint. Was also tun? Würde es gehen, wenn ich »anschnauzen« durch »jammern« ersetze? Also bitte, als das passierte, kuschelte ich mich an sie und jammerte wie ein kleines Kind: »Du hättest auf mich aufpassen sollen, statt dessen hast du nicht mal den kleinen Finger gerührt …«

Manchmal bin ich total deprimiert, vor allem wenn ich mich ihr gegenüber schlecht benehme. »Hinter dir steht nun mal keine große Finanzgruppe, die dich unterstützt«, sagt sie zu mir. Das stimmt, und ich kann nicht mal auf die Mafia zählen. Wieso begebe ich mich auch immer wieder in die Höhle des Löwen?

Gestern habe ich meine Schlüssel vergessen. Ich kam nicht in meine Wohnung. Ich schlief bei ihr auf dem Sofa. Um Mitternacht kam Wind auf, und es fing an zu regnen. Im Halbschlaf sah ich sie auf ihren Balkon hinausgehen und die Wäsche einsammeln, und ich dachte, daß unser Leben nicht immer leicht ist. Wie oft habe ich ihr schon gesagt: »Also, MM, wenn ich erst mehr verdiene, komme ich für deinen Unterhalt auf, dann mußt du nicht mehr arbeiten.« Sie war im siebten Himmel. Ein anderes Mal sagte ich: »Wenn ich erst besser verdiene, kümmere ich mich um euch, um dich und um

Xiaomi.« Aber sie protestierte: »Das erlaube ich dir nicht, daß du Xiaomi unterstützt. Abgesehen von deinen Eltern, kümmerst du dich nur um mich.« Wir mußten lachen.

Es kommt vor, daß ich auf sie schimpfe und sie kritisiere; es kommt auch vor, daß ich ihr gegenüber behaupte, Xiaomi nicht mehr zu lieben. Manchmal, lasse ich meine Wutanfälle an ihr aus, was mir dann kurz darauf unangenehm ist. Zum Glück ist sie daran gewöhnt.

Meine Freundin ist mein Negativ oder mein Positiv, auf jeden Fall das genaue Gegenteil von mir. Sie kommt aus gutem Hause. Aber wenn man sie fragt, wieso um alles in der Welt sie mit mir verkehre, ist ihre Antwort immer dieselbe: »Ich habe keine andere Wahl!«

18. September 2003
Mein Comeback
Ich halte mich nicht an meine guten Vorsätze.

Obwohl viele Besucher hier ihren Mist abladen und mein Blog eine Art »öffentliche Bedürfnisanstalt« ist, ist er nun wieder freigegeben. Wenn manche Leute die kleine Schwester Mu nicht mehr sehen, leiden sie auf einmal an Schlaflosigkeit. Es gibt welche, die schicken mir Nachrichten voller Verzweiflung, einige rufen mich sogar an und fragen, weshalb ich den Zugang geschlossen habe.

Und dann gibt es welche, die andeuten, kleine Schwester Mu habe womöglich Angst vor Schlägen.

18. September 2003
Schluchzen
Gestern habe ich den ganzen Tag im Krankenhaus verbracht. Und nicht nur in einem, sondern gleich in mehreren. Ich bin von Krankenhaus zu Krankenhaus gezogen.

Beim ersten Mal zeigt die Narkose keine Wirkung. Ich bleibe völlig klar, und ich höre den Arzt zur Schwester sagen:

»Das reicht nicht, holen Sie eine größere Dosis.« Die nächste Dosis ist womöglich zu stark. Ich bin total benommen, gefühllos, ich spüre meine Verzweiflung nicht mehr.

Als ich aus dem Krankenhaus komme, muß ich weit laufen, bevor ich ein freies Taxi finde. Ich gebe dem Fahrer Zeichen, aber er fährt weiter, ohne stehenzubleiben. Ich warte. Schließlich nimmt mich ein anderes Taxi mit. Meine Freundin setzt sich neben mich, ich rede unzusammenhängendes Zeug daher und seufze. Ich fühle mich alt.

Bei Einbruch der Nacht komme ich zu Hause an, und ich versinke in Lethargie. Mir ist kalt. Ich kuschele mich unter die Bettdecke. Als ich aufwache, merke ich, daß ich Fieber und starke Migräne habe. Um mich herum ist alles düster und still.

Keine Gefahr, gestört zu werden. Keine Gefahr, Besuch zu bekommen.

Ich denke an Mama. Als ich zwölf war und sie meinen geliebten kleinen Hund einschläfern ließ, habe ich so sehr geweint, daß ich mein Kopfkissen regelrecht mit Tränen überschwemmte. Ich wollte nicht mehr leben. Sie sollte meinen Schmerz verstehen, deshalb sagte ich zu ihr: »Warte nur, bis ich fünfundzwanzig bin, dann werde ich deine Tochter töten.«

Als ich jetzt wieder daran denke, fange ich an zu schluchzen.

19. September 2003
Er
Ich quatsche mit meiner Kollegin, der Schönen aus Shanghai. Wir reden über ein paar gemeinsame Bekannte. Schließlich kommen wir auf ihn zu sprechen.

Die Schöne meint, er sei verschwunden: »Wir haben allerlei Leute befragt, aber keiner weiß, wo er jetzt untergekommen ist.« Dann erzählt sie mir von ihr.

Sie ist zu der Zeitung gegangen, bei der er früher arbeitete. Früher war sie es, die ihn ins Büro begleitete. Jetzt ist es oft er, der sie begleitet. Sie sind immer noch zusammen. Anders ausgedrückt, er ist gar nicht verschwunden.

Vor ein paar Tagen wurde ich interviewt. Eine der Fragen lautete: »Hattest du im vergangenen Jahr eine Beziehung zu jemandem, die du als ›Liebe‹ bezeichnen würdest?« – »Ich habe keinen Liebhaber, aber es gibt einen Mann, der mich die Liebe hat erleben lassen.«

Dabei sprach ich von ihm. Die Geschichte, die ich zwanzig Minuten lang erzählte, hat die Journalistin zu Tränen gerührt. Mich auch.

Er und sie könnten ihr Leben miteinander verbringen. Körper und Seele miteinander verbunden, wie bei siamesischen Zwillingen. Ja, ja, ich wage die Parallele.

Meine Liebesgeschichte ist ein Märchen.

19. September 2003
Gaoming

Dieses Wochenende fahren ein paar Freunde nach Gaoming.

Da gibt es Villen, groß wie Hotels, und sogar Badeseen! Ich zögere. Ich war noch nie dort. Aber der Name Gaoming ist mir nicht fremd.

Neulich hat ein Lektor einen Titel für mein Buch vorgeschlagen: »Sie sieht ihre Männer überall«. Das ist ziemlicher Kitsch, aber wieso nicht. Auch wenn das Buch noch gar nicht erschienen ist, muß ich jetzt jedesmal unweigerlich, wenn sich die Frage stellt, ob ich irgendwohin fahre, daran denken: Werde ich meine Männer sehen? Und das bringt mich zum Lachen.

Gaoming ist eine Kleinstadt, eine Autostunde von Kanton entfernt.

In der fünften Klasse hatte ich auf der Heshui-Schule einen Lehrer aus Gaoming, der Mr. Bell hieß. Er war nur eine Hilfskraft und noch in der Ausbildung. Als man einen westlichen Namen wählen mußte, nannte er mich »Lily«. Eines Morgens, als er nach Beendigung seiner Ausbildungszeit nach Gaoming zurückkehren mußte und sein Bus schon langsam anfuhr, bin ich ihm hinterhergelaufen. Ich klopfte an die Scheibe: Über mein Gesicht kullerten Tränen.

Lange bevor ich Liebesbeziehungen einging, brachte ich meine Gefühle ohne jede Scham zum Ausdruck.

Noch Jahre später schrieben Mr. Bell und ich uns, sogar noch, als ich schon auf der Uni war. Er benutzte stets das gleiche violette Briefpapier mit Blümchen. Sehr weiblich. Wir schrieben uns auf englisch.

Damals war mein Vokabular noch so dürftig, daß ich andauernd das Wörterbuch brauchte, wenn ich versuchen wollte, etwas gefühlvoll zum Ausdruck zu bringen oder poetisch zu sein.

Bald wurde er von seiner Rolle als Ehemann und Vater sehr in Anspruch genommen, und so hörten wir für eine Weile auf, uns zu schreiben. Genau in diese Zeit fiel mein Wandel von der unschuldig naiven Lily zu der Männerverführerin, die ich werden sollte.

Im ersten Jahr, als ich gerade angefangen hatte zu arbeiten, bekam ich noch einmal einen Brief von ihm, der allerdings an eine falsche Hausnummer adressiert war. Das rührte mich, also habe ich ihn angerufen. Mit fester Stimme sagte ich: »Du solltest mir lieber E-Mails schicken, ich habe längst nicht mehr die Angewohnheit, zur Post zu gehen.«

Er schickte mir keine E-Mails, aber von Zeit zu Zeit rief er mich an. Am Telefon klang Stimme ganz heiser. Zehn Jahre zuvor war er bleich und mager, nun erzählte er mir, er habe zugenommen.

Mr. Bell rief mich gern an, immer wenn seine Frau noch bei der Arbeit war. Er mochte es, sich heimlich mit mir zu unterhalten. Unser einziges Gesprächsthema war die Vergangenheit, die wir stets heraufbeschworen.

Pädophil.

Von Zeit zu Zeit hörte ich, wie er zu seinem Sohn sagte: »Wieso duschst du denn nicht einfach ganz brav, du kannst dich schon alleine waschen, Papa ist am Telefon.« Haben alle Männer, die in allzu gesicherten Umständen leben, dieselbe Neigung, fremdgehen zu wollen?

Als er dazu überging, mich mehrfach kurz hintereinander anzurufen und immer wieder zu fragen: »Kann ich dich nicht mal in Kanton besuchen?«, bekam ich es richtig mit der Angst zu tun. Aber ich hätte nie gedacht, daß er tatsächlich kommt.

Als er dann da war und mich treffen wollte, redete ich mich zunächst heraus.

Wenn er jemand gewesen wäre, auf den ich stehe und mit dem ich zwar schon im Bett war, der dann aber extra meinetwegen einen weiten Weg zurücklegt, wäre es etwas anderes gewesen. In diesem Fall hätte es mir mit meiner »Allzeit bereit«-Haltung nichts ausgemacht, mit ihm zu vögeln. Aber so – wie kann man das ganz und gar reine Bild eines Mädchens beschmutzen, das auf der anderen Seite eines Busfensters Tränen vergießt!

Am Tag darauf, als er wieder anrief, um mit mir ein Treffen zu vereinbaren, schwieg ich zunächst, dann sagte ich: »Ich bin nicht mehr dieselbe, Sie können mein Leben nicht verstehen.«

Er fuhr wieder nach Hause, rief noch ein paarmal an. Ich wurde von Mal zu Mal kälter. Schließlich wurde er es leid. Wir brachen den Kontakt ab.

Wenn ich jeden Mann wiedersähe, den ich in meiner Jugend geliebt habe, ob ich sie dann heute wohl immer noch lieben würde?

19. September 2003
Wasabi-Snacks

Vergangene Woche hat einer bei uns im Büro mit diesen Wasabi-Kugeln angefangen. Wasabi, ihr wißt schon, diese scharfen grünen Dinger, die am Gaumen brennen und total erfrischend sind; in der Redaktion geht ohne sie gar nichts mehr. Seit es sie jetzt in rauhen Mengen gibt, ist die allgemeine Aufmerksamkeit in schwindelerregende Höhen geschossen.

Neulich habe ich einfach nur so eine große Dose davon gekauft. Drei Päckchen habe ich Zhuzai angeboten, der sehr sympathisch ist, und drei der schönen Mashaji, die neu bei uns ist und noch nicht viel Erfahrung hat. Den Rest behalte ich, um wach zu bleiben.

So was nennt man effiziente Marktwirtschaft.

19. September 2003
Warnung

Es gibt im Netz jemanden, der unter dem Namen »Presse für Mu Zimei« einen Weblog eingerichtet hat. Ich protestiere ausdrücklich, denn er hat sich erlaubt, fast den gesamten Inhalt meines Blogs zu kopieren, einschließlich der Kommentare zu meinem intimen Tagebuch. Er hat sich nicht nur widerrechtlich meinen Namen angeeignet und mein Recht an meinem geistigen Eigentum verletzt, sondern auch gegen die Rechte der anderen Blogger verstoßen. Was auch immer seine Absichten sein mögen, ich hoffe, er stellt seine Aktivitäten ein.

19. September 2003
Erklärung

Eben habe ich in meinen Blog einen Copyright-Vermerk gesetzt (siehe Links). Ich hoffe, daß sich von jetzt an keiner mehr erlaubt, gegen diese Regeln zu verstoßen.

23. September 2003
Gleitzeit

Neulich hatte ich einen Briefwechsel mit einem, der dem Schauspieler Wuqihua aus Hongkong ähnlich sieht. Er hat mich gefragt, ob ich QQ oder MSN habe. Ich antwortete ihm, daß ich längst auf Chatten und solche Dinge verzichte und daß ich nicht einmal mehr die Notwendigkeit einsehe, ein Handy zu benutzen. Je schwieriger man zu erreichen ist, desto mehr gewinnt man an Wert in den Augen der anderen.

Ich führe folgende Regel ein: Mein Blog wird von jetzt an stundenweise funktionieren.

Denn:

1. Auch wenn der Blog geschlossen ist, steigt die Besucher-
   zahl weiter um Millionen an.
2. Die Nutzer von Paowang* gesellen sich zum »Fanclub« der
   Mu Zimei.
3. Sie wächst wieder wie das Gras im Gedicht von Bai Juyi**,
   das ungefähr so geht:
   »Das Feuer verzehrt es im Herbst,
   ohne in ihm den Keim des Lebens zu ersticken.
   Wenn der Frühlingshauch wiedergeboren wird,
   wird es bald mit ihm wiedergeboren.«

23. September 2003
Ein Fotograf

Ich habe keine Ahnung, ob er irgendwelche Vorurteile hegt,
seitdem er meinen Blog gelesen hat. Er kommt in schwarzem
Pullunder und in langen Shorts, nicht ganz so basic, wie man
ihn mir beschrieben hat.

»Ich bin nicht mehr so ein netter Typ wie früher, manchmal
bin ich ziemlich aggressiv.«

Er kommt an und übt sich gleich in Selbstkritik. Er hat sich
blaue Strähnchen gemacht, aber sie sind ins Gelbliche umge-
schlagen.

Auch wenn er seit seiner Ankunft in Kanton seinen Look
verändert hat, ist sein Style doch nicht völlig anders; er erzählt
mir sogar, daß er die Baggy-Hosen, die er anhat, schon seit
sechs Jahren trägt.

Solange er nicht ausflippt, ist er eigentlich ein netter Kerl.

Gleich zu Anfang stürzt er sich erst mal mit einer kleinen
Kamera auf mich, klick, klick, und macht ein paar Fotos. Ich
bin bereit. Ich lache schallend. Er auch.

»Glaubst du, ich habe vergesse, den Film einzulegen?«

---

*   Ein Chatroom bei BubbleNet.
** Chinesischer Dichter der Tang-Dynastie (772–846).

»Früher hat ML immer erst ein paar Aufnahmen ohne Film gemacht, um seine Models in Schwung zu bringen.«

»Na, glaub mir, ich habe jedenfalls einen Film eingelegt.«

Da wir beide lebende Legenden sind, blödeln wir eine Weile herum, aber auch nach zwanzig Minuten sind wir immer noch nicht so richtig in Schwung.

Da bemerke ich, daß er seine Haare im Nacken mit einem Band zu einem Zopf gebunden hat – eine Mozart-Frisur.

»Du trägst eine violette Schleife?«

»Ja, ist das so was Ausgefallenes?«

Ich hätte am liebsten gesagt, daß ich es geradezu obszön finde, aber ausgefallen ist natürlich das sympathischere Wort.

»Ja, sehr ausgefallen.«

Ich würdige das aufrichtig.

Dann kommt die Inspiration. Ich finde mehr und mehr Vergnügen daran, ihn anzuschauen, seine Augen zu betrachten, während wir reden. Ich vergesse alles um mich herum, mit Ausnahme seines Blicks, der mich durchdringt. Unsere Körper scheinen in der Luft zu wirbeln und zu tanzen. Nur unsere Blicke kleben aneinander.

Dann fängt er an zu erzählen, die schwarze Sonnenbrille gegen die Sonne. Ich protestiere wie ein kleines Mädchen: »Es gefällt mir nicht, mit dir zu reden, ohne deine Augen zu sehen.«

24. September 2003
Das Elend der Welt

In Gaoming, diesem wunderschönen Ort, von dem ich schon erzählte, habe ich ein paar kompromittierende Fotos zurückgelassen, die geeignet sind, der öffentlichen Moral Schaden zuzufügen. Aber Tonton weiß nicht, wer Mu Zimei ist, er hat keine Ahnung von ihrer Beliebtheit, deshalb verkennt er ihren Marktwert und betreibt keinen unlauteren Handel mit den Fotos.

Ganz sicher war Tonton gutaussehend und sehr vornehm, als er jung war. Auch heute ist er es noch, außer daß er heute alt ist. Er führte seinerzeit ein paradiesisches Leben, traf viele Leute, Leute von Welt. Man nennt ihn den »König des Tanzes«, denn er beherrscht sämtliche Gesellschaftstänze, die in den achtziger Jahren beliebt waren. Er besitzt eine richtig professionelle Nikon. Er hat alles von einem Möchtegernkünstler.

Die Begegnung zwischen Mu Zimei und Tonton war ganz große Kunst: ein Gipfeltreffen zwischen den beiden Sammlern der »traditionellen« und der »populären« Kultur, den beiden, die die Suche nach den wahren Wurzeln angetreten haben.

Möglicherweise hat er mich gestern abend, als wir das »Wahrheitsspiel« spielten, sagen hören, mein ältester Liebhaber sei neunundvierzig gewesen. Oder vielleicht setzt er auch einfach meine Dauerwelle mit mangelnder Dauerhaftigkeit gleich. Denn vor dem Mittagessen, das meiner Rückkehr nach Kanton vorangeht, spricht er mich an: »Kann ich Sie fotografieren?«

Am Anfang mache ich total auf junge Unschuld mit Titten. Ich posiere rittlings auf einem Stierkopf aus Stein, dann mit unschuldigem Lächeln in einem verlassenen kleinen Kahn. Beim Posieren rutscht mir die ganze Zeit der Träger meines Tops herunter. Jedesmal ziehe ich ihn wieder rauf.

»Laß ihn, wo er ist«, sagt Tonton locker. Aber seine Miene ist voller Andeutungen, als er mich ans Ufer des Sees zieht, um mich vor indiskreten Blicken zu schützen.

Tonton gibt jetzt ganz den Zuhälter, der sein Spiel mit dem allzu vertrauensseligen jungen Mädchen treibt. Das Objektiv seiner Kamera dient ihm als Phallus. Auf Kommando reckt er sich und zieht sich wieder zurück.

Am Ufer des Sees setze ich mich auf ein Stück Treibholz. Tonton sagt: »Laß dich in das Grün des Wassers fallen, bewundere seine Schönheit, kannst du deinen Bauchnabel freimachen, es ist viel schöner, wenn man den Bauchnabel eines Mädchens sehen kann.« Ich erwidere, daß meine Scham in

Unordnung sei, und das sei ja wohl nicht elegant. Tonton sagt: »Das ist ohne Bedeutung.«

Ich habe schon sieben oder acht Posen eingenommen, aber Tonton macht nicht den Eindruck, als sei ihm das genug. Ich ziehe meine Jeans aus und zeige mein zu dem gestreiften Top passendes Höschen. Tonton fragt: »Ist das dein Badeanzug?« – »Das ist meine Unterwäsche«, antworte ich.

Er wird immer erregter. Je provozierender ich mich gebe, desto mehr Bilder schießt er. Kaum ist ein Film verknipst, legt er auch schon einen neuen in die Kamera ein. Ich sage, man könnte es für einen nicht jugendfreien Film halten. Tonton fragt: »Wärst du einverstanden, mein Modell zu werden?« Ich bin nicht vertraut mit dem Landleben, Tonton, ich bin kein wild gewachsenes Modell. Er erwidert, er habe auch ein Studio in Kanton.

Aber die Zeit drängt. Er leiht mir seine Sandalen und verlangt, ich solle dorthin gehen, wo die Bäume sind. Was für ein fürsorglicher Tonton, er hat Angst, ich könne mir meine kleinen Füße auf den kleinen Steinchen verletzen.

Ich posiere unter einem ganz und gar nicht hawaiianischen Baum. Tonton steht bis zu den Oberschenkeln im Wasser. Man könnte uns für zwei Freunde halten, zwischen denen ein großer Altersunterschied besteht.

Manchmal überkommt mich ein unkontrollierbares Verlangen, mich völlig hinzugeben. Ich stelle mich genauso in den Dienst der Kunst wie des Schunds. Wenn du mich wirklich befreit erleben willst, breche ich noch viel mehr Tabus, als du dir je vorstellen könntest.

Als daher Tonton von mir verlangt, mein Höschen bis zum Haaransatz herunterzuziehen, ziehe ich es ganz aus, und als er verlangt, ich solle mich umdrehen, um einen Teil meines Hintern zu zeigen, tue ich auch das. Im Grunde verlangt Tonton nichts Geringeres als einen Striptease vor der Kamera, und da er so tut, als wolle er mich nicht anrühren, wieso sollte ich dann nicht so tun, als könne ich kein Wässerchen trüben?

»Über sieben Filme!« sagt er und holt Luft, ehe er hinzu-
fügt: »Würdest du bitte dein Top ausziehen?«

Nach einigen Sekunden des Zögerns ziehe ich es aus. Schließlich steht und fällt damit die Qualität der Aufnahmen. Ich
melde dennoch einige Bedenken an: »Sie müssen mir versprechen, keinen anderweitigen Gebrauch von diesen Fotos zu
machen.«

»Das verspreche ich.«

Damit ist die Vereinbarung getroffen.

Als ich dann ganz nackt bin, spüre ich die Energie der Natur auf meiner Haut, sie vermischt sich mit der meines Körpers, unter dem weiten Himmel und in der gleißenden Sonne
wie in *Naked States*. Auch wenn Tonton so gar nichts von Spencer Tunick hat.

Ich hänge meinen Büstenhalter und mein Top an die Zweige
des Baums und befehle Tonton: »Sehen Sie zu, daß Sie alles
draufbekommen.«

Er ist einverstanden.

Die ganze Szene spielt sich in relativer Ruhe ab. Mit diesen
kompromittierenden Fotos stelle ich die sieben Todsünden
dar. Als die Session zu Ende ist, ziehe ich mich ohne Scham
und ohne Verlangen an.

Als Tonton versucht, mich an sich zu ziehen, schüttele ich
ihn ab. Er gibt mir seine Visitenkarte und sagt, als wolle er ein
kleines Mädchen umschmeicheln: »Ich komm dich besuchen
und bringe dir die Fotos.«

Das läßt mich kalt. So kalt, wie sich am frühen Morgen die
Liebenden einer Nacht »Lebewohl« sagen.

Ich hoffe, Tonton begreift, daß die Zeiten, in denen man ein
junges, künstlerisch interessiertes Mädchen im Namen der
Kunst herumkriegen konnte, vorbei sind. Entweder du machst
in Kunst, oder du vernaschst das Mädchen. Diese zwei Dinge
darf man nicht verwechseln.

Als ich noch ahnungslos war, ließ ich mich im Namen der
Kunst ficken. Aber Mu Zimei taucht nie zweimal in dieselbe
Tinte ein. Du kriegst mich nicht dazu, noch einmal in *Zhou*

147

*Yus Zug** einzusteigen. Wenn ihr die tiefer liegende Bedeutung verstehen wollt, die sich hinter der »Suche nach den Wurzeln« verbirgt, laßt euch sagen, daß Mu Zimei, wenn man sie daran hindert, ihre Studien über die Städter weiter voranzutreiben, eben jene Taktik der Umgehung anwendet, die schon Mao so teuer war und die darin besteht, »die Städte vom Land einzukreisen«.

Um die Welt zu verstehen, muß man sich auf den tiefsten Grund des menschlichen Elends begeben.

24. September 2003
Seltsam

Wenn ich mich im Blog von jemand anderem einlogge und auf den Link »Postume Liebesbriefe« klicke, finde ich nur einen einzigen Eintrag.

Hat vielleicht zufällig der automatische Verteiler meine Karte geschluckt?

24. September 2003
Weibliche Wesensverwandtschaft

Heute nachmittag, als ich wieder ins Büro kam, erhielt ich einen Anruf von meiner Freundin. Zartfühlend erkundigte sie sich, wie denn mein Besuch im Krankenhaus am Vorabend verlaufen sei und so weiter. Ich bekomme Lust, sie zu heiraten.

Kurz darauf rief mich Niu Niu im Büro an, um sich zu beschweren, daß ich nicht von mir hatte hören lassen und so weiter. Dann sagte sie noch: »Wenn ich da bin, trauen die Mäuse sich nicht, dich zu behelligen.« Einverstanden, aber ich bin doch kein Käse.

Noch etwas später entdeckte ich bei der Lektüre des Blogs von Wang Xiaomi, daß er es sich nicht hatte verkneifen kön-

---

* *Zhou Yu de huo che* (2002), chinesischer Film, der von einer Frau erzählt, die immer wieder den Zug nimmt, um zu ihrem Geliebten zu reisen.

nen, ein, zwei Sachen zu meinem Thema zu schreiben. Könnte man etwa sagen, er ergriff Partei für mich?!

Abgesehen davon, haben der Doppelgänger des Schauspielers aus Hongkong und ich uns mehrere Mails geschrieben. Mal hielt er mir eine Standpauke, mal machte er sich selbst Vorwürfe. Er war nicht besonders glücklich darüber, daß ich ihn als netten Kerl beschrieben habe. Sein Argument: »Im Fernsehen, in diesen Serien, in denen es von *lingdayu** und *jiaoda*** wimmelt, ist es doch so: Wenn die einen die Avancen der anderen zurückweisen, rechtfertigen die Frauen das immer, indem sie sagen: ›Du bist mir zu nett.‹« Pfui!

Das traf mich mitten ins Herz. Ich habe beschlossen, den Doppelgänger von Wuqihua wie eine Freundin zu behandeln.

Na bitte, ich fühle mich dem weiblichen Geschlecht sehr verbunden.

24. September 2003
Ein ganz gewöhnliches Leben

Der Klon von Wuqihua wünscht, ich solle einen ganz normalen Roman schreiben. Dazu müßte ich allerdings erst einmal ein ganz gewöhnliches Leben führen.

Wenn ich durch die Gegend laufe, denke ich oft an die Bücher, die ich gern schreiben würde. Wenn ich mich an meine persönlichen Erfahrungen und meine nächtlichen Eskapaden halten müßte, wäre die Wahrscheinlichkeit ziemlich groß, daß ich ein »Handbuch über die Toiletten in Bars« schriebe. Auf die Weise würde ich nicht mit der Obszönität brechen.

Auweia! Seit wann ist denn ein Pornostar in der Lage, überzeugend eine gewöhnliche Spießerin zu spielen?

---

* Unschuldige und talentierte Heldinnen.
** Häßliche, alte Männer von niederer Herkunft.

25. September 2003
Nicht zu verwechseln

Schließlich habe ich meinen Artikel doch noch rechtzeitig fertigbekommen. Ich habe doppelt soviel geschrieben wie ursprünglich geplant. Ob man mich dafür bezahlt oder nicht, ich schreibe immer viel. Wenn ich jeden Tag beteuere, wie sehr ich die Arbeit liebe, endet es noch damit, daß man mich zur »vorbildlichen Arbeiterin« wählt. Eigentlich schade, daß ich mich mit dem Vögeln, der Verführung und der Gegenverführung beschäftige, was mir schon den Ruf einer »Sexpäpstin« eingebracht hat. Plötzlich bin ich gezwungen, durch gelehrte Analysen – und um den Preis großer Anstrengungen – zu erklären und zu demonstrieren, daß es einerseits die Liebe und andererseits den Sex gibt und daß man die beiden nicht verwechseln darf. Manchmal glaube ich, ich mache mir wirklich das Leben schwer!

25. September 2003
Heimlich in den Chef verliebt

Er ist ein richtiger Gourmet. Ich wüßte gern, wieviel er wiegt.

25. September 2003
Wie man Zweifel sät

5:22:25: Ich stelle »Heimlich in den Chef verliebt« online.
5:23:40: Letzte Nachricht im Blog des Chefs: (Benutzername): »Mu Zimei ist heimlich in ihren Chef verliebt.«
    Wäre interessant zu erfahren, wie der Chef darauf reagiert.
    So eine Scheiße!!! Was soll man bloß dagegen machen!

26. September 2003
Italien

Ich bin bei meiner Freundin. Ich schlage ihr vor, in meinen Blog zu gehen. Sie liest in einem Rutsch alle Einträge bis zum 19. Juni.

Als sie ans Ende kommt, sind wir müde. Sie nimmt das Bett, ich das Sofa.

Mir ist übel. Ich denke an das Rätsel, das man mir per MSN gestellt hat: »Eine Ameisen sah eine dicke Birne auf der Straße. Um welches Land handelt es sich?«

Beim ersten Mal sage ich: Italien[*]. Beim zweiten Mal: Australien[**]. Was bin ich doch für eine Null, ich finde die Antwort nicht. Alles, was ich weiß, ist, daß Xiaomi am 30. nach Italien reist.

Xiaomi geht fort.

Ich muß durchhalten …

26. September 2003
Gruppen

Ich habe ein sehr unmodernes Handy verloren und mir wieder ein sehr unmodernes gekauft. Obwohl es technisch inzwischen völlig überholt ist, hat es trotzdem mehr Funktionen als das alte.

Das Telefonbuch ist zum Beispiel in verschiedene Gruppen unterteilt: eine nicht näher bezeichnete Gruppe, Gruppe 1, Gruppe 2, Gruppe 3, Gruppe 4.

Ich beschloß, sie umzutaufen.

Die nicht näher bezeichnete Gruppe nenne ich »Frauen«.

Gruppe 1: »schon gefickt.«

Gruppe 2: »noch zu ficken.«

Gruppe 3: »nicht fickbar«.

Gruppe 4: »unentschieden«.

Bis jetzt habe ich drei Nummern eingegeben.

1. Meine Freundin, ganz klar, in die Gruppe »Frauen«.

2. Kollege Xuxu in die Gruppe »nicht fickbar«, weil er verheiratet und außerdem abscheulich ist.

3. Meijing in die Gruppe »noch zu ficken«. Einen Monat bevor ich mein Handy verlor, schlug er vor, wir sollten

---

[*] Yi (Ameise) + da (groß) + li (Birne) = Yi da li (Italien).

[**] Ao da li ya (Australien).

zu ihm fahren und uns dabei auf Video aufnehmen. Das Problem war, daß mich meine Arbeit zu dieser Zeit einfach zu sehr in Anspruch nahm … Wenn das so weitergeht, findet er sich bald noch unter »unentschieden« wieder.

26. September 2003
Nationalfeiertag
Viele Männer kommen nach Kanton, um den Nationalfeiertag zu feiern, und viele sind in Begleitung, denn es ist ein Familienfest.

Kein Frühling, keine Hoffnung, keine Geschichte.

27. September 2003
Morgen abend
Morgen abend treffe ich mein Idol, »den Musikkritiker« … Ich bin so aufgeregt, daß ich bestimmt die ganze Nacht kein Auge zumache!

Niu Niu hat mir berichtet, er hoffe, mich zukünftig über ernsthaftere Themen und in anderen Genres schreiben zu sehen. Er findet, mein Internet-Tagebuch ist zu gefährlich.

Ich weiß. Ich werde aufpassen. Ja, ich muß vorsichtig sein …

Niu Niu hat mir die Eintrittskarte zu dem Event zugeschanzt, wo ich ihn treffen werde. Eine sehr kostbare Karte. Es gibt insgesamt nur vierzig, und meine ist umsonst.

Aber würde ich womöglich motivierter wirken, wenn ich für diese Karte bezahlt hätte?

Morgen abend wird er ganz sicher ein Auge auf mich werfen. Nur eines, das ist dir doch recht.

Ich werde mich sehr schlicht anziehen.

27. September 2003
Koketterie

Die Nacht bricht herein, ich habe Hunger. Es hat mich keiner zum Essen eingeladen. Ich gehe allein aus dem Haus. Es wäre sicher keine schlechte Idee, ich ginge in das kleine Ravioli-Restaurant hinter dem Redaktionsgebäude. Ich habe Lust auf einen Rindfleischsalat mit Reis.

Aber auf dem Weg ändere ich meine Meinung. Mu Zimei ist zu berühmt. Wenn man ihr beim kleinen Italiener an der Ecke begegnet, verliert sie noch ihr Gesicht. Dann gehe ich eben ins Teehaus Shengli, wo man eigentlich nur mit Reservierung einen Platz bekommt. Der berühmte Pianist Zhao Yinyin hat vor kurzem dort gegessen und die kleinen Täubchen empfohlen!

Ich setze eine überlegene Miene auf und überquere zielgerichtet, megalässig, die Dongxin-Straße. Ich biege rechts ab, dann links und gehe ein in die Siyou-Allee.

Auf der Straße drehen sich etliche Männer nach mir um. Ich komme mir vor, als schwebe ein Heiligenschein über meinem Kopf ...

Ich betrete das Shengli. Direkt vor mir zwei hohlköpfige Kerle um die Vierzig, die mich mustern. Die anderen Gäste sehen mich nicht offen an, sie beobachten mich heimlich. Erst tue ich so, als wollte ich mich gegenüber von den beiden Trotteln hinsetzen, aber dann mache ich auf dem Absatz kehrt und entscheide mich für einen weiter entfernten Tisch (sorry, Jungs). Verführerisch streiche ich mir die Haare hinters Ohr, in einer lasziven Geste lasse ich eine einzelne Strähne durch meine Finger wieder nach vorn gleiten ... Die beiden Trottel glotzen mich völlig schamlos an.

Ich fahre mir mit der Zunge leicht über die roten Lippen, hebe dezent meinen Jadearm und gebe bei der jungen Kellnerin meine Bestellung auf. »Ich nehme die Jakobsmuscheln mit Fleisch und Reis.«

Als ich dann wieder die Blicke auf mir spüre, schaue ich hochmütig drein, als sei ich die Prinzessin und alle um mich

153

herum seien meine Diener. Ich esse meine letzte Muschel, ganz vorzüglich. Ohne zu vergessen, mir den Mund abzutupfen.

Nach dem Essen gehe ich in Richtung Büro. Der Stadtteil Wuyang hat sich sehr verändert in den letzten Jahren. Was gestern noch eine ländliche Gegend war, ist inzwischen ein Geschäftsviertel für höchste Ansprüche. Auch wenn die Restaurants am Rande stinkender Gräben florieren, auch wenn Freundin Mu Zimei, die von den Chinesen gegrüßt wird, hier geboren ist ... Dieser Stadtteil ist zweifellos die Wiege der kantonesischen Kultur, ihr materieller wie auch spiritueller Mutterboden!

Bei diesen Gedanken werde ich von meinen Gefühlen überwältigt, wie zum Kreuz breite ich die Arme aus. Mein Ellenbogen stößt dabei gegen ein Paar kleiner Hände. Die des Chefs, in den ich heimlich verliebt bin? Nein! Die eines dunklen, kraushaarigen Typs!

Wütend, ohne jede Furcht, starre ich den Taschendieb an. Auch er blickt mich wütend an. Er zögert einige Sekunden, dann haut er ab. Im selben Moment machen zwei weitere Personen, größer als er, ebenfalls kehrt und verschwinden in der Menge ...

Ich sehe ihre Silhouetten verschwinden, fühle mich ganz beklommen. Ich untersuche den Schnappverschluß meiner Tasche, der zum Glück nicht geöffnet ist! Zum Glück, denn ich habe gut tausend Yuan in bar bei mir, dazu meinen Ausweis, den ich gerade erst habe verlängern lassen, meinen Kontoauszug, den ich gestern in die Tasche gesteckt habe, um mir eine Kreditkarte ausstellen zu lassen ...

Hört ihr, ihr netten Straßenräuber von Xinjiang? Wart ihr es, die sich vor zehn Tagen meiner angenommen haben? Wißt ihr, daß ich Mu Zimei bin? Und auch wenn ihr es nicht wißt, schämt ihr euch denn nicht, anderen die Identität zu stehlen?

Im neuen Stadtteil Wuyang ist man schon nicht mehr sicher ... Was für ein Niedergang!

In dem Moment kommen zwei junge Frauen an mir vorbei,

ihre Taschen pressen sie an sich: »Die haben dich verfolgt. Das ging alles so schnell. Der Bengel hätte es beinahe geschafft, deine Tasche aufzumachen. Wir haben versucht, dich zu warnen.« Die eine der beiden fügt noch hinzu: »Gestern hat man mir meine Brieftasche, meinen Ausweis und mein Handy geklaut. Die haben mir alles genommen …« Wir sind alle demselben Schicksal ausgesetzt.

Nach und nach merke ich, wie meine Schritte sich verlangsamen. Ich presse meine Tasche an mich. Ich fühle mich unwohl. Wie ein Typ, der sich die Hände schützend vor die Eier hält.

27. September 2003
Öffentliche Bekanntmachung
Ich bin weder hübsch noch zärtlich, und ich sehe nun wirklich nicht so aus, als wolle ich auf den Strich gehen.

28. September 2003
Fuck you, ah, my friend!
Vorgestern, nach dem Abendessen, ließ ich mich überreden, noch in ein Lokal zu gehen, das Juventus heißt.

Keinerlei Stil, keinerlei Charakter: »Was ist das denn für eine brutale Beleuchtung, haben wir nicht einmal mehr Anspruch auf gedämpftes Licht?«

Tatsächlich läuft alles bestens, bis ich auf die Idee komme, in meinem Telefonbuch die Gruppe »noch zu ficken« durchzuscrollen. In diesem Moment nähert sich der gute alte Xuxu aus der Gruppe »nicht fickbar«, der immer Kontakte knüpfen und mit mir und meinem Begleiter aus der Gruppe »noch zu ficken« anstoßen will.

»Wie heißt er?« fragt mich Xuxu.

»Wie heißt du?« übermittele ich.

»Meijing«, antwortet er mit tiefer, müder Stimme.

»Wie?« fragt noch einmal Xuxu, der nicht verstanden hat.

»Meijing.«

»Oh!« meint Xuxu. »Was macht er?« fragt er weiter.

»Was machst du?« gebe ich erneut weiter.

»Noch zu ficken« zögert, antwortet dann schüchtern: »Ich ... äh ... ich ... ich drehe Videofilme ...«

»Aha, er ist ...«, meint Xuxu und sieht mich mit einem fragenden Blick an, auf den ich nickend antworte. »Ja, ja, ja, stimmt genau.«

Na bitte. Er ist der, von dem in meinem Eintrag mit dem Titel »Gruppen« schon die Rede war, der gern diese Videos dreht und irgendwo zwischen den Kategorien »noch zu ficken« und »unentschieden« rangiert.

Wer hätte gedacht, daß sich die Namen der Leute, die ich in mein Telefonbuch eingegeben habe, auf diese Weise miteinander verbinden würden.

Aber allem Anschein nach interessiert sich Meijing aus der Kategorie »noch zu ficken« nicht für Xuxu, »den nicht Fickbaren«, genausowenig für die anderen Idioten, die ständig um uns herumschwarwenzeln.

Meijing und ich befummeln uns beim Karaoke auf dem Sofa. Wir verstehen uns so gut, daß wir uns hervorragend über unsere sittliche Verdorbenheit austauschen können. Ich berichte ihm von meinem fotografischen Abenteuer von vergangener Woche in Gaoming, das ohne *fuck*, dafür aber der Ethik der Kunst treu geblieben ist. Meijing erzählt mir, er sei vergangenen Monat in die Umgebung von Kunming gefahren ... und habe am Ufer eines kleinen Flusses *fucks* mit etlichen Mädchen gehabt, die er nicht kannte. Diese *fucks* seien vor den Augen der Dorfbewohner abgelaufen, die ihm aus der Ferne beim *fuck* zugesehen hätten, was ziemlich heiß gewesen sei. Da haben wir also eine Gemeinsamkeit: den Geschmack, den wir am Nacktsein finden, das Gefühl, dabei eins zu sein mit der Natur, und wir teilen das Vergnügen daran, unseren Körper zur Schau zu stellen, wie es uns paßt.

Später reden wir über Musik. Er liebt »The Suicide Song«, genau wie ich! Ich sage ihm, das sei genau die richtige Musik zum Ficken, denn Sex haben und sterben sei ein wenig das Gleiche.

»Ah ja?« fragt Meijing. »Na, das nächste Mal machen wir es dann bei ›Gloomy Sunday‹.«

»Einverstanden, wenn wir das nächste Mal zusammen sind, hören wir das Lied.«

»Und wenn wir so richtig heiß sind, legen wir Electro auf!« Was für ein heller Kopf!

Ich erzähle Meijing, daß mein Blog sehr bekannt sei und ich gerade einen Eintrag über ihn geschrieben habe.

»Zeigst du ihn mir mal?«

»Unmöglich!«

Ah ja. Er weiß nicht, wer ich bin, aber er hat einen Freund, der täglich ein Lied und eine kleinen Text dazu in meinen Blog stellt.

»Ich könnte auch mal einen Kurzfilm oder Fotos hochladen«, meint er mit drohendem Unterton.

Die Stimmung beim Karaoke wird immer unerträglicher. Diese Leute singen Lieder aus den Achtzigern und Neunzigern, fast nur Hits aus dem vergangenen Jahrhundert. Was soll dieses Herumgequäke, dabei kriegt man bestimmt keine Lust auf einen *fuck*. Meijing singt das gerade laufende Lied »*Ganbei ah, pengyou*[*]« mit und wandelt den Text dabei ab: »*Fuck you, ah, my friend!*«

Ich bekomme langsam Lust, mit ihm mal kurz auf der Toilette zu verschwinden. Meijing auch. Schon als wir uns das erste Mal trafen, wollten wir es auf der Toilette machen, aber er kriegte keinen hoch (er versuchte sich herauszureden, es läge daran, daß er gerade einen *fuck* mit einem Mann gehabt hätte). Dabei ist es bisher geblieben, und daher rührt wohl auch diese fixe Idee mit einer Nummer auf der Toilette. Das Problem ist nur, daß hier »Männer« und »Frauen« getrennt sind. Na schön, dann ficken wir nicht.

Als wir zurückkommen, will Meijing tanzen. Wir sind ganz

---

[*] »Prost, mein Freund!«

allein mitten auf der Tanzfläche. Zu ohrenbetäubendem Electro tanzen wir langsam, Wange an Wange. So viel Zärtlichkeit. Meine Wange an seinem warmen Hals, seine feuchte Hand in meiner kleinen Hand. Wir wiegen uns zu der Musik, wir schwanken, und ich lache. Wir müssen uns richtig schütteln vor lachen. Er küßt mich: »Lach nicht, lach nicht.« Seine Stimme ist sehr anziehend, er macht wirklich Eindruck auf mich.

Wir hören auf mit unserem Blues und fangen an, wie die Irren Pogo zu tanzen. Dann spielen wir Fangen wie die Kinder, schneiden uns Grimassen, nichts kann uns aufhalten … Es ist schon lange her, daß mir einer so gut gefallen hat. Ich ziehe ihm sein Oberteil aus und lasse es kreisen wie ein Lasso. Er bleibt in der Nähe des DJ und tanzt wild. Ich ziehe ihm immer wieder die Hose runter; er zieht sie sich immer wieder hoch. Dieses kleine Spiel erschöpft ihn bald, und er geht hinüber zum Schlagzeug und spielt ein paar Takte mit. Wie gut er den Rhythmus hält … Das rührt mich richtig. Meijing ist sehr natürlich, sehr menschlich und direkt. Ein Mensch, der von innen leuchtet. Er hat diese gewisse Ausstrahlung, die sich fast alle Typen wünschen, die aber nur bei ganz wenigen nicht vulgär wirkt. Nicht so Meijing. Er ist charakterstark und dabei sehr emotional, vor allem in seinem Verlangen nach Frauen. Seine Art ist offen und ziemlich direkt. Wenn ein Mädchen in seine Reichweite kommt, kann er es sich nicht verkneifen, sie zu berühren. Seine begierige Hand denkt an nichts anderes, als sich ihr aufs Herz zu legen. Er handelt nicht nach Kategorien wie »das gehört sich« oder »das gehört sich nicht«. Ebenso wie ich ist er der Auffassung, daß der Körperkontakt das natürlichste zwischen Mann und Frau ist.

Wir gehen wieder zum Karaoke. Der »nicht fickbare« Xuxu und seine Clique von Idioten singen immer noch. Leider kann ich Leute, die voller Inbrunst in einen Fernseher hinein singen, nur aus vollem Herzen verachten. Aber bevor ich mich der Geringschätzung hingebe, reiche ich ihnen würdevoll die Hand zum Abschied.

Wir brechen aus dem Juventus auf. Ich wende mich Richtung Qianjin-Straße, wo ich einem »schon gefickten« Typen, der wegzieht, ein letztes Adieu sagen will. Ich beschließe, Meijing unterwegs loszuwerden, und suche eine höfliche Umschreibung dafür: »Kann ich dich unterwegs absetzen?«

»Aber ich habe extra noch Geld für ein Hotelzimmer geholt!« erwidert er ein wenig enttäuscht.

»Das brauchst du ja bloß bis zum nächsten Mal zu sparen«, sage ich, um ihn zu trösten. »Dann kannst du nämlich ein größeres reservieren.«

»Du brichst mir das Herz.«

»Aber ich muß jemandem Lebewohl sagen, es ist wirklich wichtig, verstehst du?«

Er versteht nicht. »Ficken, das ist das wichtigste auf der Welt.«

Da sieht man es. Meijing ist der wahrhaftigste und authentischste aller Männer. So wahrhaftig, daß ich mich schäme.

»Ich muß es dir einfach sagen. Die drei letzten Trimester habe ich meine Mission weitgehend erfüllt. Ich habe über das Soll hinaus gefickt. Mein viertes Trimester wird keusch sein. Das habe ich beschlossen. Wir müssen auf das Frühjahr warten, auf das Erwachen der Natur … und dann … wieder …«

Resigniert hält mir Meijing die linke Wange hin. Er erlaubt mir, ihm einen keuschen Kuß zu geben. Dann steigt er aus dem Taxi und nimmt sich ein eigenes, das ihn in einer Bar absetzen soll. Ich schlage ihm vor, nach Huaishi zu fahren, ein Viertel, in dem es immer ziemlich heiß hergeht. Da ich schon sein Verlangen nicht gestillt habe, muß ich doch zum Ausgleich wenigstens eine Lösung für ihn finden.

Am Tag darauf, das heißt gestern, surfte ich im Blog von Xuxu. Ich las seinen neusten Eintrag: »Gestern abend haben wir viel getrunken. Unterwegs trafen wir einen, der gerade mitten im gesellschaftlichen Aufstieg begriffen war. Aus ›unentschieden‹ wurde ›schon gefickt‹.«

O weh! Xuxu verliert nicht nur immer beim Mahjong, er vermasselt auch seine Wetten!

Ich stelle richtig: »Dieser eine irrt immer noch irgendwo im Bereich ›unentschieden‹ herum. Der Zustand ›noch zu ficken‹ wird auf unbestimmte Dauer verlängert.«

28. September 2003
Eine gute Tat pro Tag
Man muß delegieren können.

Meine Freundin hat gesagt: »Lies mehr, schreib weniger.«

28. September 2003
Vertraulichkeiten
»Dein Blog ist mein Vertrauter«, gesteht mir meine Freundin.

Und Vertrauen gegen Vertrauen, ich habe die Nacht damit verbracht, meinen Blog mit intimen Details zu füttern.

Ich hoffe, daß sie es gleich beim Aufwachen liest und daß es sie glücklich macht.

28. September 2003
Von heute an werde ich essen und Leute sehen

29. September 2003
Der postume Liebesbrief des Chefs
Ich würde gern vom Tagebucheintrag meines Chefs von gestern erzählen. Von jetzt an wird der Chef in meinem Blog nicht mehr erwähnt. Ich werde ihn in meinem Herzen bewahren …

29. September 2003
Bonjour tristesse
»Seit heute mittag habe ich nur zwei Zeilen für mein Vorwort geschrieben.«

»Beeil dich ein bißchen!«

»Ich glaube, ich bin dabei, mich zu verlieben. Ich kann mich einfach auf nichts anderes konzentrieren ... Glaubst du, er liebt mich?«

»Na ja, das hat er zumindest geschrieben, also stimmt es bestimmt auch.«

»Na, in dem Fall stelle ich ihm die Frage ... aber er hat sein Handy noch nicht eingeschaltet ... Das nervt, ich ertrage das einfach nicht, mich zu verlieben.«

»Er nimmt oft Mädchen mit, wenn er nach Peking fährt.«

»Oh, dann behandelt er sie aber gut.«

»Na, sagen wir, er behandelt sie von Fall zu Fall.«

...

Es ist wohl besser, ich verliebe mich nicht in ihn.

30. September 2003
Herrin

14 : 59 – ich bekomme eine SMS: »Wie geht es Ihnen, Herrin? Ich habe meine Liebestechnik trainiert. Wenn Sie wollen, könnten wir zusammen weiter daran arbeiten?«

Fuck! Ich hätte es lieber, er würde mich als »gnädiges Fräulein« ansprechen statt als »Herrin«. Aber natürlich ist er nicht der einzige, der mich so nennt. Seiner SMS zufolge hat er bestimmt Erektionsprobleme.

Trainiert? Dann geh doch nach Japan, und leiste dir eine Prostituierte[*]!

---

[*] Anspielung auf einen zeitgenössischen Skandal: Eine Gruppe von hundertzwanzig Japanern, offiziell im Auftrag einer Handelsmission unterwegs, kaufte in Zhuhai in der Provinz Kanton chinesische Mädchen, um sie in Japan als Prostituierte arbeiten zu lassen.

30. September 2003
Eine Katze verschwindet spurlos
Nennt man so was Launenhaftigkeit?

Gestern ging ich bei Guofong vorbei, einer Zoohandlung. Ich spielte mit einem kleinen, ganz weißen Kätzchen. Es legte seine Pfote auf meine Hand und biß in meinen Finger, als wäre er ein kleiner Maiskolben.

Ich war ganz verrückt nach dem Tier.

Heute ist die Katze verschwunden. An ihrer Stelle sitzt ein Shar-Pei[*] im Käfig.

1. Oktober 2003
Expreßgespräch
Nationalfeiertag: vollgepackter Herbstmonat.

21:42 – Anruf eines »noch zu Fickenden«.

»Hast du Urlaub?«

»Ja.«

»Kann ich bei dir vorbeikommen?«

»Ich bin beschäftigt.«

»Die ganzen letzten Tage habe ich dich nicht gesehen, du fehlst mir.«

»Oh!«

»Wann kann ich dich sehen?«

»Wir telefonieren wieder.«

23:50 – Anruf eines »schon Gefickten«.

»Wo bist du?«

»Im Büro.«

»Kann ich dich abholen?«

»Ich arbeite.«

»Bis wann?«

»Das wird nicht gehen.«

---

[*] Alte chinesische Hunderasse, die man an ihren vielen Falten an Kopf und Körper erkennt.

»Gut. Ruf mich an, wenn du nicht mehr so beschäftigt bist.«

Keuschheit verpflichtet, machtlos sehe ich zu, wie mir Männer entgehen.

Durch den Verzicht werde ich mich noch im Handumdrehen in eine Nonne verwandeln.

1. Oktober 2003
4 Uhr morgens
»Postumer Liebesbrief« Nr. 48804.

Läßt man die 0 weg, ergibt das 4884.

Läßt man die 0 weg und öffnet die Flügel der Tür, ergibt das 8448.

Aber was auch immer man tut, die 8848 läßt sich nicht erreichen.

Der Gipfel meines Everest.

1. Oktober 2003
Mu Zimei kann so häßlich sein, wie sie will, das hat sie nicht daran gehindert, Mu Zimei zu werden
Moral: Der Mensch kann die Natur bezwingen.

1. Oktober 2003
Mu Zimei kann so häßlich sein, wie sie will, sie hat viele Männer gehabt
Moral: Wenn man Hunger hat, kann man nicht wählerisch sein.

2. Oktober 2003

Kommentare des »Schicksalsgotts«

1. Häßlich wie Fräulein A Fai[*]?
2. Schmächtig. Trägst du Größe 34 A?
3. Kein Geschmack bei der Kleidung, ja sogar ziemliche Scheißklamotten.
4. Mißratene Frisur. Wie kann man noch einen Seitenscheitel tragen? Die Dauerwelle muß neu gemacht werden. Und hör auf, dir andauernd an den Haaren rumzufummeln! (Das verrät mangelndes Selbstvertrauen.)
5. Dein Musikgeschmack läßt zu wünschen übrig, ist nicht *relaxed* genug.

Fazit: Du bist sehr enttäuschend!!!!

Diese Kritik ist in Mu Zimeis Augen von hohem Wert.

Um so besser! Mu Zimei und Ningcai Shen[**] haben eines gemeinsam: Sie reden nur über die Leute, die sie kennen.

Folglich ist es mir total egal, was eine Zufallsbekanntschaft von gestern abend und eine Zufallsbekanntschaft von heute vormittag nun treiben.

Ningcai Shen ist genau mein Typ. Nach dem, was meine Freundin sagt, spielt er gern mit dem Feuer.

Es ist wirklich zum Heulen, daß ich ihn bereits der Kategorie »Kumpel« zugeteilt habe.

2. Oktober 2003

Psychologische Studie

Ich habe kaum noch Zigaretten, und ich kann nicht schlafen. Ich gehe runter und kaufe mir welche im Seven-Eleven.

Ein Mann hat sich unter den Arkaden vor den Lebensmit-

---

[*]   Spitzname von Wu Hongfei, Sängerin und Frontfrau der chinesischen Underground-Rockband Xingfu Dajie, auch bekannt als Happy Avenue, Autorin eines semibiographischen Romans mit dem Titel »Das Doppelleben der A Fai«.

[**] »Schicksalsgott«.

telladen gelegt. Er ist ein Dichter, muß wohl zwischen vierzig und sechzig Jahre alt sein. Seit ein paar Tagen schon verkauft er seine Gedichte am Eingang zu unserem Büro. Ich hab nie gesehen, wie ihm jemand eins abgekauft hat.

Vielleicht hat er schon immer Verse geschrieben, und seine Lyrik auf der Straße zu verkaufen ist nur der Traum eines alternden Dichters. Ein einträgliches Geschäft ist es auf jeden Fall nicht.

Dieser Dichter, der wie ein Clochard aussieht, trägt schon seit Tagen dieselbe Jacke und dieselbe Hose. Allerdings macht er nicht den Eindruck, schmutzig zu sein.

Heute abend entdecke ich, daß er wie ein Obdachloser auf der Straße liegt. Er schläft ganz friedlich, es scheint ihm gut zu gehen. Er weiß es nicht, aber ich sehe, daß ihn etwas quält.

Mitunter verspüre ich ganz unvermittelt Schmerz. Dieser Schmerz veranlaßt mich dazu, die verborgenen Wunden im Herzen der anderen zu suchen. Ich glaube im Grunde nicht an das Glück.

Gäbe es eine Kamera, die mit Röntgenstrahlen die Seele durchdringt, würde ich eine noch nie dagewesene Dokumentation des Innenlebens der Menschen machen.

2. Oktober 2003
Morgendliche Atmosphäre
Die Luft ist klar, weil Wohlwollen herrscht.

Ein bißchen mehr Reinheit, immer wieder mehr Reinheit.

Die Leute und die negativen Dinge vergessen.

3. Oktober 2003
Hintergangen von meiner eigenen Trunkenheit
Gestern abend habe ich zuviel getrunken.

Man hat mir gesagt, wenn ich in der Lage sei, einen Liter Alkohol zu trinken, dann aber nur einen halben trinke, dann ginge ich nicht bis an die Grenze. Ich habe deshalb damit geprahlt, bis zu anderthalb Liter trinken zu können. Ergebnis: Ich habe mich total danebenbenommen ...

1. Auf der Toilette im VIP-Bereich bin ich in Tränen ausge-brochen. Eine Fremde stieß die Tür auf und setzte sich di-rekt neben mich, um deutlich hörbar Pipi zu machen ...
   »Aber wie können Sie es wagen?!«
   »Wir sind doch unter Frauen, also was soll's.«
2. Ich habe alle Männer und Frauen geküßt, die mir über den Weg gelaufen sind. Ich habe einen Fremden im Auf-zug abgeknutscht und ihm seinen Eistee geklaut.

3. Oktober 2003
Entjungfert und rausgeworfen

Gestern abend habe ich es geschafft, mich von meiner Freun-din rauswerfen zu lassen. Danach haben wir uns wieder ver-tragen. Kaum kamen wir Arm in Arm zurück, da ließ sie mich wieder fallen, und sehr viel später trafen wir uns dann vor ih-rem Haus wieder ... Sie hat mich schließlich mit zu sich ge-nommen. Weil sie wegen der Sorgen, die ich ihr bereitete, nicht einschlafen konnte, blieb ich bei ihr und schlief auf dem Sofa.

Am nächsten Tag wache ich mittags auf. Wir sitzen am Tisch, und sie zählt mir all meine Vergehen auf, sie hat sich jeman-den als Zeugen dazugeholt und erklärt ihm die Entscheidun-gen, die sie in bezug auf mich getroffen hat.

»Jiangzi versteht deine Haltung, aber sie kann dir nicht ver-sprechen, ihr Verhalten zu ändern und aufzuhören, Scheiße zu bauen.«

Meine Freundin ist so verärgert, daß sie sich nichts mehr ge-fallen lassen will. Trotzdem liegt ihr viel an unserer Freund-schaft. Als sie mich bittet, mich bei ihr zu entschuldigen, tue ich es, denn ich habe sie wirklich gern, und ich füge noch hinzu: »Du bist der Boss ...« Und dann: »Selbst wenn das bei mir verlorene Liebesmüh ist, habe ich doch immer noch einen Sinn für Gerechtigkeit.«

Das amüsiert sie.

Aber dann lasse ich gleich wieder eine Gemeinheit folgen, so daß sie endgültig Zustände bekommt … Scheiße! Gerade erst habe ich die Grenzen überschritten und zur Entschuldigung eine Rede gehalten, die einer Feministin würdig wäre … Daß ich nichts weiter als ein Miststück bin, habe ich schon gesagt … Und sie will mir immer noch nicht verzeihen … Meine Freundin? Du bist klug. Mein beklagenswertes Verhalten bringt dich schon nicht um, du hast mich gewählt, weil du keine Wahl hattest, jetzt mußt du daran festhalten, auch wenn du auf ein Mädchen getroffen bist, das das Gegenteil von Tugend ist. Wer ist wunderbarer als du, sag mir das.

4. Oktober 2003
Konkubine Nr. 4

Bevor er mit mir schlief, legte er Wert darauf, mir von seinen drei vorangegangenen Affären zu erzählen.

Nr. 1: Seine Englischlehrerin, die acht Jahre älter war als er. Ihre Affäre dauerte zwei Wochen und drei Tage. Jeden Tag schwänzte er seine Kurse, um mit ihr zusammen zu sein. Bevor es zum Bruch zwischen ihnen kam, las er alle Bücher, die sie besaß. Gut zwanzig. Sie sagte zu ihm: »Wir müssen uns trennen.« Sieben Tage später heiratete sie und ging nach Kanada.

Nr. 2: Eine Klassenkameradin. Sie waren gut zwei Jahre zusammen. Sie behandelte ihn wie einen Pascha und wusch ihm die Wäsche. Er behandelte sie wie eine Königin, um ihr zu helfen, ihren Traum zu verwirklichen. Sie bestand ihr Diplom; er wurde finanziell zur Ader gelassen, gab ihr die hunderttausend Yuan von seinen Ersparnissen, damit sie nach Rußland gehen und Ballettänzerin werden konnte. Sie verschwand, ohne ihre Adresse zu hinterlassen. Sieben Tage später änderte auch ihre Familie die Telefonnummer.

Nr. 3: Eine sehr niedliche Kollegin, immer *très à la mode*. Er half ihr, sich in ihren Job einzufinden, und brachte ihr viel bei. Er nahm sie unter seine Fittiche, weil sie weit weg von ih-

167

rer Heimatstadt Shanghai war. Aber als er einen Monat beruf-
lich unterwegs war und mit einem Geschenk für sie wieder
nach Hause kam, fand er sie mit einem anderen Kollegen im
Bett.

»Darüber könnte man einen richtigen Roman schreiben.
Gewisse Dinge, die so im wirklichen Leben passieren, mag
man kaum glauben«, sagte er.

Dann fragte er mich: »Willst du mit mir ausgehen?«

Ich zögerte lange, ehe ich ihm antwortete. Wenn ich an-
nähme, wäre ich seine Nr. 4.

Ich fragte meine Freundin: »Wenn ich seine vierte Konkubine würde, was würdest du davon halten?« Die Schmeichle-
rin antwortete mir indirekt: »Du würdest sicher eine bessere
Konkubine abgeben als die anderen drei.«

Sie hat nicht ganz unrecht. Würde ich mich nach Kanada
verheiraten wollen, gäbe ich ihm mindestens sechs Monate im
voraus Bescheid. Wenn ich mir hunderttausend Yuan von ihm
leihen würde, unterschriebe ich ihm eine Quittung. Und
wenn ich ihn betrügen würde, ginge ich in ein Hotel.

4. Oktober 2003
Ein Schwarzer Peter, aber alle Vöglein sind schon da

Lassen Sie uns eines klarstellen: Um Farben geht es hier nicht,
und es handelt sich auch nicht um die Geschichte eines Volks-
lieds.

Die Geschichte fing gestern abend an, als wir den Geburtstag von Peter dem Großen feierten. Ich freute mich riesig,
ihm meine Glückwünsche zu übermitteln, und das Abendessen nutzte ich, um ihm ein Heft und einen Kugelschreiber zu
schenken.

Nach einem feuchtfröhlichen Essen begab sich unsere
Truppe in Richtung einer Bar. Ein frischer Wind kam auf, und
da ich nur ein Top trug und ohnehin schon erkältet war, kriegte
ich eine Gänsehaut. Peter der Große, galant wie immer, holte
eines seiner Geschenke hervor, das er gerade erst bekommen

hatte: eine orientalische Stola, mit einem Gesicht bedruckt, das Engels ähnelte. Er legte sie mir sacht um die Schultern.

Mir, die ich fähig bin, einen Mann bloß wegen einer Dose Eistee zu küssen, setzten die Geste von Peter dem Großen und die Wärme des Kopfes von Engels schon wieder Flöhe in den Kopf. Als er einmal seine Hand auf die Rückenlehne meines Stuhls legte, kam ich seinem Arm gefährlich nah. Peter der Große zeigte Sinn für Anstand, zog die Hand nicht abrupt zurück. Er fing an, eine Geschichte zu erzählen, die ihm auf dem Berg Wuyi passiert war. Seine Worte flossen in mein Ohr. Ich hob den Kopf und blickte ihn mit Samtaugen an, aber bei ihm rührte sich offensichtlich nichts. »Tut mir leid, kein *feeling* zwischen uns, Kleine«, sagte er mir.

Ach, leck mich doch! Großer Peter, eben hast du mir noch dein Heft hingehalten und mich um ein Autogramm gebeten. Ich habe dir etwas hineingeschrieben, was Gold wert ist: »Ein Schwarzer Peter, aber alle Vöglein sind schon da.« Obwohl Xuxu mich, als er das sah, fragte: »Bringst du da nicht irgendwas durcheinander? Was für ein Autogramm soll denn das sein?« Und ich antwortete: »Nein, nein, Peter der Große verdient so etwas Besonderes. Mit dem zieht man nicht einfach den Schwarzen Peter.« Und dann habe ich dir das große Verführungsspiel geliefert, und das ließ dich kalt? Es ist immerhin eine Ehre, wenn so was von mir kommt.

Sofort kündigte ich meinen Aufbruch an. Ganz in der Nähe saßen an einem Tisch einige Blogger, die ich kenne. Ich stand auf, wollte zu ihnen gehen. Sie empfingen mich im Chor: »Jiangzi, Jiangzi …«

Ich fand meinen Glanz wieder, musterte die vier Männer. Zwei waren in festen Händen. Der dritte häßlich. Der vierte war ein recht durchschnittlicher Typ, aber noch der Beste von allen. Ich wechselte ein paar Worte mit ihm und stellte fest, daß er mir einmal eine E-Mail mit seinem Lebenslauf geschickt hat. Ich erinnerte mich an den Namen seiner Universität ebenso wie an den seiner Studentenverbindung. Außerdem brachte er seine Bewunderung für Jiangzi zum

Ausdruck und hinterließ seine Handynummer für den Fall, daß ich Lust haben sollte, ihn anzurufen. Es war also, als würden wir uns schon kennen. Wir tauschten verschwörerische Blicke. Die beiden anderen Mädchen am Tisch wollten schon gehen. Ich hielt sie nicht auf: »Na gut, geht ruhig. Wer bleibt, gehört mir.«

Ich rückte neben ihn.

»Ich bin Zwilling.«

Sehr schön. Wir waren füreinander geschaffen. Zwilling und Schütze. Zwei große Verführer. Wie zufällig berührte er meine kleine Hand.

»Weshalb sind deine Finger so kalt?« fragte er mich teilnahmsvoll.

»Das kommt vom Wind.«

»Eine Frau ohne Liebe hat immer kalte Hände.«

Er beleidigte mich! Aber was er sagte, berührte mich.

»Hast du zur Zeit einen Freund?«

»Nein.«

»Da mußt du unglücklich sein.«

»Ich habe niemanden, weil ich außergewöhnlich bin.«

»Wann hattest du denn zum letzten Mal einen Freund?«

»Im letzten Jahr auf der Uni.«

»Da bist du in einer ziemlich mißlichen Lage.«

Dieser A…! Er war schon wieder anmaßend, aber weshalb berührte er mich dann so?

In Wirklichkeit war er genauso unglücklich und in einer genauso mißlichen Lage wie ich, denn er hatte ebenfalls keine Freundin. Um seine Worte zu benutzen: Er führte ein Leben wie »ein streunender Hund«.

Er nahm meine kalte Hand und drückte sie an sein Herz, heiß strömte es durch meinen Körper.

»Komm mit zu meinen Freunden. Ich werde dich als meinen neuen Freund vorstellen.«

»Mit Vergnügen«, erwiderte er.

In nicht einmal zehn Minuten hatten ein Mann und eine Frau ihre bittere und jämmerliche Vergangenheit hinter sich gelassen. Und da standen sie nun, auf der Straße ins Glück. Küssend tauchten wir vor meinen Freunden auf, vor allem meine Freundin saß wie versteinert da. Peter der Große schwenkte Heft und Kugelschreiber, die ich ihm geschenkt hatte, und sagte traurig: »Ich habe mich noch nicht abgekühlt, und da kommst du schon ...«

Ich bin auf einen höheren Ast davongeflogen, war es das?

Mein neuer Freund nahm Platz, schien sich wohl zu fühlen. Er nahm meine Hand. Ich lehnte mich an seine Schulter und fühlte mich wie ein zärtliches kleines Täubchen. Das verärgerte die anderen. Peter der Große sah mich an, zögerte und sagte schließlich: »Ich begreife allmählich, was du sagen wolltest, von wegen alle Vöglein sind schon da. Zu kurz kommst du ja nicht gerade.«

Bingo! Und das war erst der Anfang. Mein neuer Freund verschwand für einen Moment. Ich nutzte meine neue Freiheit und begann ein Mädchen zu küssen, das einer Eule ähnlich sieht. Sie sagte mir wieder und wieder: »Ich mag dich sehr, weißt du das. Jeden Tag lese ich deinen Blog, wie deine Freundin. Auch ich finde hier einen Vertrauten.«

Na bitte. Mann, Frau, ich war die Geliebte des ganzen Menschengeschlechts.

»Du bist eigensinnig?« sagte sie noch. »Ich bin auch eigensinnig, deshalb mag ich dich ja auch so. Was immer du auch machst, ich halte zu dir. Auch wenn du mit meinem Mann schläfst, halte ich zu dir.«

Sie zeigte ein ausgeprägtes politisches Bewußtsein. Sie rührte mich so, daß ich sie mir zur zweiten Konkubine nahm.

Während wir uns küßten, hielt es die schöne Kaikai nicht auf ihrem Platz. Sie fuhr die Eule an: »Bist du fertig? Jetzt bin ich dran!«

Was für ein Spaß. Die Situation entwickelte sich zu meinen Gunsten. Alle Vöglein waren schon da, und ich konnte mich über Zulauf nicht beklagen! Peter der Große war geschockt. Es paßte ihm gar nicht, daß er letztlich den Schwarzen Peter gezogen zu haben schien.

Ich zeigte mich geschickt in den Zärtlichkeiten, die ich Männern wie Frauen zuteil werden ließ, Übung macht den Meister. Meine Art der Liebe? Ein gut eingetragener Pantoffel, der noch ein klein wenig Spielraum läßt. Er paßt annähernd jedem und gibt jedem beliebigen guten Halt. Von Zeit zu Zeit würde ich mich gern in einen Riesen verwandeln, um den Himmel zu berühren. Ihr könntet dann auf meine Schultern klettern und die Sterne einsammeln. Du weißt, ich stelle keine großen Ansprüche. Seit langem schon lebe ich in der Ungewißheit. Es reicht, daß du sagst, du liebst mich, und schon gehöre ich dir. Wenn du mich verläßt, gehöre ich einem anderen. Nimmst du mich zurück, gehöre ich wieder dir.

Der Höhepunkt dieses Abends ging vorüber. In dem Moment, in dem der große Falke, alias mein neuer Freund, zu mir zurückkehrte, zerronn mir das dritte Vöglein, alias die schöne Kaikai, die mir zugeflogen war, zwischen den Fingern. Im selben Augenblick kotzte das zweite Vöglein, alias die Eule, eingewickelt in den Engels-Kopf, den ich vorher getragen hatte, mitten in die kalte Luft hinein und lächelte den Engeln zu.

Vielleicht begriff Peter der Große nun endlich mein Orakel »Ein Schwarzer Peter, aber alle Vöglein sind schon da«. Denn am nächsten Morgen, das heißt heute, wirft er sich mir zu Füßen: »Gehst du mit mir einen Kaffee trinken?«

»Einladungen von Männern, die sich weigern, mit mir zu schlafen, nehme ich nie an.«

»Wer sagt, daß ich dich eingeladen habe?«

»Na dann, um so mehr Grund abzulehnen. Normalerweise belasse ich es bei einem Anlauf. Wenn es nicht klappt, werde ich der Sache schnell überdrüssig.«

»Bei mir ist das ähnlich. Wenn die Sache innerhalb von zwei Stunden nicht geritzt ist, lasse ich das Ganze bleiben.«

»Bestens.«

4. Oktober 2003
Der Baum

Ich laufe dem Dichter über den Weg. Er trägt einen schwarzen Rucksack und geht in Richtung Redaktionsgebäude. Es ist das erste Mal, das ich ihn gehen sehe. Seine Erscheinung des erschöpften, »vom Wind gepeitschten und vom Staub gebissenen« Vagabunden paßt schlecht zur Hysterie von Kanton.

Er kommt mir entgegen, angeschlagen wie ein verkrümmter alter Baum. Er hat gesehen, daß ich ihn beobachtete. Er richtet einen verstörten Blick auf mich, dem ich kaum standhalten kann. Unauffällig senke ich den Kopf, um ihm auszuweichen, und setze meinen Weg fort.

Ich drehe mich um und sehe, wie er sich an der Ecke hinsetzt. Weil es zu dunkel ist, erkenne ich nicht, in welche Richtung sich sein Gesicht neigt. Ich versuche, meine Augen auf die Entfernung einzustellen. Da sehe ich in der Nacht etwas Rotglühendes aufglimmen. Er zieht gerade an einer Zigarette.

5. Oktober 2003
Tugenden

Husten
Ist eine Tugend
Predigen ist auch eine Tugend
Sein Privatleben zu enthüllen
Ist die Tugend aller Tugenden.

5. Oktober 2003
Begegnung

Es ist Abend. Er wartet auf den Bus. Er freut sich, mich zu sehen. Andauernd fährt er mir mit der Hand über die so schwer zu bändigenden Haare. Er streicht meine Locken glatt, die sich ineinander drehen. Er versucht sie mir niederzudrücken Ich huste. Er sagt: »Paß gut auf dich auf. Du mußt mindestens noch zehn Jahre leben.«

Er hat das »Mangazin« angerufen, um sich zu erkundigen, wer mich interviewt hat, und man fragte ihn: »Wer sind Sie?«

»Ihr Freund.«

»Wow!« erwiderte sein Gesprächspartner mit seltsamem Tonfall und legte einfach den Hörer auf.

Er ist wirklich mein Freund. Als wir in Shanghai waren und ich auf dem Boden einschlief, hat er sanfte Musik aufgelegt. Wenn ich Hunger hatte, bestellte er mir Fisch mit Reis. Seine Gesellschaft ist unbeschwert und angenehm. Und er kümmert sich gut um mich.

6. Oktober 2003
Früh essen und spät schließen

8:24: 13539796…: Bist du frei? Ich lade dich ein.

21:54: 13539796…: *Do you want to fuck me?*

23:00: 13539796…: *You can fuck me what time you want.*

Meine Güte, was ist denn los? Gehen die Ferien zu Ende, oder was? Es gibt Typen, die buchstäblich vor Langeweile eingehen.

7. Oktober 2003
Affären

Ein Typ, der meinem Liebhaber »Nummer neun« ähnlich sieht, einen Charakter wie meine »Nummer elf« hat und von meiner »Nummer fünfzehn« spricht, wenn wir Sex haben.

Wir meinen, er muß die Geliebte meiner »Nummer neun« in Kanton treffen. Aber am folgenden Tag läuft er am Bahnhof der Ex von meiner »Nummer neun« über den Weg. Und als ich meine »Nummer fünfzehn« anrufe, sagt er mir, er lebe jetzt mit der Ex von diesem Typen zusammen.

Theoretisch genügt es, neun Menschen zu begegnen, um mit der ganzen Welt in Verbindung zu stehen. Wenn man die Distanzen verringern will, ist Mu Zimei ein guter Ausgangspunkt.

8. Oktober 2003
Baby

Das Babyface ist ein neuer Nachtclub, im Stil des Faceclubs, nur eine jüngere Ausführung. Der Baby Coffee Shop ist ein Café von knapp zehn Quadratmetern Größe. Vorher war es eine Bäckerei. Ich habe das Lokal eines Tages durch Zufall entdeckt, als ich zwischendurch ein paar Spießchen essen wollte. Ich sagte mir, dieses Café sieht aus wie eine schöne große Toilette.

Heute habe ich den Chef kennengelernt. Er ist Waage, und er sammelt Zigarettenpäckchen und Cola-Dosen. Er ist sehr freundlich.

Der Baby Coffee Shop hat bis 5 Uhr morgens geöffnet. An einem Tag, an dem alle anderen schon ihre Vorhänge heruntergelassen hatten, ging ich dorthin.

Der Nationalfeiertag ist vorbei. In den Ferien habe ich zwei Männer kennengelernt. Einen Typen, der will, daß ich seine Freundin werde. Und einen Typen, der mich an meine schmerzliche Vergangenheit erinnert hat. Sollen sie doch bleiben, wo sie sind.

Wenn ich gerade eine hohe Meinung von mir habe, bin ich meine eigene Sugar Baby Love.

8. Oktober 2003
Im Stil der »Postumen Liebesbriefe«

Ich bin bereit, ins Büro zu gehen. Meinen Artikel habe ich fertig. Ich sollte etwas über Brieftaschen schreiben.

Mein Text fängt so an: »Ich erinnere mich dunkel an einen japanischen Film, in dem die Heldin aus der Gesellschaft verbannt wird. Ihr Leben ist geprägt vom tagtäglichen Kampf ums Überleben. Nur eine Sache gehört ihr ganz allein: Sie schreibt. Der verzweifeltste Satz, den sie zu Papier bringt, lautet: ›Nur Geld vermag mich zu wärmen.‹ Geld? Ihr Leben ist eine einzige Folge von Irrungen, von zufälligen Begegnungen, und das einzige, was ihr das Herz erwärmen kann, ist eine Brieftasche!«

Scheiße! Es ist doch kaum zu glauben! Über was auch immer ich schreibe, stets muß es im Stil der »Postumen Liebesbriefe« gehalten sein. Auch wenn es eigentlich um Mode oder irgendein Trendthema gehen soll ... Na ja, so gesehen, ist es nicht weiter verwunderlich, daß Ningcai Shen sich immer darüber beklagt, daß ich Frauenzeitschriften verachte ...

Mit dem Geschmack ist es wie mit den Gefühlen. So was ändert sich nicht über Nacht.

8. Oktober 2003
Archiv des Lebens

7.10., 20:12: 138251003...: »Guten Tag, Herrin, ist schon so lange her, ich denke an Sie. Hab inzwischen Erfahrungen gesammelt. Sollten Sie frei sein, besuche ich Sie.«

Ich überprüfe die Nummer, und tatsächlich, es ist derselbe Typ wie der vom 30.9., 14:49: 138251003...: »Wie geht es Ihnen, Herrin? Ich habe meine Liebestechnik trainiert. Wenn Sie wollen, könnten wir zusammen weiter daran arbeiten?«

Der Vorschlag vom 7.10. klingt zwar schon etwas reizvoller, aber bitte, wie ungehobelt!

Das gibt mir trotzdem die Gelegenheit festzustellen, daß mein Tagebuch eine Art Archiv meines Lebens ist. Würde ich es nicht schreiben, wie sollte ich mich sonst daran erinnern, wie viele Typen mir vorgeschlagen haben zu ficken und wie viele schon mit mir geschlafen haben?

Hier nun die Bilanz: Vom 30. September bis zum 7. Oktober haben mir sechs Personen elfmal vorgeschlagen, Sex zu haben. Insgesamt habe ich mit zwei Personen geschlafen, zweimal.

Ergebnis: Ich bin ganz und gar konventionell.

8. Oktober 2003
Verletzung

Gerade habe ich geweint.

Ich renne, bis ich kaum mehr Luft bekomme, um in ein Taxi

zu flüchten. Dann fahre ich nach Hause zurück. Nach und nach beruhige ich mich.

Später treffe ich dann den, der meinen Kummer verursacht hat. Nur keine Angst. Wo auch immer ich falle, ich werde wieder aufstehen.

Bis zu dem Tag, an dem es mir scheißegal ist, was er sagt oder tut. Dann wird mich das alles kaltlassen.

Dann werde ich Mu Zimei sein.

8. Oktober 2003
Geheilt

Gerade sitze ich ihm gegenüber. Er trinkt ein Heineken, meine Freundin ein Taiyang und ich ein Corona. Alles läuft bestens. Wir sind im Café Niuniu, und wir erwarten ihn.

Ich ziehe die obere Etage vor, auch wenn die Librería Borges von Chen Tong immer schon geschlossen hat, wenn wir kommen. Auf der kleinen Terrasse, die auf die Yile-Straße hinausgeht, blicken wir auf das Chaos und den Schmutz der Umgebung.

Früher bin ich immer mit dem 211er von der Schule zur Yile-Straße gefahren. Und wie oft hat diese Straße im Morgengrauen erlebt, daß ich den umgekehrten Weg fuhr!

Im Moment hämmere ich auf meine Tastatur und höre meine Freundin reden. Je mehr sie redet, desto weniger ertrage ich sie. Sie muß unbedingt lernen, Abstand zu halten. Aber ich mag es gern, wenn sie ihren verlorenen und verträumten Gesichtsausdruck aufsetzt.

Was ihn betrifft, so sieht er dem Gleichgültigen immer weniger ähnlich. Eigentlich sogar überhaupt nicht mehr.

10. Oktober 2003
Topmodel

Neuerdings wiederholt meine Freundin andauernd, ich hätte eine sehr schöne Figur. Heute behauptet sie, die Ex eines gewissen Typen sei genauso zart und schlank wie ich, aber weniger gut proportioniert. Ich war immer neidisch auf seine Ex.

Gestern hat meine Freundin meine ausgewogenen Proportionen einem Mann gegenüber gepriesen: »Und wenn sie anderthalbmal so dick wäre, hätte sie immer noch die Taille eines Mannequins.«

Ich habe mir das mal etwas genauer ausgerechnet: Ich wäre dann nämlich auch genauso groß wie Yao Ming, dieser Hüne von einem Basketballspieler.

10. Oktober 2003
Blind Date

Meine Freundin und ich sind noch Neulinge, was Blind Dates angeht. Wir organisieren das Treffen zwischen einem Mann und einer Frau und bereiten es akribisch vor. Ich war ehrlich zu der Frau und habe ihr in aller Aufrichtigkeit von ihm erzählt. Dann hat meine Freundin noch den Blog des Mannnes kopiert und mir per E-Mail geschickt, ich habe ihn etwas überarbeitet und an die Frau weitergeleitet. Meine Freundin ihrerseits hat die Webadresse des Blogs dieser Frau an den Mann übermittelt. Wir haben die beiden sich per Weblog kennenlernen lassen.

Anschließend befragte ich die Frau, sie erklärte mir, sie habe Samstag noch nichts vor. Meine Freundin erkundigte sich bei dem Mann, der einverstanden war. Sie machten nicht gerade den Eindruck, als hätten sie es eilig – vielleicht auch Stolz? –, und zeigten auch nicht gerade überbordende Neugier auf den jeweils anderen. Das enttäuschte uns dann doch.

Scheiße! Wieso gibt es niemanden, der mich mit einem Mann bekannt macht? Inzwischen ist es so einfach, sich zu verheiraten. Es genügt schon eine Meldebestätigung, und eine halbe Stunde später ist alles geregelt. Einfacher als eine Passage nach Hongkong. Bloß schade, daß man keine Leute mehr zum Heiraten findet!

10. Oktober 2003
Schreibzwang

Wenn ich erst einmal anfange, erfaßt mich ein echtes Fieber. Ich gehe mit unglaublich viel Energie daran. Es grenzt schon an Wahnsinn. Kaum sitze ich vor der Tastatur, hämmere ich unentwegt darauf ein. Heute vormittag sagte ich meiner Freundin, ich hätte Angst, meinen Artikel nicht fertigzubekommen, da ich ihn noch nicht einmal begonnen hatte. Und jetzt bin ich schon fast fertig, kurz vor Ende des letzten Drittels. Und das ist noch nicht alles – ich habe außerdem mehrere tausend Schriftzeichen für meinen Blog geschrieben.

Der Antagonismus des Schreibens: als stünden sich zwei verfeindete Gruppen in einem selbst gegenüber. Wenn ich abends nur den Ansatz eines Artikels zu Papier bringen würde, wäre ich frustriert. Es würde mich so ärgern, daß ich nicht einfach schlafen gehen könnte, da wäre nichts zu machen. Aber das Schreiben ist auch eine Tür. Du öffnest sie, und vor dir tut sich eine Vielzahl von Wegen und Möglichkeiten auf. Je mehr man schreibt, desto mehr fließt es, je mehr man schreibt, desto besser geht es ... Ich liebe dieses *feeling*.

Und dennoch habe ich so meine Zweifel. Oft stelle ich mir die Frage, ob es nicht ein ganz klein wenig zu exhibitionistisch ist, meinen Blog so gewissenhaft zu führen. Zum Glück habe ich inzwischen eine andere Erklärung dafür gefunden: Mein Blog hat es mir ermöglicht, mit dem Schreiben anzufangen, diese Leidenschaft dafür zu entwickeln.

Alles ist so ruhig um mich herum. Die Schriftzeichen begleiten mich; sie tanzen vor meinen Augen; sie sagen mir, was sie wollen, wie sie sich fügen wollen. Wie schlau sie doch sind!

10. Oktober 2003
Plötzlich ...

Der Artikel ist fertig. Jetzt kann ich mich hinlegen. Um 10 Uhr morgen vormittag werde ich mich ans Überarbeiten machen. Heute abend habe ich nichts mehr zu tun. Plötzlich fühle ich mich leer. Mein Beruf reißt mich so mit, daß ich die Last der Arbeit schon fast als Gnade empfinde ... Die Aussicht auf ein verdorbenes oder langweiliges Wochenende. Leute treffen oder nicht. Ich brauche daran nur zu denken, und schon bin ich ganz verzweifelt.

10. Oktober 2003
Dialog
»Haben die einen Teil deines Blog geschlossen?«

»Ich habe ihn selbst geschlossen. Ich hatte Schiß vor den Konsequenzen, das alles hat Folgen für mein Leben.«

»Als du mit deinem Weblog angefangen hast, konntest du da alles schreiben, was du wolltest?«

»Natürlich. Das waren noch gute Zeiten. Aber die sind jetzt vorbei.«

»Wieso?«

»Weil es ihnen gelungen ist, mich zu treffen.«

10. Oktober 2003
Verabredung
Heute abend bin ich mit meiner Freundin verabredet. Sie bittet mich, sie im Büro abzuholen. Ich lehne ab, um mir nicht die Kommentare ihrer Kollegen anhören zu müssen: »Sie ist gelb, sie ist schwarz, sie ist mager, sie hat keine Titten, kein Wunder, daß man nur über sie spricht!«

All das habe ich Wort für Wort in meinem Weblog gelesen. Bei meiner Freundin werden diese Sachen oft zitiert, was man für eine Ruhmestat hält.

10. Oktober 2003
Zhuyin, Guoba, Bolo etc.
Der Grund für meine Weigerung, mich mit all diesen Typen zu verabreden, besteht darin, daß es in diesem Augenblick, in

dem alle Welt die »Postumen Liebesbriefe« im Stich läßt, einen gibt, der mir jeden Tag eine Nachricht schickt. Nur für mich ganz allein.

Er schreibt, er habe in diesem Jahr schon viel Feuerwerk gezündet. Wirklich viel ... In dem Jahr, als ich achtzehn war, bin ich mit ihm in einen Vorort gefahren. Wir haben gemeinsam alle möglichen Feuerwerke gezündet. Die ganze Nacht lang. Wir haben sogar den Zweig eines Baumes in Brand gesteckt, was wiederum ein heimliches Pärchen in die Flucht geschlagen hat ...

In demselben Jahr bin ich in die Uni gekommen. Wir mußten uns trennen. Ich setzte mich hinten auf sein Motorrad; er sauste davon ...

Seine Telefonnummer habe ich schon vergessen.

10. Oktober 2003
Neue Verabredung

Meine Freundin sagt, die beste Methode, nicht enttäuscht zu werden, bestehe darin, bisweilen seine Pläne zu ändern.

Für eine verlorene Liebe finden sich zehn andere.

Aber sie sind alle gleich: »Also bis in einer halben Stunde dann!«

12. Oktober 2003
Meine Fee

Xiaomi meint, meine Mutter sei eine Fee. Seit gestern habe ich zweimal mit ihr telefoniert, und sie ist wirklich unglaublich.

Gestern:

»Kuckuck.«

»Bist du das? Ich konnte dich nicht erreichen, ich dachte schon, du wärst verschwunden.«

»Man hat mir mein Handy geklaut. Ich habe gerade erst ein neues gekauft.«

»Schon wieder? Wie stellst du das nur an, daß dir immer solche Sachen passieren?«

»Man hat mir auch tausend Yuan geklaut. Man stiehlt von den Reichen und gibt den Armen. Das ist doch bekannt.«

»Haha. Bist du im Moment beschäftigt? Schreibst du gerade an deinem Buch?«

»Das erscheint Ende des Monats, aber ich werde es dir nicht zeigen.«

»Wieso denn nicht?«

»Ich habe Angst, du könntest einen Herzanfall bekommen.«

»Sei dir da nur nicht so sicher. Ich kann mir dein Leben ganz gut vorstellen. Und diese Art Buch ist doch gerade sehr in Mode, oder?«

»Na, jedenfalls gibt es wenige Leute, die Meisterwerke verfassen. So was wie ›Der Traum der Roten Kammer‹[*] würde ich nie zustande kriegen.«

»Na, wenn es denn ein zweites Buch geben muß, dann schreibst du lieber was Ernsthaftes. Du bist so leicht zu durchschauen.«

»Wenn du einmal hören solltest, wie Leute schlecht über mich sprechen, Mama, dann sei nicht traurig.«

»Ja, schon gut, ich weiß Bescheid.«

»Was auch immer passiert, sei stark. Wenn die Leute dich befragen, brauchst du ja bloß zu sagen, ich sei dein ganzer Stolz.«

»In Ordnung. Ich werde stark sein.«

»Jetzt, wo ich mir einen gewissen Ruf erworben habe, Mama, kann ich nicht mehr leben wie die anderen. Und ich muß einfach weitermachen, ich kann nicht anders.«

»Na gut, wenn man mich fragt, werde ich außerdem sagen, daß du es schon immer verabscheutest, manipuliert zu werden.«

---

[*] Berühmter chinesischer Roman von Cao Xueqin aus dem 18. Jahrhundert, der in zahlreiche Sprachen übersetzt und in der ganzen Welt veröffentlicht wurde.

»Hast du am Ende den Eindruck, daß ich ein schlechtes Leben führe?«

»Schlecht oder lasterhaft?«

»Schlecht.«

»Ganz und gar nicht. Hauptsache, du bist glücklich. Wie geht es dir?«

»Es geht. Ich habe mittlerweile seltener Sex als die meisten anderen Leute. Es sind einfach nur die Partner, die wechseln.«

»Ja, aber auch wenn du dich änderst, glaubst du nicht, es ist allmählich an der Zeit, daß du mal einen annehmbaren Mann kennenlernst?«

... Plötzlich ist der Akku meines Handys leer. Ich habe nicht mehr die Gelegenheit, Mama auf Wiedersehen zu sagen.

Heute mittag:

»Hallo Mama! Mein Handy hat gestern den Geist aufgegeben.«

»Ich habe mich schon gefragt, ob ich dich vielleicht zurückrufen soll. Ist es möglich, in deinem Buch auf Fotos zu verzichten?«

»Wieso? Hast du Angst, man erkennt deine Tochter?«

»Es ist ja nicht unseretwegen. Wir sind alt. Aber dein Leben ist noch lang.«

»Für mich ist das nicht schlimm. Wenn keiner was von mir wissen will, kann ich mein Leben ganz dem Schreiben widmen. Das ist alles. Übrigens kommst du auch in dem Buch vor.«

»Ach ja?«

»Ja. Mit einem Federstrich. Wer hat mich in die Welt gesetzt? Du bist nun mal für immer mit mir verbunden, und du mußt meinen Ruhm wie auch meine Demütigungen mit mir teilen.«

»Na, in dem Fall ... Glaubst du wirklich, du hast so einen schlechten Ruf?«

»Aber nein. Und viele andere sind auch dieser Meinung. Aber manche sind unbelehrbar, und die glauben, ich wäre ein schlechter Mensch.«

»Ich bin nicht unbelehrbar. Ich kann mich weiterentwickeln und mit der Zeit gehen.«

»Das stimmt. Und ich bin dir ähnlich.«

»Gestern abend habe ich nachgedacht. Du wirst so oft bestohlen. Vielleicht ist das eine Strafe Gottes. Du mußt mir ein bißchen Geld schicken.«

»Scheiße! Auch du nimmst es von den Reichen ... Aber es kommt nicht in Frage, daß du es mir zurückgibst.«

»O doch! Ich weiß, es ist für dich irgendwie ordinär, über Geld zu reden, aber das wichtigste ist, daß man weiß, daß diese Dinge per Gesetz geregelt sind.«

»Ich hab es dir doch schon gesagt, oder? Wenn du eines Tages deinen Lebensunterhalt nicht mehr bestreiten kannst, brauchst du bloß vors Gericht zu ziehen. Dann nehme ich einen Anwalt, und der Richter entscheidet über die Summe, die ich dir als Rente geben muß.«

»Vor Gericht zerre ich dich ganz bestimmt nicht. Ich habe einfach nur mal Lust zu verreisen. So teuer ist das doch nicht, wenn man mal nach Peking fährt. Gut zweitausend Yuan.«

»Peking? Kein Interesse. Mir tut es schon leid, daß ich letztes Jahr hingefahren bin. Du mußt dich um Papa kümmern. Warte erst mal ab, bis all deine ungelösten Probleme gelöst sind, dann kannst du davon träumen, dir eine Freude zu machen.«

»Das habe ich mir auch gesagt. Übrigens, hast du schon mal was über den Tod gelesen?«

»Ich habe gehört von einem Buch mit dem Titel ›Geschichte des Selbstmords‹. Wieso?«

»Neulich habe ich mir ein Buch gekauft, das ›Handbuch des Todes‹. Daraus hab ich viel über die verschiedenen Arten zu sterben erfahren. Es war sehr interessant. Ich denke oft, sich ins Flugzeug setzen ist eine wirkungsvolle Methode, oder ich könnte mich vielleicht auf der Straße umbringen lassen, damit du die Lebensversicherung bekommst.«

»Sei nicht blöd. Das mit diesen Versicherungsfirmen, das ist der reinste Schwindel. Die vereinbarte Versicherungssumme kriegt man doch nie, egal, mit welcher Methode man sich umbringt. Und wenn du Opfer eines Verbrechens bist, ist es noch schlimmer.«

»Du hast ja recht. Na dann, Pech gehabt, dann sterbe ich eben nicht.«

»Ach! Aber das ist dann nicht meine Schuld. Ich habe schließlich auch nicht darum gebeten, geboren zu werden. Trotzdem muß ich es auf mich nehmen, mein Leben zu leben.«

»Warte mal. Dein Vater ruft mich. Ich weiß nicht, was er will ... Ach! Wasser.«

»Na, dann geh, ich lege auf.«

13. Oktober 2003
Alltägliche Liebe, heilige Liebe

Samstagabend haben wir ein gemeinsames Projekt in die Tat umgesetzt, das die schöne Kaikai »Alltägliche Liebe, heilige Liebe« getauft hat. Eine sehr bewegende Angelegenheit, ich bin immer noch ganz aufgewühlt davon. Initiative, Begeisterung, Konzentration, Energie. Auch wenn uns allen das gewünschte politische Bewußtsein fehlt, hat diese Erfahrung doch unser Solidaritäts- und Freundschaftsgefühl verstärkt ...

Auf allgemeinen Wunsch ist es mir unmöglich, an dieser Stelle unsere genaue Vorgehensweise zu erläutern, aber ich kann sagen, daß Bai Xiaosheng, ein Journalistenkollege, als unser Lehrer grandios war. »Profitieren Sie von der Erfahrung des Kameraden Bai Xiaosheng.« Um noch deutlicher zu werden: Er ist ein erfahrener Mann, auch wenn er nicht in der Lage ist, die Erfahrung selbst zu machen. Den jungen Mädchen den Hof zu machen, zu schmeicheln und galant zu sein, die jungen Eleven zu erziehen und anzuleiten – das ist sein Metier. Wie er selber gesteht: »Ich habe keinen X, also tauge ich auch nicht mehr zum XX. Nichts auf dieser Welt ist eben vollkommen!«

Genausowenig kann ich beschreiben, was unser Lehrer Bai während unserer Vorbereitungen getan hat. Ich werde mich damit begnügen, sein Porträt zu umreißen. Eine einfache Skizze genügt.

An jenem Abend sah Bai sehr gut aus. Er trug eine traditionelle blaue Jacke mit kurzen Ärmeln, und er zeigte sich als »Unsterblicher mit dem Körper eines Tao-Schülers«. Fügen Sie einer solch raffinierten Erscheinung Humor und Esprit hinzu und urteilen Sie anhand der folgenden Details:

Die Basis seines vom Nikotin geschwärzten Zahnfleischs stand in ergreifendem Kontrast zum makellosen Weiß seiner Zähne. Zu der Zeit, als man die wahren Eigenschaften des Lotus noch nicht kannte, galt es als wahre Heldentat, wenn sich Zähne aus dem Schmutz erhoben, ohne sich dabei selbst zu verunreinigen.

Er hat zwei winzige Äuglein, versteckt hinter dicken Brillengläsern, und doch hat sein Blick magnetische Anziehungskraft. Wenn er mit den Augen über das Brillengestell hinwegschaut wie ein Pfandleiher oder ein Hauslehrer vergangener Epochen des alten Chinas, finde ich ihn megasexy.

Er steht stets unter Strom. Wenn er telefoniert, die eine Hand klebt am Ohr, die andere tief in der Hosentasche, schlägt sein Körper hin und her wie das Pendel einer Uhr, der ganze Körper arbeitet auf Hochtouren. Jedesmal wenn er einen Anruf bekommt, fällt uns wieder diese denkwürdige Szene ein, die sich eines Tages in der Redaktion abspielte: Mitten in einer Sitzung klingelte sein Handy. Der Saal war umgeben von riesigen Glaswänden, die vom Boden bis zur Decke reichten. Bai sprang mit einem beachtlichen Satz auf, um ans Telefon zu gehen. Da hörte man nur noch einen großen Knall. BUMM. Der Chefredakteur am Kopfende des Tisches saß wie versteinert da. An die hundert Augenpaare folgten seinem Blick ... um bei Bai zu landen. Ihn hatte es voll erwischt, ein Glasfenster war mitten in seinem ... gelandet.

Unser guter, hochverehrter Lehrer hat keinerlei Möglichkeit mehr zum XX; ich bin ganz traurig darüber und bemitleide ihn zutiefst. Er hat uns in die Praktik des XX eingeführt und hat unsere Erziehung in Liebesdingen verfeinert, vielversprechende junge Menschen aus uns gemacht. Mit dem Unterton des Frauenhelden hat er ein Mädchen gefragt, wo sie sich denn habe frisieren lassen. Ganz höflich hob er sein Glas, um anzustoßen, und sagte zu mir: »Den Vertretern von XX im Namen von X, mit besten Empfehlungen!«

Bai hat meine Moralvorstellungen hinsichtlich der Männer bestätigt. Ein Mann muß sich nicht nur als »Unsterblicher mit dem Körper eines Tao-Schülers« geben können, sondern auch mit »Humor und Esprit« ausgestattet sein.

13. Oktober 2003
Geschmacksfrage

Vor zwei Tagen sagte ich zu jemandem: »Ich mag es wirklich sehr, wie du die Dinge in Frage stellst.«

Xuxu, der neben mir saß, runzelte sofort die Stirn: »Ich habe große Zweifel, was deinen Geschmack angeht«, war sein Kommentar.

Das war nicht das erste Mal, daß Xuxu offen meinen Geschmack in Frage stellte. Das letzte Mal passierte es, als ich eine Lobrede auf einen anderen hielt. Eigentlich sagte ich damals nicht anderes, als daß Xuxu nicht attraktiv sei, und kritisierte indirekt seine Karaoke-Begeisterung. Er muß sich nicht erst einen Vorwand suchen und behaupten, ich hätte einen schlechten Geschmack, um mich abzulehnen. Aber wenn er so weitermacht, werde ich noch an seinem guten Geschmack zweifeln.

13. Oktober 2003
Zum Heiraten nicht geeignet

Freitagabend stellt mich ein sympathischer Typ, mit dem ich ausgehe, als seine Freundin vor.

Auf dem Nachhauseweg kommen wir am Qingji-Grill vorbei, in dem es von Menschen nur so wimmelt. Er bekommt plötzlich Lust auf Austern. Wir gehen hinein und geben unsere Bestellung auf. Er nimmt die erste Auster und sagt: »Du bist süß, wenn du ißt.«

»Ich bin nicht süß, ich bin anders.«

»Dieses Anderssein gefällt mir.«

Oft fange ich, sobald man mir ein Kompliment macht, an, gelehrte Vorträge zu halten. Auf einmal bin ich inspiriert und stürze mich in eine Theorie über die Abhängigkeit der Konsumgewohnheiten vom sozialen Milieu, aus dem man stammt. Ein weniger Begüterter wird sich wohl höchstens Gedanken über die Marken von Kosmetikartikeln oder ähnlichem machen – WC Saint-Marc, Zahnpasta von Crest, Shampoo von Revlon, Seife von Palmolive etc. Ein Reicher hingegen wird die großen Markennamen auch bei Autos, Uhren etc. nennen. Hat man das lebensnotwendige Minimum erst einmal sichergestellt, kann man sich Gedanken um den Überfluß machen. Die erste Stufe auf der Leiter des gesellschaftlichen Aufstiegs besteht zunächst einmal darin, sauber zu bleiben.

Da er von bescheidener Herkunft ist, stürzt meine Theorie ihn in einen Abgrund an Überlegungen. Er erzählt mir von seinem gesellschaftlichen Aufstieg: Als er noch Student war, verbrachte er zwei Drittel der Zeit damit, sich herumzutreiben. Trotzdem hat man ihn nie irgendeiner Lehranstalt verwiesen, denn irgendwann hatte er damit begonnen, seine Professoren für gute Noten zu bestechen: Er bot ihnen Pornos an. Seine Wohnung wurde bald eine Art Umschlagplatz für CDs und DVDs und er der erfolgreichste Händler von Harbin[*]. Er ließ sich die Filme waggonweise liefern. Einmal schaffte er es auf diese Weise, sechzig Punkte in Mathe zu bekommen, worauf er mächtig stolz war.

Ich glaube ihm aufs Wort, denn er hat ein flinkes Mundwerk. Mit seiner beachtlich agilen Zunge hat er mich schon

---

[*] Industrie- und Universitätsstadt in der Mandschurei im Nordosten Chinas.

mehrfach zum Orgasmus gebracht. Er liebt es, meinen Körper mit ihr zu erkunden. Dank dieses Mannes habe ich ganz neue erogene Zonen meines Körpers entdeckt. Zum Beispiel den Rücken, die Achselhöhlen, die Innenseiten der Schenkel, die Stelle dreißig Millimeter oberhalb des Schamhaares, die Zehen, zwischen den Zehen ... Und natürlich ist sein Cunnilingus zum Sterben schön. Seine Technik ist perfekt. Er beginnt damit, daß er meine Klitoris mit der Zungenspitze liebkost, dann macht er sich daran, sehr geschickt daran zu saugen und sie zu reizen, ehe er die Zunge tiefer hineingleiten läßt ... Die reine Verzückung. Und während er aus meinem Brunnen trinkt, fragt er mich immer wieder: »Willst du, willst du?«, aber ich habe keine große Lust, mich von ihm ficken zu lassen, denn seine Zunge macht mich viel mehr an als sein Schwanz. Sein kleiner Freund ist weder lang noch dick, offen gesagt, ist er eher winzig. Er erregt mich nicht. Hinzu kommt, daß er, ob er nun eher aktiv oder eher passiv ist, die fatale Neigung hat, sich seiner Pflicht zu entziehen. Sogar wenn er zuerst hart und voller Verlangen ist ... Ich glaube, weil sein Besitzer seine Schwächen kennt, hat er seine Zunge zum perfekten Phallus trainiert.

Ich sage ihm: »Ich habe sofort gemerkt, daß du von diesen Filmen viel gelernt hast. Diese sexuelle Prägung ist der Grund dafür, daß du geschickter bist als die Männer, die sich von erotischen Romanen wie dem ›Jin Ping Mei‹[*] anleiten lassen.«

»Meinst du? Aber hast du denn viele Männer gehabt?«

»Hm, na, sagen wir, ich komme ganz gut zurecht.«

Damit ist er nicht zufrieden.

»Ich versuche die ganze Zeit, dir zu verstehen zu geben, daß ich dich liebe und daß ich dich heiraten will«, stößt er heftig aus.

Na so was! Das war ja ein Heiratsantrag. Das erste Mal, daß jemand um meine Hand anhält. Angesichts dieser Flut von

---

[*] »Die Pflaumenblüte in der goldenen Vase« (auch »Der goldene Lotus«), der berühmteste erotische Roman Chinas, Ende des 16., Anfang des 17. Jahrhunderts von einem anonymen Autor verfaßt.

Emotionen fällt mir nichts ein, was ich sagen könnte. Ich sage nichts. Er ärgert sich über meine mangelnde Begeisterung.

In der Nacht werde ich von seiner Zunge beglückt. Wieder hat er mir den Himmel auf Erden bereitet, aber mehr nicht, denn inzwischen kenne ich die Route. Ich weiß, in welchem Augenblick er dieses und kurz darauf jenes macht ... Fast schon eheliche Routine. Ein Mann weiß, es ist eine Frau in der Küche, es ist eine Frau im Bett, und im allgemeinen ist das ein und dieselbe.

Nachdem ich ihm also erlaubt habe, mich eine halbe Stunde zu stimulieren, gestatte ich ihm, mich zu penetrieren und zum Orgasmus zu bringen, wie eine brave Ehefrau, die ihre ehelichen Pflichten erfüllt.

Am nächsten Morgen geht er ins Büro, obwohl Samstag ist, er muß Überstunden machen. Ich wache mittags auf und verlasse ebenfalls die Wohnung. Samstagnachmittag ruft er mich an, und nach ein paar zärtlichen Worten sagt er: »Ruf mich heute abend an, wenn du von der Verabredung mit deinen Freunden zurückkommst.«

Am Samstagabend, nachdem ich die alltägliche Liebe, die heilige Liebe genossen habe, Erwärmung des fleischlichen Planeten, gehe ich nach Hause zurück. Ich fühle mich traurig. Allein mit der Nacht. Bis Mitternacht drehe ich mich im Kreis, schließlich kann ich es mir nicht länger verkneifen, ihn anzurufen.

»Können wir sofort heiraten?«

»Ja.«

»Weißt du, was für Formalitäten man erfüllen muß?«

»Ich habe das noch nie gemacht, aber so schwierig kann es nicht sein.«

»Hast du eine Meldebescheinigung?«

»Ich lebe in einem Wohnheim. Ich müßte erst nach Shenzhen, meine Bescheinigung holen.«

»Und du weißt überhaupt, wen du da heiratest?«

»Nein.«

»Also dann, laß es mich dir erklären: Ich hatte viele Männer, sehr viele. Ich bin bekannt dafür.«

»Na und? Wir haben doch alle eine Vergangenheit.«

»Und wenn wir verheiratet sind, kann ich dann weiter mit anderen zusammen sein?«

»Tust du so etwas, will ich nichts davon erfahren. Wenn du dich in der Ehe bindest, übernimmst du Verantwortung.«

»Kann ich verheiratet und gleichzeitig frei sein?«

»Ich könnte es nie und nimmer ertragen, wenn du erst einen Anruf bekommst, dich dann schönmachen und die halbe Nacht verschwinden würdest!«

»Du willst sagen, du hoffst, daß ich eine häusliche Frau werde?«

»Sicher. Ich liebe dich sehr, das weißt du. Ich kann dich besuchen, wann immer du willst, und ohne Erklärung wieder gehen. Wenn du dich langweilst, kannst du mich besuchen und auf deine Kosten kommen. Aber wenn du das alles eines Tages leid bist und dich binden willst, heirate ich dich auf der Stelle. Doch an dem Tag, an dem ich dich heirate, gibst du alles andere auf.«

»Unmöglich. Hast du noch etwas hinzuzufügen?«

»Nein.«

So nah wie in diesem Moment war ich der Ehe noch nie gekommen.

Aber ich bringe mein Pferd gerade noch am Rand des Abgrunds zum Stehen.

Am Sonntagvormittag überschwemmt er mich mit einer SMS nach der anderen und läßt mich wissen, er habe die ganze Nacht nachgedacht, aber die richtigen Worte nicht gefunden.

Laß es sein! Ich habe auch die ganze Nacht nachgedacht. Und ich habe mich wieder an die Palette von Toilettenartikeln erinnert, die er bei sich zu Hause stehen hat. Ausnahmslos Marken, die ich nicht benutze: Duschgel von Aolishi, Männer-Shampoo von Luomannuo, Reinigungsschaum von Caishi, Deluxe-Seife, Handbalsam von Watson … Samstagmittag, ich hatte keinen Kugelschreiber dabei, amüsierte ich mich damit, mir diese

Sachen zu merken, denn ich hatte so eine Ahnung, daß ich sie nicht wiedersehen würde. Na bitte! Jetzt kann ich sie in meinem Blog ausbreiten.

13. Oktober 2003
Kompromittierende Fotos
Ich halte sie in der Hand und finde sie gar nicht übel. Ich zeige sie meinen Kollegen, die sie auch nicht schlecht finden.

13. Oktober 2003
Weiße Federn
Heute hat mein Blog meiner Freundin viel Vergnügen bereitet, nicht zuletzt weil sie endlich gelernt hat, aus dem Netz Nachrichten aufs Handy zu schicken. Sie hatte ihren Spaß daran, den ganzen Nachmittag lang mein Handy klingeln zu lassen. Schließlich war sie genervt von meinen laschen Antworten. Das einzige, worauf sie Lust hatte, war, »ihre Körperflüssigkeiten auszutauschen«. Sie fragte mich, ob wir am Abend zusammen essen gehen würden. Ich fragte sie, ob hübsche Typen dabei wären. Sie antwortete mir, das einzige neue Gesicht sei von einer Frau. Ich rief ihr ins Gedächtnis, daß ich nicht lesbisch bin und noch Arbeit vorzubereiten hatte.

Also aß ich bei McDonald's im Einkaufszentrum von Liuxing Qianqian, ehe ich die Boutiquen zwischen dem Zhonghua-Platz und der Peking-Straße abklapperte, um das Programm für den nächsten und übernächsten Tag festzulegen. Außerdem nahm ich wegen eines Artikels der folgenden Ausgabe Kontakt mit einigen Leuten auf. Alles geregelt … Auf der Straße, in der sanft wehenden Brise, komme ich mir vor wie ein weißer Vogel, der sich die Flügel glattstreicht. Mein Universum ist solide, sanft, ohne Aufregung … Jedes Ding an seinem Platz.

13. Oktober 2003
Coverbilder

Der Fotokünstler ruft mich an, will wissen, ob ich seine Bilder erhalten habe. »Ja, ich habe sie meinen Kollegen in der Redaktion gezeigt.«

»Und was halten sie davon?«

Der Kommentar eines Fotografen kommt mir in den Sinn, aber ich begnüge mich damit, ihm zu sagen: »Sie finden sie recht modern.«

»Schaffen sie es also auf das Cover der Zeitschrift?«

Scheiße! Ich platze beinahe vor Lachen. »Ich lege sie einstweilen beiseite«, sage ich, um ihm Mut zu machen.

Als ich wieder ins Büro komme, erzähle ich einem Kollegen von dem »künstlerischen Anspruch« dieses Fotografen. Auch er erstickt beinahe an seinem Lachen: »Mit dem Erfolg der Fotos sollte er lieber nicht so prahlen, verantwortlich ist allein das Motiv. Wenn unsere Modelle alle wären wie du, wären wir begeistert.«

Er will sagen, daß ich brav mitgemacht habe bei dem Spiel. Was das angeht, widerspreche ich nicht. Die anderen Fotografen haben alle dasselbe gesagt. Übrigens bin ich überzeugt davon, daß ich ausgezogen mit meiner Begabung deutlicher ins Auge springe als angezogen. Die Befreiung des Körpers ist der Indikator der menschlichen Entwicklung.

Natürlich habe ich für das Buch Fotos gewählt, auf denen ich angezogen, also anständig bin.

14. Oktober 2003
Haste mal 'ne Kippe für mich?

Am Nachmittag komme ich ins Büro zurück. Auf dem Weg über den Flur in die Redaktion zünde ich mir eine Zigarette an. Ich begegne einem süßen Typen, der mich fragt: »Haste mal 'ne Kippe für mich?«

Was für ein Lächeln er hat, zum Niederknien. Ich kenne ihn nicht, reiche ihm aber meine halb aufgerauchte Zigarette wei-

ter. Seine ausgestreckte Hand zieht sich unsicher zurück.
»Die?«

Oh, oh, ich spüre, ich bin zu weit gegangen … das Büro ist schließlich keine Bar. Ich mache kehrt, er folgt mir auf dem Fuß. Ich hole eine Zigarette von meinem Schreibtisch und gebe sie ihm. Ich höre das Geräusch seines Feuerzeugs. Dann macht er sich an die Arbeit. Manchmal, wenn unsere Blicke sich begegnen, lächeln wir uns verschwörerisch an. Seltsam. Ich weiß nicht, wie er heißt. Er weiß nicht, wie ich heiße … Ich bin wirklich müde, aber ich will auf keinen Fall über meiner Arbeit einschlafen, er könnte das womöglich merken. Verknalle ich mich vielleicht gerade in ihn …? Ich arbeite weiter. Dann geht er und winkt mir dabei dezent zu … Tja, Pech! Verpaßte Gelegenheit. Weder der richtige Ort noch der richtige Zeitpunkt.

14. Oktober 2003
Für Suyu
Das da ist dein Foto? Du hast tatsächlich Haare bis zur Taille? Wieso hast du denn deinen Zopf nicht aufgemacht und mich durch deine offenen Haare hindurch angesehen …

Ich erinnere mich an jeden Mann mit langen Haaren, mit dem ich Sex hatte. Lange Haare sind scharf.

15. Oktober 2003
Etappen
Für viele Männer und Frauen ist Sex die letzte Etappe des Kennenlernens. Für mich dagegen ist es die erste Etappe.

Meine Freundin sagt immer: »Du entdeckst in jedem Mann etwas Besonderes, sogar bei denen, die einem wirklich unbedeutend vorkommen.« Hey, ist doch normal, indem ich so anfange, bekomme ich alle Infos aus erster Hand.

15. Oktober 2003
Redefreiheit
»Jetzt hast du Redefreiheit«, sagt einer, der ein Hohlkopf
ist.
»Aber klar doch, ich richte meine Worte, gegen wen ich will.«

15. Oktober 2003
Mittwoch
Jeden zweiten Mittwoch muß die Redaktion Überstunden machen. Früher war es noch jeder zweite Dienstag, und
es dauerte meist ewig. Bis 2 oder 3 Uhr morgens! Meine erschöpften Kollegen fragten mich schon immer: »Wieso gehst
du denn nicht nach Hause? Du mußt doch nicht bleiben.«
Für meine Kolumne brauchte ich zwar nie länger als geplant, aber wenn ich die anderen hektisch um mich herumwu-
seln sah, hatte ich keine Lust, nach Hause zu gehen.
Am schlimmsten war es vergangenes Jahr, als der Gleichgültige als freier Journalist bei uns arbeitete. Zuweilen kam es vor,
daß alle zum Brainstorming dablieben, bis wir einen Titel oder
eine Headline für ein Thema gefunden hatten. Eines Tages
wurden dem Gleichgültigen sämtliche Vorschläge abgelehnt.
Tief getroffen ging er nach Hause. Ich brach ebenfalls auf.
Unterwegs schickte ich ihm eine SMS: »So spät und noch so
viele Leute, was kann es Besseres geben.« Er antwortete mir,
daß ich offensichtlich krankhafte Angst vor der Einsamkeit
hätte.
In Wirklichkeit bin ich einfach nur ziemlich gesellig.

16. Oktober 2003
Bewundernswerte Xiaomu
Heute war Xiaomu bewundernswert. Mittags telefonierte sie
mit einem völlig niedergeschlagenen Jungen: »Sei nicht traurig, es deprimiert einen ja, dich so zu sehen. Du hast ja kaum
noch die Kraft, mit jemandem zu reden. An dem Tag, als du

mir die Leviten gelesen hast, hast du ziemlich übertrieben. Und das ist noch milde ausgedrückt. Du siehst, wie stark Xiaomu ist. Wo sie geht, da weicht die Traurigkeit. Vorher war nur Xiaomu unglücklich, jetzt erfreut sie sich am Unglück anderer, ach ja … Sie liebt dich sehr, weißt du das? Laß dich nicht unterkriegen. Kämpfe!«

Heute abend hat sie einen Mann angerufen, der sich »auf die Straße des Glück« begeben hat: »Paß gut auf sie auf. Mädchen mögen es, wenn man sich um sie kümmert. Wenn ihr euch nicht sehen könnt, ruf sie von Zeit zu Zeit an. Bist du noch da? Es macht mich sehr glücklich, euch glücklich zu sehen. Sie ist ganz anders als ich. Ein ernsthaftes und sympathisches Mädchen. Sei mit ganzem Herzen bei der Sache …«

Xiaomu ist ein gutes Mädchen. Sie sammelt schon Punkte für ihre Reinkarnation.

15. Oktober 2003
Ich liebe Mu Zimei

Jemand namens Lways-whispering&id schrieb in meinem Blog:

> Ich liebe Mu Zimei. Ich hasse diese heuchlerischen Moralapostel, die gar nicht schnell genug ihre Hose aufkriegen, wenn sie anderen dabei zugucken können, und dann, wenn sie sich die Augen ausgeguckt haben, Skandal rufen und Zeter und Mordio schreien, die anderen als unmoralisch und anormal beschimpfen. Solche Leute sind niederträchtig. Am allermeisten hasse ich aber die, die behaupten, man soll sich selbst nicht ablehnen, und wenn man traumatische Erfahrungen gemacht hat, soll man zum Psychodoktor gehen. Verdammt, wieso schützt ihr euch denn nicht? … Wenn du Lust hast, dir die Augen auszugucken, nur zu, aber erspar uns dein Geschwätz!

Bin fast gestorben vor Lachen. Wenn jemals ein Wettbewerb mit den besten Kommentaren zu Mu Zimei veranstaltet werden sollte, erkläre ich dich sofort zum Sieger.

16. Oktober 2003

Unser Chef

Ich bin das Groupie meines Chefs. Meine Freundin kann das
bestätigen. Ich habe es schon lauthals herausgeschrien: »Ich
bete den Chef an! Worauf warten die Leute denn noch, um ihn
in den nächsten Vorstand zu wählen!« Wie eine Furie. In letzter Zeit bin ich jeden Tag in seinem Blog gesurft, denn er
schreibt einfach wunderbar. Nie hätte ich gedacht, daß ich mich
so Hals über Kopf in den Cyberspace stürzen würde, doch
für die schönen Augen des Chefs habe ich mich »Jiangzi« genannt und den Sprung ins kalte Wasser der öffentlichen Foren im Netz gewagt. Da ich weiß, daß ich von Hunderten In-
ternetnutzern beobachtet werde, die regelmäßig Gast im
Chatroom Paowang sind, mußte ich – schon am Rande der
Hysterie – darauf warten, daß der Chef sich zeigt, damit ich
mit ihm chatten kann. Aber er hat nicht die Angewohnheit,
sich in der Öffentlichkeit zu erkennen zu geben, und sein
Handy ist immer ausgeschaltet. Ich finde also keine Gelegenheit, ihn privat zu sprechen, bin gezwungen, es anders zu versuchen.

Damit habe ich ihn verletzt. Meine Ehrlichkeit, meine Offenheit kollidieren mit seinem schlichten, verschlossenen Wesen,
und er weiß es einfach nicht zu schätzen, daß ich Werbung für
seinen Blog mache.

Er gibt mir eine Unterrichtsstunde in staatsbürgerlicher
Schlichtheit, damit die Botschaft bei mir auch wirklich ankommt: Wenn du noch ein Kleinkind wärst, dann wärst du
wirklich niedlich mit einem Schnuller im Mund, aber in deinem
Alter ist das einfach nur lächerlich. Der Chef ist voller Fürsorge
mir gegenüber, aber ich bin eigensinnig. Er macht sich Vorwürfe, daß er es nicht geschafft hat, sich mir gegenüber verständlich zu machen. »Na schön, dann bin ich weg«, sage ich
zum Abschied. Adieu Cyberspace.

Das Porträt von »Mu Zimei«, vom Chef unterschrieben, gefällt mir sehr. Den ganzen Tag bin ich vor Freude herumge-
hüpft. Die einzige Möglichkeit, ihn nicht wieder zu verletzen,

besteht darin, seinen Namen nicht mehr zu nennen. Aber er hat mit seinem Tagebuch aufgehört. Ich bin das unglücklichste all seiner Groupies.

16. Oktober 2003
Autobiographie
Neulich hatte ich einen genialen Einfall: Ich könnte Hunderte von Männern aufzählen, die ich gekannt habe, und ihre Geschichte erzählen, als Serie. Wenn das bekannt wird, wie viele werden wohl eine Prämie auf meinen Kopf aussetzen?

Die »Postumen Liebesbriefe« haben eine Zukunft …

16. Oktober 2003
Mein kleiner Basar
Mein Blog ist mein Basar. Dahin werfe ich meinen Abfall. Dahin gebe ich meine Gefühle. Dahinein schreibe ich mein intimes Tagebuch. Dahinein gebe ich mich.

Man muß sagen, seine Geburt war ein Wunder. Man muß sagen, seine Geburt war Zufall. Er bot mir eine große Freiheit, die ich zum Schreiben genutzt habe.

Wäre mein Blog nicht mein Basar, wäre ich dann genauso gewissenhaft?

Man sollte seine Neugier im Zaume halten, sie ist ein übler Charakterfehler. Zumindest heißt es doch: *Curiosity killed the cat*? In »Naokos Lächeln« von Haruki Murakami sterben am Ende die, die die Katze töten. Ein schlechtes Vorzeichen.

Wenn ich mein Leben damit verbringe, neugierig auf mich selbst zu sein, wird dieser Makel dann durch meine fortwährenden Tode ausgeglichen?

16. Oktober 2003
Rhesus negativ

Heute erhielt eine Freundin das Ergebnis meiner Blutunter-
suchung: Ich habe Blutgruppe B. Das ist schlechtes Blut. Un-
heilvolles Blut.

Oder wieso sagt man: »niuB«, »shaB«, »saoB«, »jianB«[*] …

20. Oktober 2003
Guten Tag, guten Abend
UNWIDERRUFLICHE ENTSCHEIDUNG

Wie an einem verfrühten Herbsttag, wenn die Fußgänger den
Kragen hochschlagen und schneller gehen, aus lauter Angst,
man könne sie belästigen, werde ich abgefertigt.

Andere nehmen das Risiko auf sich, in das Loch zu springen, aber das Ergebnis ist deswegen nicht überzeugender.

Er hat mich mehrfach gebeten, nicht über ihn zu schreiben.
Ich habe es indirekt doch getan. Seit wann befolge ich schließlich die Befehle anderer?

Die Blogger mit dem richtigen Gespür haben es gleich gemerkt.

Plötzlich hat er Schiß gekriegt und unsere Verabredung im
letzten Moment abgesagt. Er hatte eine gute Ausrede. Doch
in Wirklichkeit hat er der Sache ein Ende gemacht, weil er eine
Wiederholung vermeiden wollte.

AN DIE MACHT GEKOMMEN

Zehn Minuten nachdem er unsere Verabredung abgesagt hat,
finde ich einen Ersatzmann, später noch einen zweiten.

Ich habe es gern, wenn der Fluß meiner Beziehungen nicht
unterbrochen wird. In jeder Phase beobachte ich die Veränderungen, die vor sich gehen, und ziehe neue Optionen in Erwägung.

---

[*] »Schlampe«, »Ziege«, »Idiot«, »Hure«.

Als wir abends zum Essen ausgehen, bestelle ich ein höchst ausgefallenes Gericht: Schildkröte mit Feuerschwamm.

Ich rede viel; er zeigt seine Freude nicht. Ich sage ihm, ich sei sehr beschäftigt, und wenn ich nicht gerade Artikel verfasse, schreibe ich meinen Blog. Bei diesen Worten wirft er das Glas mit den Zahnstochern um. An die vierzig hölzerne Stäbchen auf dem ganzen Tisch verteilt. Wir lachen nervös, was eine ohnehin schon spannungsgeladene Atmosphäre noch weiter anheizt.

Unseren Plan, zu einer Party zu gehen, verwerfen wir, er will lieber einen Spaziergang am Flußufer machen. Dann schlägt er vor, über den Campus der Zhongshan-Universität zu gehen und die U-Bahn zu nehmen.

Aber unterwegs ändert er seine Meinung. Deserteur.

VERWIRRT

Die Party findet in einem großen Gebäude statt. Jemand dirigiert mich telefonisch: »Ich sehe dein Taxi mitten auf der Straße. Sag dem Fahrer, er soll drehen. Dann noch zwanzig Meter.«

Der Klang seiner Stimme gefällt mir gut. Er winkt vom Fenster aus, und als Antwort breite ich die Arme aus. Ich kenne ihn nicht.

An den Wänden hängen Bilder aus Japan und der UdSSR. Ich höre die »Alpensinfonie« von Strauss, Griegs »Morgenstimmung«, später die »Ouvertüre 1812« von Tschaikowski.

Ein Dicker singt zu Klavierbegleitung. Eine Ungarin kümmert sich um die Chöre mit den Chinesen. Der Mann, der mich begrüßt hat, schlägt mir vor, ich solle mich unter den Chor mischen. Ich schüttele den Kopf. Er holt mir ein Bier. Ich betrachte seine Lippen und seinen Spitzbart. Wo es Promiskuität gibt, lauert Gefahr.

Ich setze mich hin. Ein Mädchen neben mir sagt, ich hätte Stil. Ein Typ klopft mir auf die Schulter und reicht mir einen Aschenbecher.

Diese Art Veranstaltung ist immer gut, um Kontakte zu knüpfen. Aber es wird dunkel, ich muß gehen.

Er steht am Fenster und reicht mir die Hand, nimmt meine kleine, kalte Hand. Er will, daß ich bleibe und mit ihm einen Happen esse.

Ich schüttele den Kopf.

»Bist du schüchtern?«

Der Ärmste, wenn der wüßte!

»Ich werde erwartet.«

»Triffst du deinen Freund?«

Unsere Hände schweben in der Luft.

»Einen Liebhaber.«

Ich mache auf dem Absatz kehrt und verschwinde.

SELTSAM

Mein Taxi fährt auf die Umgehungsstraße. Ich bekomme einen Anruf. Da es durch das Fenster zieht, verstehe ich die Stimme nicht gut.

Ich nenne einen Namen. Er sagt, falsch. Früher erkannte ich seine Stimme immer, scheint es.

»Aber du hast wirklich die Stimme meines Schulfreunds von früher.«

»Schulfreund? Aus dem Alter bin ich raus.«

»Von der Uni? Unmöglich. Mit den Leuten habe ich keinen Kontakt mehr. Kennen wir uns gut?«

»Sehr gut sogar.«

»Tja dann, wieso erkenne ich dich denn nicht? Haben wir miteinander …?«

»Nein.«

»Sag mir wenigstens deinen Namen, sonst tut es mir noch leid, daß ich mich so lange mit dir aufgehalten habe.«

»So ist es aber lustiger.«

»Na los, sag schon, wer du bist.«

»Ich bin …«

O nein, das muß ja wohl nicht sein … Das ist einer, in den ich mal verliebt war. Wir haben viel geredet, aber sonst ist nichts passiert.

Er hat einfach nur angerufen, um sich zu erkundigen, ob ich

201

das Mädchen sei, das er auf der Huanshi-Straße gesehen hatte:
»Sie sah dir sehr ähnlich, vor allem mit der Frisur.«

Ich weiß nicht, was ich sagen soll.

»Sehen wir uns demnächst mal?«

»Haha.«

Mir tut leid, was ich gerade gesagt habe. Ich habe zu schnell
geantwortet. Sechs Jahre kennen wir uns jetzt schon, und er
weiß, wie ich bin.

Wir machen keine Fortschritte.

Der Liebhaber

Als ich aus dem Taxi steige, erwartet mich der Liebhaber an
der Kreuzung. Wie selbstverständlich hake ich ihn unter.

»Meine Freundin ist gerade gegangen«, posaunt er ganz offen aus.

Wir gucken uns einen Film an. Kaum zehn Minuten später
zieht er mich ins Bett.

»Du bist dünn.«

»Zieh mich aus.«

Er redet weiter.

»Hast du nicht gesagt, daß du gern Sex hast?«

»Sobald ich dich sehe, na klar.«

Obernull. Er ist sehr erregt, aber nicht hart genug.

»Willst du Hilfe?«

Ich helfe ihm. Er wird hart.

»Soll ich nicht ein Kondom nehmen?«

»Keine Angst, ich nehme die Pille.«

Ich kann zärtlich und sehr sanft sein.

Wenn ich mir einen Liebhaber nehme, werde ich sehr um-
gänglich. Auf die Gefahr hin, es manchmal zu bereuen. So wie
bei einem früheren, der einmal, wir waren gerade mittendrin,
zu mir sagte: »Ich werde dich bestrafen, weißt du?«

Er war vielleicht nicht glücklich damit, daß ich so leicht zu
haben war. Aber dabei habe ich nie jemandem wirklich gehört.

»Bestraf mich«, antwortete ich brav wie ein Kind, das gerade
eine Dummheit gemacht hat.

Er bestrafte mich, indem er in meine Vagina ejakulierte.

»Weshalb bist du so unterwürfig?« fragte er mit gequältem Gesichtsausdruck. Er wollte, daß ich ihn hasse.

Aber nein.

Erst an meiner Zustimmung hatte er, wie der andere auch, seinen Spaß. Meine Unterwürfigkeit machte ihn an. Anschließend umarmte er mich ganz kleinlaut und streichelte mich.

Diesem hier tut es in der Seele weh, daß ich mich nicht schütze.

Als ich den Wasserhahn an der Dusche aufdrehe, stößt er die Tür auf und sagt: »In einer Minute ist das Wasser heiß.«

Und dann bleibt er ganz ruhig stehen, ein paar Sekunden. Als ich fertiggeduscht habe, reicht er mir ein sauberes Handtuch. Er sieht mich an, als wolle er etwas sagen. Er zögert. Was soll er machen. So etwas wie Liebe habe ich nie verlangt. Und er ist unfähig, Liebe zu geben.

Er sagt sich bloß, er müsse mich ein wenig besser behandeln.

Die DVD flimmert immer noch über den Bildschirm. Er nimmt mich in die Arme und sieht sich den Film mit mir an, obwohl er ihn nicht mag. Seine Hand streicht über meinen Schenkel.

»Was ist das?«

»Blut. Ich habe mich auf dem Sofa verletzt, gerade vorhin.«

Er sucht nach dem, was mich geschnitten haben könnte. Er findet eine Glasscherbe.

»Vor zwei Tagen ist eine Scheibe zerbrochen«, sagt er und zeigt in Richtung Fenster.

»So ein Pech aber auch, daß sie unter mir gelandet ist.«

Lächelnd sehe ich ihn an. Seit ich ihn kenne, zeige ich ihm immer dasselbe zuckersüße Lächeln. In welcher Situation auch immer.

»Bleib still sitzen. Ich gehe ein Pflaster holen.

»Nicht nötig, es blutet schon nicht mehr.«

Er zögert einen Moment und gibt dann nach. Man könnte meinen, er wolle mir die Entscheidung überlassen.

Er ist eingeschlafen. Heute hat er Überstunden gemacht. Und nur drei Stunden geschlafen. Hart.

Gegen Ende des Films wird der Held zum Tod durch Erhängen verurteilt, das heißt, er wird genau das erleiden, was er anderen zugefügt hat: den Strick.

Auf dem weißen Sofa sind frische Blutspuren zu sehen: drei Flecke.

Die Moskitonetze vor den Fenstern sind ebenfalls weiß. Der Wind hebt sie an. Er bleibt oft allein hier. Was für ein Eigenbrötler.

Auf dem Bücherregal lese ich »Erotisches Wörterbuch von Murakami«. An der Wand ein riesiges Foto seiner Verlobten. Sie trägt ein weißes Kleid und thront ganz allein mitten im Bild. »Ich werde sie heiraten«, hat er mir schon angekündigt.

Nach dem vorherrschenden gesellschaftlichen Muster: Wenn eine Frau sich gut um einen Mann kümmert, gründet er mit ihr einen Hausstand.

Früh am Morgen lege ich mich dicht neben ihn. Sein Schwanz erhebt sich immer wieder und berührt meine Hand. Der geschickte kleine Teufel scheint mir guten Tag sagen zu wollen. Er wirkt wie ein kleines, niedliches Hündchen, das sich alle Mühe gibt, mir näher zu kommen. Und heißt es denn nicht, der Hund sei das treueste von allen Tieren?

Wie kommt es bloß, daß er seine Herrin nicht erkennt? Wer kümmert sich all die Jahre schon um dich, beschützt dich, gibt dir zu fressen? Ich nicht, soviel ich weiß!

Schelmischer kleiner Teufel, du erwachst zum Leben und zwingst dein Herrchen, mir guten Tag zu sagen.

Wir kommen noch mal. So.

20. Oktober 2003
Morphium

Heute im Büro hat einer »The Night« von Morphine aufgelegt. Der Sound ist kantig und rauh.

»Post-Punk und leicht jazzig«, sagt er. Morphium, fügt er

hinzu, der Gleichgültige hat einen Eintrag mit dem Titel »Morphium« geschrieben. Ach! Das bringt mich auf eine Idee. Ich könnte mir mal einen Schuß setzen.

21. Oktober 2003
Sie wurde gesehen
Mehrere Leute lassen mich wissen, sie hätten Mu Zimei gesehen.

Nachmittags gehe ich zum Kiosk runter, um mir die neueste Ausgabe von »Marie Claire« zu holen. Auf dem Titel, groß aufgemacht: »MU ZIMEI – SEX, CITY UND INTIMITÄT«.

Die Typographie ist blaß, die Strichführung der Zeichen dünn. Vor allem die Ideogramme »Mu« und »Zi«. So wenige Federstriche, um diese beiden Schriftzeichen zu bilden! Auf dem Cover wirken sie wie ausgehöhlt. Ich fühle mich nicht sehr wohl beim Anblick dieses Namens, der so unbeständig scheint. Als blickte ich auf jemanden, der mir ähnlich sieht oder genau dieselben Klamotten trägt wie ich. Der aber gleichzeitig kaum noch was mit mir zu tun hat.

Ich schlage die Zeitschrift auf der Seite mit der Reportage über Mu Zimei auf. Das große Foto wurde bei einer U-Bahn-Station vor einem Park aufgenommen. Da sie den Fotografen von unten anschaut, ist der Oberkörper nach vorn geneigt. Die Schultern und der Kopf darüber sind merkwürdig gebeugt. Höchst seltsam.

Die beiden folgenden Fotos zeigen, wie die Bildunterschrift betont, Mu Zimei »melancholischer als erwartet«.

Ich erkenne sie nicht wieder. Wie und warum erscheinen ihr Name und ihr Körper gedruckt auf Papier. Was für Gefühle mag sie bei ihren Liebhabern hervorrufen, die sie so sehen?

21. Oktober 2003

Bitterer Mond

Eingeschnürte Liebe. Originaltitel: *Bitter Moon*, französischer Titel: *Lunes de fiel.*

Während des Vorspanns merke ich zu meiner großen Überraschung, daß es sich um den Film handelt, von dem ich seit einiger Zeit immer wieder gehört habe.

In einer Winternacht im vergangenen Jahr habe ich einen Typen in Peking angerufen, um ihm zu erzählen, daß ich allerlei Erfahrungen gemacht hätte und sogar eine Beziehung zu einer Frau in Erwägung zöge. »Sieh dir *Bitter Moon* an, und du wirst entdecken, daß es tief im Innern des Geschlechts kalt und düster ist«, gab er mir zur Antwort.

Anfang des Monats hörte ich zufällig ein Gespräch zwischen einem Mann und einer Frau an, in dem es um diesen Film ging. Sie einigten sich darauf, daß es sich um die Vision einer trostlosen Liebe handele. »Wenn du gerade verliebt bist und ihn dir ansiehst, würde es mich wundern, solltest du hinterher Lust haben, darüber zu reden. Oder sogar Sex zu haben. Der Film macht eher Lust darauf, sich in seiner Ecke vom Bett weit weg vom anderen schlafen zu legen und sich am nächsten Morgen mit denkbar größter Gleichgültigkeit zu trennen.«

Als ich mir abends die DVD im Bett ansehe, passiert rein gar nichts.

Ich stimme dem Schriftsteller, dem alten Oscar, voll und ganz zu. Ich pflichte seiner Sichtweise des Sex, der Liebe und der Freiheit aus vollem Herzen bei.

Wäre da nicht diese ungeschickte und engstirnige Mimi, die ihn am Ende, als er verletzt im Krankenhaus liegt, halb aus dem Bett zieht, diese Mimi, derentwegen er querschnittsgelähmt und impotent ist, könnte Oscar so weiterleben, wie er es versteht.

Oscar hat nicht unrecht. Schönheit ist vergänglich. Die eine Sekunde liebe ich dich noch, die nächste nicht mehr, wo ist das Problem? Wieso entfremden sich so viele Leute einander? Im

Namen welcher Art von Liebe muß man unter Treue und Eingesperrtsein leiden?!

Du und ich haben die Leidenschaft gekostet. In dem Augenblick, in dem ich am meisten liebe, mache ich dich am glücklichsten. Was will man mehr.

Diese Mimi, ich kann sie nicht ausstehen. Sie verschwendet nicht nur ihr Leben, sondern auch das von Oscar gleich mit.

Solange sie sich Milch über die Brüste gießt, um Oscar daran lecken zu lassen, solange sie Oscars frisches Blut aufsaugt, als er sich beim Rasieren geschnitten hat, solange sie lasziv tanzt … so lange … ist sie hinreißend.

In sexueller Hinsicht vollbringt sie wahre Wunder, doch für alltägliche Haushaltspflichten ist sie wohl kaum geschaffen. Sich um Kinder kümmern, den Besen schwingen und kochen, das ist einfach nicht ihre Welt, aber das begreift sie nicht. Als Oscar ihr den Laufpaß geben will, klammert sie sich verzweifelt an ihn und gesteht ihm zu, sie nicht zu lieben, so viele Geliebte zu haben, wie er wolle …

Haha, klasse! Das erinnert mich an jene Ehen, die nur dem Namen nach existieren und in denen sonst alles faul und tot ist. Abgesehen davon, verwelkt und verblüht Madame mit jedem Tag.

Die Botschaft von *Bitter Moon* ist eindeutig: Wenn ich meine Freiheit will, darf ich mich weder verlieben noch geliebt werden. Ein Leben jenseits der Grenzen führen. Noch in den schlimmsten Momenten bewahrt sich Oscar einen Sinn für Humor, der seinen überreizten Nerven angemessen ist.

22. Oktober 2003

»Sex and the City«

Geht zu folgender Adresse: http://www.blogcn.com/user/xixi/

Macht den »Sex and the City«-Test.

Ich hatte insgesamt achtunddreißig Punkte. Ich bin Typ Carrie mit einem Hauch Miranda.

16. Oktober 2003
Gute Tat

Mittag. Meine Freundin schickt mir eine SMS und teilt mit, sie liege im Bett und sei kurz vor dem Krepieren.

Auch ich leide wie ein Hund, bei den gewaltigen Zahnschmerzen, die ich seit zwei Tagen habe.

»Vielleicht bist du einfach zu nervös«, meint sie.

Ich antworte, daß ich vorher, ob nun nervös oder nicht, aber keine Zahnschmerzen gehabt habe. Vielleicht das Alter?

»Genau. Von nun an geht es rapide bergab.«

Um 3 Uhr schleppt sie ihren kranken Körper ins Büro. Ich tue dasselbe.

Nach der Sitzung gehen wir zusammen weg. Ich hebe Geld ab und lade sie zum Abendessen ein ... Ich habe nur sie, sie ist meine einzige Freundin auf der ganzen weiten Welt. Da muß ich mich doch um sie kümmern.

Na, sagen wir, das war heute meine gute Tat.

16. Oktober 2003
Höflichkeiten

Auf den ersten Blick bin ich enttäuscht. Ich weiß nicht, wieso, aber als ich sein Buch las, stellte ich mir einen attraktiven jungen Mann vor. In Wirklichkeit ist er zu groß, runzlig wie ein alter Apfel, und wenn er lächelt, legt sich seine Haut in Furchen wie vertrocknetes Brot. Am schlimmsten ist, daß er völlig beliebig daherredet. Ehe er ging, meinte er mit honigsüßer Stimme zu mir: »Wir können viel unternehmen, da wir ja nun alle in Peking sind! Wenn du Sex willst, kein Problem.« Was für ein Schock! So einem Mann bin ich noch nie begegnet, derart direkt und fähig, mit der freundlichsten und aufrichtigsten Miene der Welt solche Sachen zu sagen. Mit offenem Mund stand ich da. So einen Annäherungsversuch hatte nun wirklich noch keiner bei mir gewagt. »Nein danke, nicht nötig«, antwortete ich.

Die Frau, die diesen Text geschrieben hat, ist die Literatur-kritikerin Zhao Zhao. Es geht um She Kang, den Schriftstel-ler aus Peking und seinen jüngsten Roman.

Ich habe noch nichts von She Kang gelesen, aber was er hier sagt, ist perfekt: »Wir können viel unternehmen, da wir ja nun alle in Peking sind! Wenn du Sex willst, kein Problem.«

Ich habe mein Alter ego gefunden. Es ist völlig unnötig, daß sich Mann und Frau mit dem Austausch von Höflichkeiten belasten.

Auf dem Nachhauseweg laufe ich einem Typen über den Weg, der mich sehr seltsam anlächelt.

»Das ist der Kumpel eines Typen, der zu Uni-Zeiten mein Liebhaber war«, erkläre ich meiner Freundin. »Er hat uns im-mer hinterherspioniert, wenn wir zusammen waren.«

Danach lasse ich mich von einem großen Kahlköpfigen an-quatschen, der mich schüchtern grüßt.

»Weißt du, der Typ leidet an einer Geschlechtskrankheit«, kichere ich meiner Freundin ins Ohr.

Der Klassiker: Eines Tages landeten wir bei ihm. Er war völ-lig blau und bat mich schließlich zu gehen. Deutlich erkenn-bare Erektionsprobleme. Aber weil er Angst hatte, ich könnte ihn für impotent halten, erklärte er mir ganz feierlich: »Ich habe eine Krankheit, und ich will dich nicht anstecken.«

Kaum habe ich meine Geschichte erzählt, höre ich, wie je-mand meinen Namen ruft. Ich drehe mich um. *Fuck*, ein »schon Gefickter«! Ich freue mich wirklich, ihn wiederzuse-hen. Ich stelle ihn meiner Freundin vor. Dann kneife ich ihn in die Taille und schlage ihm ohne Umschweife vor: »Bist du im Moment solo? Wenn du etwas Zeit hast, können wir doch zu mir gehen und ficken.«

Ich habe so laut gebrüllt, daß der Hausmeister mich gehört hat.

Echt Spitze! Heute haben sie sich ja wirklich abgesprochen. Man könnte fast sagen, sie stehen Schlange bei mir. Heute ist eben mein Tag.

17. Oktober 2003
Sich Mühe geben
Wieder habe ich die Nacht mit Schreiben verbracht. Ich muß nur noch ein oder zwei Details den letzten Schliff geben. Ich blogge, um mir Mut zu machen.

Den letzten Kommentar, den meine Freundin nach Durchsicht meiner kompromittierenden Fotos verfaßt hat, habe ich aufbewahrt: »Du bist ein gerissenes Mädchen, du bist eine Lolita.« Gerissen ist okay, aber eine Lolita bin ich nun wirklich nicht.

Sie meinte, es mache ihr mehr und mehr Spaß, Bemerkungen in meinen Blog zu schreiben. Ich meinerseits habe ihren Blog nie gelesen, kenne nicht einmal den Link. Aber wenn sie schlagfertige Kommentare über mich abgibt, hebe ich sie auf. Haha, es scheint, daß ihre Seite nach meinem Eintrag »Gute Tat« gestern sehr gut besucht war.

Bestimmt schläft sie in diesem Augenblick friedlich, denn sie sagt immer: »Nur wenn ich schlafe, komme ich in Form.« Eigentlich sollte ich jetzt wirklich mal anfangen, ernsthaft zu arbeiten, und endlich mehr verdienen, damit sie sich keine Sorgen um die Zukunft mehr machen muß. Gestern wollte ich ihr eine Freude machen und sagte: »Gib das Geld, das du verdienst, für Blumen aus, denn es gibt bestimmt irgendwo einen reichen Typen, der nur auf dich wartet. Und andernfalls hast du ja noch mich.«

Aber ich habe wirklich ein schlechtes Gewissen, wenn ich so rede. Was bin ich doch für eine Heuchlerin.

22. Oktober 2003
Wie alt?
Vor zwei Jahren habe ich einen Test gemacht, um mein psychologisches Alter zu ermitteln. Ergebnis: Ich war zweiunddreißig.

Gestern schickte man mir einen neuen Test (ich glaube nicht, daß es derselbe war). Ich war immer noch zweiunddreißig.

Starkes Stück! Ich bin zwei Jahre jünger geworden.

26. Oktober 2003
Über die Einsamkeit
Bist du einsam?

Ich bemühe mich sehr, es zu sein – denn für jemanden, der nicht an die Liebe glaubt, bietet das einen Raum unbegrenzter Möglichkeiten.

27. Oktober 2003
Verliebt
BABY
Auch wenn Xiaomu nicht mehr existiert, hat sie dennoch das Gespenst von Xiaomi getroffen.

Sie begegnen sich im Zwischengeschoß des Baby Coffee Shop auf einer Couch voller Kissen.

Sie spielen das Wahrheitsspiel, um die Vergangenheit wiederzubeleben.

»Wie hast du dich mit Xiaomu gefühlt?«

»Wie in einer anderen Welt.«

»Wie fandest du sie damals? Und was bedeutet sie dir jetzt?«

»Sie ist so wahrhaftig, so offen. Heute betrachte ich sie als Freundin.«

Als sie gehen, fragt der ehemalige Xiaomi die ehemalige Xiaomu: »Bist du glücklich?«

»Jetzt nicht mehr. Das ist deine Schuld. Seit es Xiaomu nicht mehr gibt, bin ich nicht glücklich. Aber das liegt in meiner Natur.«

»Sei nicht unglücklich«, sagt Xiaomi besorgt, als er geht.

KLEINES MÄDCHEN
Xiaomi ist gegangen, weil er sich verliebt hat. Die virtuelle Xiaomu hat ihm zu der Einsicht verholfen, daß es für ihn besser wäre, eine reale Frau kennenzulernen, um sich mit ihr ein gemeinsames Leben aufzubauen. So hat also Xiaomu dazu gedient, bei ihm den Wunsch nach einem normalen Leben zu wecken.

»Wenn deine Schöne dich eines Tages nicht mehr will, brauchst du nur in unsere kleine Welt zurückzukehren, ich werde dasein.«

»Du verrücktes kleines Mädchen!«

Ich liege ausgestreckt auf meinem Bett. Als ich die Worte auf dem Display meines Handys auftauchen sehe, beginnen meine Tränen zu fließen, eine nach der anderen.

Aber ich trockne mir die Augen. Ich darf nicht zeigen, daß ich geweint habe, wenn gleich meine Verabredung kommt. Die fallengelassene Xiaomu wird sich verlieben und dabei die Klippen umschiffen, die ihr bei Xiaomi alles verdorben haben.

»Das ist ein schlichter Typ, der nicht zur üblichen Clique gehört. Bei ihm werde ich finde, was du mir nicht geben kannst.«

RENDEZVOUS

Er kommt auf mich zu, ganz in Rot gekleidet. Ich bin still wie ein schlafendes Gewässer. Er liebt mich, aber er ist nicht Xiaomi.

Wir gehen am Ufer des Perlflusses entlang. Ein Saxophonspieler lehnt an einem Maschendrahtzaun. Ein alter Mann. Er müßte sich dringend mal waschen. Auf seinem Koffer liegen seine Noten. Man kann darauf lesen: »Weltmusik. Verträumte Melodien«. Daneben hat er eine Dose für das Geld aufgestellt.

Er bleibt stehen, um dem Alten zuzuhören, denn er spürt, daß ich mich von der Musik angezogen fühle. Als das Stück zu Ende ist, sage ich: »Wir haben ihm nichts gegeben.«

Er zieht fünf Yuan aus der Tasche. »Gib ihm das.«

Dann bitten wir ihn, »Butterfly Lovers« zu spielen. Sein Saxophon müßte dringend repariert werden, aber sein gebrochener Klang ist voller Melancholie. Im letzten Takt lehnt sich der Saxophonspieler an meine Schulter, und ich applaudiere.

Wir gehen weiter bis zur nächsten Gruppe von Menschen, die einer kleinen, drallen Frau zusehen, wie sie einem Mann Salsa und Twist beibringt. Auf ihren wackeligen Pfennigabsätzen dreht sie sich begeistert und wirbelt herum. Ich habe Angst, daß sie womöglich auf die Nase fällt.

Außerdem kommen wir noch an einer Fußballmannschaft und einem Verkäufer von Grillspießchen und Bonbons vorbei ... Dieses Ambiente sorgt für Gefühle der Verliebtheit. Wir gehen weiter.

CAFÉ

Wir betreten ein Café. Wir steuern auf das Sofa in der Ecke zu. Ich setzte mich im Schneidersitz hin und nehme mir ein Buch.

»Fühlst du dich wohl so?«

»Sehr wohl.«

»Wenn man die Beine anwinkelt, will das heißen, daß man unbewußt das Bedürfnis hat, sich zu schützen.«

Ich lächle und strecke meine Beine über seine aus. Er nimmt meinen kleinen Fuß, als wäre es meine Hand: »Der ist ja eiskalt. Es kümmert sich wirklich keiner um dich.«

Eine Tussi taucht auf. Andauernd ist sie hinter mir her. Wegen ihres Auftretens bringen die Leute mich oft mit ihr in Verbindung, aber unsere Wege sind ganz andere.

19

Das ist die Nummer einer Wohnung, in die ich mit ihr will. Er folgt uns.

Ich nehme einen kleinen Hund hoch auf den Arm. Er heißt Curl. Ich setze mich mit ihm hin und gebe ihm einige Crakkers, ehe ich ihn wegschiebe. Ich spüle mir die Hände mit Bier ab, um mich zu desinfizieren. Hunde mag ich immer weniger. Das hat vor allem mit der Haut zu tun.

Er gibt sich Mühe, mit meiner Freundin zu reden. Er rühmt sich damit, gesellig zu sein. Er will ihr eine Freude machen und gleichzeitig mir einen Gefallen tun.

Ich nehme Curl das Halsband ab und lege es mir um den Hals. Es paßt mir! Ich kann es sogar schließen. Ich habe also einen genauso dünnen Hals wie ein Hund.

Mit dem Halsband, finden die beiden, sehe ich ziemlich

gothic aus. Sie sagen, jetzt fehlt mir nur noch ein Abendkleid. Plötzlich bekomme ich Lust. Ich nehme das Mädchen in meine Arme. Darauf hat sie nur gewartet. Ich küsse sie auf den Mund, küsse ihren Hals und ihre Ohren. Sie beißt mich in die Schulter.

Er fühlt sich ausgeschlossen. Und es ist ihm schrecklich peinlich.

Zurück nach Hause
Im Bett hält er sich bis 3 Uhr morgens zurück. Was für eine Beherrschung. Je stärker er ist, desto mehr scheint er mein Geliebter zu sein. Er hofft es bald zu werden. Er küßt mich in einem fort. Je mehr er mich küßt, desto mehr scheine ich seine Geliebte zu sein.

»Ich habe meine Tage.«

»Ich weiß.«

Er vergräbt den Kopf in meinen Haaren. Sie sind wie Stroh. Ich spüre, wie er lautlos schluchzt. Versuch, ein bißchen netter zu sein. Wie denn? Blas ihm einen, damit wir es hinter uns haben.

»Jiangzi, Jiangzi, Jiangzi«, wiederholt er in einem fort.

Jetzt weiß ich, daß er Jiangzi liebt.

»Jiangzi, ich komme.«

Ich sehe, daß ihm das weiße, klebrige Zeug von Herzen kommt. Es folgen noch einige Tropfen, ehe er Zeichen von Schwäche erkennen läßt. Lächelnd spiele ich das Spiel mit, sehr weit von meinen und von seinen Gefühlen entfernt.

»Es ist meine Schuld, ich konnte nicht einschlafen«, sagt er bedauernd.

Er findet wohl, daß ich zu nett gewesen bin.

Es ist Tag. Er will zur Arbeit.

»Ich mache dir was zu essen«, sagt er.

Die Liebe verlieren
Es stimmt nicht ganz, wenn ich sage, ich sei unfähig, der Liebe zu begegnen, aber man muß zugeben, daß ich wohl eher dazu

neige, sie zu verlieren. Ich muß die Erinnerung an Xiaomu und Xiaomi weiter pflegen. Das Andenken an die andere Welt bewahren.

Ich bekomme eine SMS: »Denke seit gestern an dich. Immer stärker, dann wurde ein Sturm daraus. Muß dich ganz schnell sehen.«

Ich schicke die SMS an den ehemaligen Xiaomi weiter und stelle mein Handy für den Rest des Tages ab.

29. Oktober 2003
Erklärungen
Gestern abend habe ich fünf Stunden mit einem Mann verbracht, über den ich schon einmal in meinem Blog berichtet habe. Gestritten haben wir uns nicht, aber wir hatten einiges zu klären. Die Bitterkeit zu vertreiben. Schweigend sahen wir uns an, beinahe hätte ich geweint.

Es war rührend: »Du kannst nichts dafür. Du weißt nicht, wer Mu Zimei ist, du kannst es nicht mal ahnen.«

»Du kannst auch nichts dafür. Du führst ein intimes Tagebuch.«

Das Ganze gipfelte in meiner Weigerung, jenen Teil des Blogs zu löschen, der ihn betrifft. Am Ende sah er es ein.

Als wir uns trennen wollten, nahm er mich in die Arme und preßte mich fest an sich. Was für ein Mann!

29. Oktober 2003
Die neunmalkluge »Cosmopolitan«
Wenn ihr die November-Ausgabe der »Cosmo« habt, schlagt die Seite 98/99 auf.

Ich habe große Zweifel an der Seriosität der Autorin dieses Artikels, und ich frage mich, ob das hohe Ansehen der Zeitschrift gerechtfertigt ist.

Meine Freunde haben gesagt, ich bräuchte bloß wegen Verleumdung zu klagen.

Der »Cosmo« müssen eindeutig mildernde Umstände zugebilligt werden. Immerhin habe ich der Zeitschrift ein Interview verweigert – woraufhin die Reporterin einfach geschrieben hat, was sie wollte.

1. Der schwerwiegendste Irrtum: Sie nennt meinen Blog »Sexuelles Tagebuch von Mu Zimei« statt »Postume Liebesbriefe«. Ich habe den Eindruck, daß sie nur einen sehr flüchtigen Blick auf meine Website geworfen hat. Jedenfalls kann sie nicht eine einzige Zeile gelesen haben, sonst hätte sie sich nicht mit dem Titel geirrt.

2. Verleumdung in direktem Zusammenhang mit Punkt 1. Da die Autorin sich nicht die Zeit genommen hat, mich zu lesen, begnügt sie sich damit, allerlei Klatsch und Tratsch weiterzuerzählen, und zwar in der Art von: »Mu Zimei, die Autorin einer sexuellen Chronik in einer gewissen Zeitschrift, hat ihr intimes Tagebuch im Internet veröffentlicht. Dort enthüllt sie ihre munteren Spielchen, und alle Helden ihrer Affären sehen sich entblößt und in ihrer wahren Identität preisgegeben.« Man beachte das »in ihrer wahren Identität«. Wer immer meinen Blog gelesen hat, weiß, daß das absurd ist. Wie kann eine Modezeitschrift von Niveau derartige Verleumdungen verbreiten?

3. Sensationspresse. Trotz all ihrer Faulheit hat die Reporterin eine Stippvisite bei Google gemacht und sich ganz offensichtlich von dem Artikel einer anderen Zeitschrift, der »E Time Weekly«, einem echten Skandalblättchen, beeinflussen lassen. Sie schreibt: »Den Grund für den Exhibitionismus der Mu Zimei werden wir nie erfahren. Glaubt sie, daß die Denunziation eine Form des Muts ist? Was für Leistungen will sie mit ihren Anwandlungen unter Beweis stellen? Es ist müßig, nach einer Erklärung zu suchen. Seit Mu Zimei bemerkt hat, daß die Menge der Klicks auf ihrer Seite abgenommen hat, hat sie ihre Provokationen in jeder nur denkbaren Weise weitergetrieben, um neue Blogger anzulocken.« Damit wäre die Anpassung des Niveaus nach unten bewiesen.

4. Reißerische Aufmachung. In direktem Zusammenhang

mit Punkt 3. Als seien zwei Seiten extrem schlecht recherchierter Kritik noch nicht genug, erlaubt sich das Titelblatt in fetten Lettern die Überschrift: »Sexueller Weblog von Mu Zimei«. Was sind das nur für Auswirkungen des Kapitalismus auf die Frau von heute. »Cosmo«, du machst mich traurig.

Aber es gibt zu viele Leute, die mich verleumden. Verklage ich die »Cosmopolitan«, begebe ich mich auf ihr Niveau hinunter, denn sie ist einer der Hauptrepräsentanten niedriger Gesinnung.

In einer Hinsicht hat diese Reporterin von seltener »Liebeswürdigkeit« ausnahmsweise einmal recht: »Natürlich traut sich Mu Zimei, alles zu sagen und alles zu machen, ohne die Meinung der anderen zu fürchten, doch nach dem von ihr ausgelösten Protestgeschrei, welcher Mann würde ›die Liebe‹ mit ihr überhaupt noch wagen?« Nun ja, laßt mich darauf antworten, daß ihr sexuelles Leben sich nicht verändert hat. Im Oktober erweiterte sich ihre Liste um drei neue Einträge. Die Anzahl der Männer in der Kategorie »noch zu ficken« beläuft sich auf zehn. Ihr einziges Problem ist der Zeitmangel.

30. Oktober 2003
Bloggen und Boxen

In der letzten Nummer meiner Zeitschrift gab es eine Reportage über einen Boxclub. Wer *Fight Club* gesehen hat, kann sich einen Boxclub in Kanton vorstellen. Die Mitglieder kommen und kämpfen, um sich von all ihrem Frust zu befreien. Trotzdem finden sich einige Unterschiede. Im Film gibt es zum Beispiel die Regel, daß die neuen Mitglieder verpflichtet sind, sich den alten zum Kampf zu stellen. Zu so etwas zwingt der Club in Kanton seine Boxer nicht.

Den Inhalt der Reportage werde ich nicht wiedergeben. Doch es war dort ein Fragebogen abgedruckt, der mich zum Nachdenken brachte.

Frage Nr. 3: Kennen Sie *Fight Club*? Wenn es in Ihrer Stadt diese Art Club gäbe, würden Sie mitmachen? Wenn ja, wieso?

– Nein, dem Titel nach ist das ein Gewaltfilm. So was interessiert mich nicht.

– Ja, das ist ein tiefsinniger Film, aber Mitglied in solch einem Club würde ich nie werden. Ich lege zu großen Wert auf meine Gesundheit.

– An so einer Art Kampf würde ich nicht teilnehmen. Ich glaube nicht, daß man seine psychischen Probleme durch eine solche Aktivitäten lösen kann. Gefühle befreien sich nur im Unbewußten. Ich schlage mich nur, wenn man mich dazu nötigt.

Das sind die drei möglichen Antworten.

Meine Antwort wäre:

– Ich würde an einem solchen Kampf nicht teilnehmen, aber ich führe einen Blog. Ich habe Angst vor Gewalt, brauche aber dennoch etwas Entsprechendes zur Stimulation.

Seit ich meinen Blog begonnen habe, ist der Punkt, in dem man mich am heftigsten kritisiert, mein Sexualleben. Das ist vielleicht eine andere Form der Gewalt, die, die ich am meisten schätze, und ihr verschreibe ich mich hemmungslos. Die Sexualität nimmt einen enorm großen Teil meines Lebens ein, und sie hat den größten Einfluß auf mich. Mein erzähltes Leben im Blog, mein Tagebuch, das ist mein Kampf ohne Waffen.

Aber es ist nicht nur das, mein Blog sensibilisiert mich auch gegenüber dem Leben und den emotionalen Veränderungen, die ich durchlaufe. Mir ist klargeworden, daß sich in meiner virtuellen Welt ungeheuer viel ereignet. Jeden Tag. Dinge von unschätzbarem Wert. Je mehr Gespür ich für diese Dinge entwickle, desto mehr Freude bereiten sie mir. Ich bin heiterer und ausgeglichener und gleichzeitig leidenschaftlicher.

Vielleicht hat man außerhalb eines etablierten, normalen Systems das Bedürfnis nach anderen Dingen und anderen Formen, um sich erfüllt und befreit zu fühlen.

Heute habe ich über BBS die Nachricht eines Unbekannten

gelesen. Er schreibt folgendes: »Inzwischen habe ich mir an-
gewöhnt, die ›Postumen Liebesbriefe‹ jeden Tag zu lesen und
selbst einen Blog zu führen. Das alles dank Mu Zimei. Ohne
sie wäre das Leben fade.«

Das hat mich sehr berührt. Wenn du dich ins Zentrum
stellst, bekommst du ein viel besseres Gefühl für den persönlichen Raum. Jetzt begreifst du also, weshalb Mu Zimei die
Blogosphäre so liebt.

Anders ausgedrückt, wenn ich eines Tages beschließe, in
den Ring zu steigen, würde ich bis zum letzten Atemzug
kämpfen, auch wenn ich Angst vor Schlägen habe.

31. Oktober 2003
Im Traum getroffen

Er hat gesagt, er habe von mir geträumt, und ich habe vergessen, ihn zu fragen, ob ich nackt oder angezogen war. Denn er
findet mich angezogen eher sexy als nackt! Das hat er mir
schon mal erzählt. Was im übrigen egal ist, wichtig ist nur, daß
er von meiner Erscheinung angetan war.

Außerdem hat er mir noch viele nette, freundliche Sachen
gesagt, aber mich interessiert nur sein Traum.

Wenn es ein erotischer Traum war, ist er gekommen? Wenn
es ein bekleideter erotischer Traum war, wie haben wir es dann
gemacht? Statt seiner bin ich enttäuscht! Ich traue mich nicht,
mir die Knöpfe aufzumachen … man kann sich nicht frei be-
wegen in den Träumen anderer Leute. Vielleicht war es ja sogar ein Alptraum. Wenn es wirklich einer war, dann war ich es
bestimmt, die ihm Angst gemacht hat – das stimmt: Manche,
die meine Fotos sehen, meinen, daß ich Horrorfilme drehen
sollte. Sollte ich ihm Angst eingejagt haben, muß ich tatsächlich begabt sein, denn im normalen Leben kann ich das nicht.
Vielleicht hat er mich im Traum mit dem Lächeln der Mona
Lisa gesehen.

In einer Erzählung schrieb ich einmal, daß man nicht mehr
gegeneinander kämpft, wenn man einmal Sex hatte. Der

219

Traum dieses Mannes ist die beste Fußnote für meine Erzählung.

Die größte Freude, die er mir bereitet hat, ist, daß er das Geheimnis über mich in seinem Traum bis zum Schluß nicht gelüftet hat.

31. Oktober 2003
Kann man sagen, er hat viel? Nein, wahrhaftig, nicht viel![*]

Im Weblog eines gewissen Jiao Chuang habe ich einen Artikel über »Repräsentanten«[**] mit dem Titel »Die Bedeutung der sexuellen Erfahrung für die Frau« gelesen; Tenor und Inhalt des Textes sind gar nicht übel. Am Schluß heißt es: »Für mich ist demzufolge die sexuelle Erfahrung der Frauen von entscheidender Bedeutung. Hat eine Frau keine diesbezügliche Erfahrung, will ich sie so schnell wie möglich nehmen, sie zwischen meine Schenkel nehmen, ihr zeigen, was Sache ist. Verfügt sie über Erfahrung, um so besser! Worauf warten wir dann noch, dann können wir ja gleich loslegen.«

Ich habe keine Ahnung, wieviel sexuelle Erfahrung dieser »Repräsentant« hat, und ich habe keine Ahnung, was er anzubieten hat. Doch die meisten Männer bringen anderen allzu gern bei, was sie wissen, und er bildet da keine Ausnahme. Dessen bin ich mir sicher.

Aber ich bin mir nicht sicher, daß Männer beim Sex den Frauen tatsächlich so viel beizubringen haben. Unter denen, die ich kennengelernt habe, waren die fähigsten diejenigen, die von einer Frau mit viel Erfahrung in die Liebe eingeführt wor-

---

[*] Nach der Kurzgeschichte »Kong Yiji« (1919) von Lu Xun, dem Vater der modernen chinesischen Literatur: Ein konfuzianischer Gelehrter wird in einer Weinschenke mit seinen Kenntnissen des klassischen Chinesisch zum Gespött der anderen, da sie ihn nicht verstehen.

[**] Anspielung auf die »Drei Vertretungen«, eine vom ehemaligen Staatspräsidenten Chinas, Jiang Zemin, postulierte Abkehr von der alten Klassentheorie zugunsten progressiver Entwicklungen, die in der Maxime eines »Sozialismus chinesischer Prägung« mündete.

den sind (darunter auch Prostituierte und Frauen in reiferem Alter). Das ist die beste Prägung, die man als Mann erhalten kann.

Dagegen bleiben diejenigen, die jungfräulich wie ein weißes Blatt Papier sind und ihr erstes Mal mit einem anderen unbeschriebenen Blatt machen, lange unbefleckt und unbedarft. Nicht nur sie selbst verfehlen das Ziel, sie lassen auch den anderen im Stich.

Das ist vielleicht ein wenig übertrieben. Dennoch: Weder bei einem Mann noch bei einer Frau kann es als Zeichen von Qualität gelten, wenn man sich nicht bemüht, dazuzulernen, oder allzu arglos bleibt.

Ich lernte einmal einen Ingenieur kennen, der seit acht Jahren verheiratet war. Um mit mir zu vögeln, pries er sich als großartigen Liebhaber. In Wirklichkeit hatte er noch weniger drauf als ein völlig unerfahrener junger Mann. Er war nervös, er hatte einen Fettwanst, und er kam viel zu früh.

Und nicht genug damit, daß er unter vorzeitigem Samenerguß litt, auch das Vorspiel verdarb er völlig. Er mochte noch so sehr versuchen, mich vor dem Eindringen zu streicheln, er hatte einfach keinen Durchblick. Hinterher befragte ich ihn detailliert über sein Privatleben. Ich erfuhr, daß er versucht hatte, sich im Internet fortzubilden, aber niemals zur Praxis gekommen war. Dazu muß man wissen, daß er mit seiner ehemaligen Studienfreundin verheiratet ist. Kaum hatten sie ihr Diplom, wurde auch schon die Hochzeit gefeiert. Seine Frau ist in der wissenschaftlichen Forschung tätig, er ist Ingenieur, über Sex haben sie nie geredet. Sie gehen miteinander ins Bett, als erledigten sie eine lästige Arbeit. Er traut sich nicht, »sich weiterzuentwickeln«, aus lauter Angst, sie könnte Verdacht schöpfen, daß er anderswo Erfahrungen sammelt. Wie traurig für dieses Paar, das seit acht Jahren wie begraben lebt.

Er bedankte sich überschwenglich bei mir. Ich habe ihm die Gelegenheit zum Sex mit einer Unbekannten geboten. Allerdings hatte ich nicht die Zeit, ihm auch nur einen Funken Sinnlichkeit einzuhauchen. Er hatte noch nicht einmal die

Hosen wieder hochgezogen, da plapperte er auch schon die Ausrede für seine Frau ins Telefon: »Ich bin Zigaretten holen gegangen und habe die Gelegenheit zu einem kleinen Spaziergang genutzt.« Ich traute mich nicht, ihm Ratschläge zu geben – etwa in der Form, daß er es mal mit mehreren Frauen probieren sollte, um das, was diese miteinander tun, bei seiner Frau zu versuchen, oder in einen Swinger-Club zu gehen.

Der selbsternannte »Repräsentant« hat derweil umfassende Vorstellungen. Er hofft nämlich, daß auch die Frauen der sexuellen Erfahrung ihrer Männer große Bedeutung beimessen. Was die Erfahrung angeht, könnte man da sagen, er hat viel? Nicht um das Zuviel muß er sich Sorgen machen, sondern um das Zuwenig. Auf daß endlich die Zeit der beiderseitigen Fülle anbricht. Es leben die Segnungen des Wettstreits! Gestalten wir strategisch die nationale Psyche um, perfektionieren wir das System der sozialistischen Marktwirtschaft, und intensivieren wir die Öffnung nach außen, indem wir Hand in Hand kämpfen. So könnte jeder seine persönliche Erfahrung zum Wohl der größtmöglichen Zahl von Menschen der Allgemeinheit zur Verfügung stellen.

Damit will ich natürlich kein Plädoyer für die Untreue halten. Ich befürworte – bei größtem Respekt vor allen, die an die Liebe und an die Ehe glauben – winzige Aushöhlungen der Vorstellung von Treue. Treue ist der Käse der Liebe. Bewahrt man sich den Glauben an die Liebe, darf man sie nicht antasten. Treue darf aber nicht der Käse der Sexualität werden. Denn man würde doch vor Langeweile sterben, wenn man sein ganzes Leben lang dasselbe äße!

2. November 2003
Nord-Süd-Beziehungen

Schon wieder will mich ein Mann aus Peking interviewen. Er hat eine ziemlich große Klappe, also nichts zu befürchten. Er läßt mich wissen, daß er einen gebogenen Penis hat, daß er dieselben Frauen wie seine Freunde fickt, daß er sie zur Form seines Schwanzes befragt hat und daß er sich mit seinen Kumpels über die Vagina der Frauen austauscht. Was für eine obskure Welt! Ich frage ihn, wer denn die größten Oberhelden seiner Clique seien. Er nennt ein paar Namen, und es stellt sich heraus, daß sie alle zum Dichterzirkel der Lower Body Poetry gehören. Ziemlich überholt. Ach! Der Pekinger Markt stimmt einen nicht sehr optimistisch … Letztlich finden sich hier nicht die größten Leckerbissen und schon gar keine wahren Lebemänner.

3. November 2003
Der Mensch ist verbunden durch Geschlechtsorgane (1)

Vergangenen Freitag, 15.30 Uhr: Voller Elan wache ich auf und sage mir: »Zeit für Sex.« Die folgenden sechzehn Stunden beweisen, wie absolut brillant diese Idee ist, die mich schließlich meinen Jahreshöhepunkt erleben läßt.

15.30–16.30 Uhr: Verabredung zum Sex

Die wirksamste Methode, zu Sex zu kommen, besteht darin, daß man den Sexbesessensten aus der Gruppe »noch zu ficken« anwählt. Ich gehe mein Telefonbuch durch und bleibe bei Meijing hängen. Seit Anfang September kenne ich ihn nun schon. Wir haben heftig geflirtet, jetzt ist es wirklich an der Zeit, die Vertragsbedingungen zu ändern. Ich schicke ihm eine SMS: »Wollen wir ficken?« Er antwortet genauso trocken: »Jetzt gleich?« Gleichzeitig zücken wir unsere Handys und sind schon mitten im Thema:

»Bei dir oder bei mir?«

»Bei dir. Ich möchte es gern in einer jungfräulichen Umgebung machen.«

»Bei mir ist es nicht so gut. Meine Freundin kommt zwischen sieben und acht nach Hause!«

»Wer hat denn was von Verlängerung gesagt? Eine Runde von fünf bis sieben, und die Sache ist geritzt.«

»Wir könnten auch ins Hotel.«

»Seit der Messe sind die Preise angestiegen. Such dir alle

223

Hotels raus, die stundenweise vermieten, und dann rufst du mich wieder an, einverstanden?«

Er beeilt sich, findet ein Hotel für fünfzig Yuan die Stunde. Wir fahren getrennt hin, voller Verlangen.

3. November 2003
Der Mensch ist verbunden durch Geschlechtsorgane (2)
16.50–19.00 Uhr: Der Fuß

Seit er mit dem Studium fertig ist, hat Meijing noch nicht angefangen zu arbeiten. Er ist ganz und gar *underground*. Er trägt die Haare lang, sein Klamottenstil ist halb Hiphop, halb Heavy Metal. Ich laufe fast immer in Street Wear herum. Wir wußten von Anfang an, daß wir dieselbe Wellenlänge haben.

Wir kaufen uns eine Flasche Cola, eine Flasche Bier und einen Tetrapak Milch. Wir gehen am Empfang vorbei und nehmen den Aufzug. Er nimmt mich in die Arme, und die Schlüsselkarte fürs Zimmer fängt an zu blinken.

»Guck mal, kaum umarmen wir uns, schon geht der Countdown los.«

Die Flure im Plazza sind düster und heruntergekommen. Das Zimmermädchen für die Etage öffnet uns die Tür und stellt die Klimaanlage an.

»Dieses Zimmer hat keinen Stil«, sage ich. »Bei dir oder bei mir hätten wir wenigstens coole Musik hören können.«

»Ja, aber hier können wir uns besser konzentrieren.«

Ich werfe mich auf die Matratze. Er kniet sich neben das Bett und zieht mich an sich. Immer noch bekleidet. Er sagt kein einziges Wort. Schamhaft verstecken wir uns hinter unserer Lust. Ich bin empfänglich für seine schweigsame Beredsamkeit.

Nach ein paar Minuten sagt er: »Gehen wir uns duschen?«

Wir ziehen uns aus. Das heiße Wasser schießt aus dem Duschkopf und läuft an uns herunter. Wir küssen uns. Unsere Silhouetten zeichnen sich im Spiegel ab. Ein matt schimmernder

Männerkörper, ein blasser Frauenkörper, vollkommene Harmonie. Ich winde und biege mich … In diesem etwas heruntergekommenen Zimmer ist allein der Spiegel sexy.

Wir strecken uns unter den dünnen weißen Laken aus. Er küßt mich weiter, keucht dabei leicht. Mit der Hand streift er flüchtig meine Klitoris. Mein Verlangen ist ebenso groß wie sein Schwanz.

»Immer mit der Ruhe«, flüstert er mir zu und hindert mich daran, ihn in die Hand zu nehmen.

Wir verschwinden ganz unter der Bettdecke und nutzen diese intime Nähe, um uns gegenseitig zu betrachten, abseits der Außenwelt.

Zunächst hüllen wir uns ein in diese romantische und sinnliche Atmosphäre. Als sein Glied ein wenig ruhiger geworden ist, fängt er an, damit zärtlich an meinen Schenkeln entlangzustreichen. Dann bringt er seine Zunge zum Einsatz. Sie ist lang und bereitet mir ein köstliches Vergnügen. Ich komme mir vor wie ein kleines Boot auf dem Meer. Kleine Wellen, deren Gischt einem entgegenschlägt, der Geschmack des Abenteuers und das Mysterium des Unbekannten … Seine Finger tief in meiner Vagina, ich zittere.

»Halt dich zurück, halt dich zurück, wir haben alle Zeit der Welt.«

Dann ändert er seine Position. Er spreizt meine angewinkelten Schenkel und drückt mich fest gegen die Matratze. Mit den Händen umklammere ich seine Schultern. Er packt meine Handgelenke, breitet meine Arme wie zum Kreuz aus und küßt meine Brüste. Plötzlich wird sein Miene finster. Man könnte meinen, er betrachte ein unvollendetes Gemälde. Er denkt nach. Ich werde nervös. Ich stelle mir vor, daß er mich töten will. Als seine Hände sich meinem Hals nähern, gerate ich in Panik.

»Was ist?«

»Willst du mich erwürgen?« frage ich und greife nach seinen Händen.

»Natürlich nicht. Hab keine Angst.«

»Aber du wirkst auf einmal so ernst.«

»Ach ja?« meint er und lächelt.

Ich beschließe, mich zu rächen. Ich gleite zwischen seine Schenkel und nehme seinen Schwanz in den Mund. Zu empfindsam. Er stößt mich zurück und nimmt mich in die Arme. Eine halbe Stunde lang geht dieses Spielchen hin und her, dann dringt er ganz sacht in mich ein. Sein Schwanz scheint sich zu winden, als befürchte er, verletzt zu werden. Ich würde ihm ja glauben, daß seine zärtlichen Worte aus tiefstem Herzen kommen, wenn ich nicht fest davon überzeugt wäre, daß es eine rein sexuelle Geschichte ist. Unsere Körper harmonieren. Mühelos bewegt er sich vor und zurück. Kaum hat er das Tempo erhöht, beherrscht er sich wieder, um mein Vergnügen zu verlängern. Er ist sehr aufmerksam.

Er legt sich auf den Rücken, und ich setze mich auf ihn. Sein Gesichtsausdruck verändert sich, er keucht, aber gleich schiebt er mich wieder runter, legt sich erneut auf mich. Wie dominant. Er zieht meine Füße vor seine Brust, sein Herz schlägt stark. Er lutscht an meinen Zehen. Mein Herz hämmert. Ich bin wie betrunken. Auch wenn die Umgebung gewöhnlich und eine ganz andere ist, muß ich doch an den Film *Der Liebhaber* denken, in dem Tony Leung Kar Fai und »die kleine Duras« es auch am Nachmittag tun. Wir wollen wirklich die vollkommene Liebe erreichen, die Quintessenz des Sex.

Es ist wie der lange Marsch. Eine Verpflichtung, der man sich nicht entziehen kann. Man schreitet voran, man ruht, man geht weiter, man weiß nicht, wo das Ende des Wegs ist.

Als ich den Tetrapak mit der Milch sehe, kommt mir eine Idee. Ich nehme einen Schluck, den ich im Mund behalte. Ich beschere seinem Schwanz ein Milchbad. Und wenn man es nun mit etwas Heißerem versucht? Er sagt, in der Thermoskanne sei heißes Wasser. Ich bin vorsichtig und nehme davon nur einen kleinen Schluck. »Aaaah!« schreit er. Ich stelle eine Tasse heißes Wasser und eine Tasse Milch auf das Bett. Und ich wechsle zwischen Heiß und Kalt. Der Ärmste! Er verspritzt mehr von seinem Vergnügen, als er hat.

Die Liebe ist etwas Gemachtes, denke ich mir plötzlich. Wenn man beim Geschlechtsakt das Gefühl der Liebe empfindet, zählt das dann auch als Liebe? Im Gegensatz zur nihilistischen Liebe kann der Körper sehen, berühren, Vergnügen verschaffen und empfangen.

Seine Küsse sind ganz sanft. Auch wenn wir beim Betreten dieses Zimmers nur ein einziges Ziel hatten: ficken. Auch wenn unser Verlangen roh war. Er sagt, er macht gern Liebe, er mag es, wenn ihn eine Frau braucht, um ihre Lust zu stillen. Seine Freundin braucht ihn dreimal die Woche, seine Geliebte – eine verheiratete Frau – einmal alle vierzehn Tage. Manchmal braucht er sich auch selber. Morgens beim Aufwachen zum Beispiel, wenn er sich die NBA anschaut.

»So wirkt also die NBA auf dich?«

Ich bin total feucht. Er hat wieder eine Erektion. Er kniet sich zwischen meine Schenkel. Er nimmt seinen Schwanz und gibt mir ganz sachte Schläge, die leise Geräusche machen. Er beobachtet mich wie ein kleiner Junge, der im Regen steht und den Regentropfen auf ihrem Weg zur Erde zusieht, wo sie sich in Pfützen sammeln.

»Kannst du mir beschreiben, was du siehst?«

»Das Aufprallen der Tropfen«, antwortet er. Eine akustische Antwort.

Friedlich hören wir dem Plätschern zu. Die Noten des Regens ergeben eine reine Musik. Wir hören den Regen fallen und haben den Eindruck, daß unsere Körper nicht mehr existieren. Es herrscht große Ruhe.

Er taucht ins Wasser, als wolle er sich in den Abgrund stürzen. »Wir sind verbunden«, sagt er.

Er dringt mit seinem Finger in meinen Anus ein. Es ist kaum zu ertragen. So fühlt es sich also an, wenn alle Öffnungen verschlossen sind? Kann er sich durch diese dünne Wand, die seinen Finger und seinen Schwanz trennt, selbst spüren? Und wie fühlt es sich für ihn an? Ich lecke an meinem Finger und beginne sein Inneres zu erforschen. Es ist eng, weich. Nach und nach wage ich mich weiter vor und komme irgendwo an, ist das so etwas wie sein G-Punkt? Er stöhnt vor Lust. Noch ein Loch verschlossen. Homosexualität muß wirklich schön sein.

Er ist kurz vor dem Orgasmus. Er zieht sich zurück und nimmt ein Kondom. Zum ersten Mal dringt er mit Gewalt in mich ein. Wir kommen zugleich und schreien vor Lust, als hätten wir die Berge verschoben und das Meer auf den Kopf gestellt.

Er zieht sich nicht zurück. Wir küssen uns.

»Das ist lange her, daß ich mich so wohl mit jemandem gefühlt habe«, sagt er und fügt dann hinzu: »Man könnte meinen, wir kennen uns schon ewig.«

Dann schaut er auf die Uhr. 18.40 Uhr. Wir haben keine Zeit vergeudet. In dem Moment klopft jemand an die Tür und sagt, wir müßten das Zimmer räumen.

»Wir kommen!«

Der Typ draußen hämmert einfach weiter.

»Wir gehen ja gleich.«

Aber statt sich anzuziehen, steigt er auf meinen Rücken: »Die Stellung haben wir vergessen.«

»Das machen wir dann beim nächsten Mal.«

Er kann sich nicht entschließen aufzubrechen. In einem Anfall sentimentaler Anhänglichkeit bleibt er an meinen Rücken gepreßt.

Als wir gehen, müssen wir eine weitere Stunde bezahlen, weil wir die Zeit um zehn Minuten überschritten haben.

3. November 2003
Der Mensch ist verbunden durch Geschlechtsorgane (3)
19.00 – 21.00 Uhr: Sodomie

Ursprünglich wollten wir uns nach dem Hotel trennen. Aber weil wir uns zusammen wohl fühlen, gehen wir in der Nähe vom Plazza in der Shipai-Straße noch etwas essen. Es ist Nacht. Er trägt eine rosafarbene Sonnenbrille.

»Apart!«

»Ich habe Angst, daß man mich erkennt«, meint er und macht sich lustig über sich selber.

Ich bin im siebten Himmel, denn er marschiert voran und führt sich wie ein kleiner Strolch auf. Ich auch.

»Du bist ein richtiges Früchtchen, ich bin ein noch schlimmeres Früchtchen, wir sind die Strolche von Shipai«, sagt er und umfaßt meine Schultern.

Wir gehen durch die schwarze Nacht, und über seine Sonnenbrille hinweg betrachtet er mich. Ein Moment des Glücks. So schön, so vergänglich.

Schließlich betreten wir ein Restaurant, das Pilz-Spezialitäten serviert. Wir bestellen etwas, und er redet über Masturbation und die NBA, dann von anderen langweiligen Sachen.

Auszug:

»Sodomie ist zwar in China verboten, aber wenn du dir ein Tier aussuchen müßtest, welches würdest du dann wählen?« frage ich ihn.

»Irgendeins.«

»Nein, du mußt dich entscheiden: Katze, Hund, Fuchs … such dir eins aus.«

Er sieht mich an und gibt sich Mühe nachzudenken.

»Ein Tier von deiner Spezies«, sagt er schließlich.

3. November 2003
Der Mensch ist verbunden durch Geschlechtsorgane (4)
21.30–23.30 Uhr: Shetou

Als er die Rechnung bezahlt hat, bleibt ihm nur noch ein Rest Kleingeld. Mir tun die fünfzig Yuan leid, die er für die Extrastunde zahlen mußte, aber er bedauert etwas ganz anderes: »Wie blöd, wir hätten doch fünfzig Minuten länger bleiben können!«

Er hat Lust, zum Konzert von Shetou im Diewa zu gehen, aber ich bin eigentlich im Tang verabredet. Im Grunde würde ich auch das Diewa vorziehen, es ist einfach angesagter. Außerdem werde ich dort sicher genauso Männer der Kategorie

»schon gefickt« wie »noch zu ficken« treffen, und auf solche Situationen stehe ich einfach. All diese Männer um mich herum zu haben ist für mich wie ein Tanz auf dem Vulkan. Ich liebe Abenteuer.

Nach einer halben Stunde im Tang habe ich genug. Ich trage eine Maske mit roten Federn, ein Geschenk zu Halloween. Ab in Richtung Diewa. Jedesmal muß man hier am Einlaß warten; jedesmal ist es brechend voll; jedesmal ist ein Höllenlärm, ohrenbetäubende Musik; jedesmal laufe ich dem Kiffer über den Weg. Wenn ich bedenke, wie sehr ich vergangenes Frühjahr an diesem Typen hing. Mein ganzes Leben lang werde ich mich daran erinnern. Wo immer wir auch sind, wir werden uns am Geruch und an der Fährte wiedererkennen. Wir haben noch den Geschmack des anderen auf der Zunge. Aber inzwischen können wir uns wieder zulächeln. Unsere Geschichte ist wirklich passé.

Nach Meijing halte ich nicht Ausschau, auch wenn wir diese ungeheure Sache am Laufen haben, die sich »Liebe« nennt. Ich bahne mir einen Weg durch die Menge. Ich packe den Pferdeschwanz vom Freund einer Freundin. Er ist ganz allein. Ich bin nur Millimeter von ihm entfernt. Das beunruhigt mich, weil ich mir 1. geschworen habe, nie mit den Freunden von Freundinnen zu ficken, und er 2. einen honigsüßen Duft verströmt. Gleich breche ich zusammen, dieses Abenteuer muß ich mir sofort aus dem Kopf schlagen! Zum Glück trage ich die Maske. Er lacht sich schief, als er mich sieht. Ich erkläre ihm, daß ich damit ja nur vermeiden will, noch mal attackiert zu werden. Aber es traut sich ohnehin keiner, mich anzugreifen, die Sache scheint für die anderen endgültig erledigt. Leichter als für mich. Mir lauert noch immer eine Gefahr auf, und zwar direkt neben mir. Das enge Zusammensein mit dem Freund meiner Freundin macht mich furchtbar nervös. Ich muß mir irgendwas einfallen lassen, um hier herauszukommen. Die Band Shetou ist mir leider überhaupt keine Hilfe. Der Electrosound, den sie spielen, heizt die Atmosphäre nur noch weiter auf.

In dem Moment kreuzt Meijing auf und sagt, er habe mich von weitem beobachtet. Ich finde ihn plötzlich gar nicht mehr cool. Unsere Affäre hat sich um ein Abendessen verlängert und dehnt sich jetzt bei Shetou zur Ewigkeit. Das ist weit mehr als vorgesehen. Mein exzessives Leben hat bewirkt, daß ich keinen Spaß mehr daran habe, mich zu lange beim selben Ziel aufzuhalten. Solange du vor mir bist, bin ich ein Feuerwerk: Ich entzünde mich, und ich brenne, bis du aus meinem Blickfeld verschwindest. Aber er kommt gerade zur rechten Zeit, um den neuen Brand zu löschen, der mich entflammt hat. Meijing, kleine Alarmglocke meines Herzens! Als Shetou »Mama, wir fliegen, Mama, wir rocken!« singen, begreife ich endlich den Sinn ihrer Musik, während Meijing von diesem gefühlsbetonten Song überrascht scheint wie ein Kind, das plötzlich hört, wie die Mutter den Schlüssel im Schloß herumdreht. Aber mein Irrlicht sucht sich schnell eine andere Feuerstelle. Ich erkenne einen Ex aus meinem Examensjahr. Er hat mich noch nicht bemerkt. Der Silvesterabend, den wir vor einigen Jahren gemeinsam verbracht haben, fällt mir wieder ein.

Er hatte mich in ein Dorf in der Nähe von Kanton mitgenommen. Gegessen haben wir bei Qiu Dali, und dann tranken wir mit einem Musiker, der die Mitglieder der Band Shetou kannte. Um Mitternacht habe ich mit dem Musiker im Wohnzimmer geschlafen. Ich habe meinem Freund damit viel Kummer bereitet, durch mich hat er sein Gesicht verloren. Aber er wußte, wie ich bin. Alle meine Ex haben meine Launen ertragen müssen, bis sie meiner überdrüssig geworden sind.

Und so gut ich das auch weiß, ich mache dieselben Fehler immer wieder, ich mache mir selbst Angst. Widersprüchlichkeit und Unbeständigkeit sind meine hervorstechenden Merkmale. Warum einfach, wenn es auch kompliziert geht. Natürlich ahnt Mejing nicht, was in mir vorgeht, genausowenig wie ich mich darum kümmere, was in seinem Herzen los ist. Ich presse meinen Schenkel an sein Bein. Er nimmt meine Maske und benutzt sie als Fächer. Er wedelt mir Luft zu. Er öffnet die Colaflasche, die wir uns gekauft hatten. Wir sehen aus wie ein verliebtes Paar.

Das Konzert von Shetou ist zu Ende. Sie spielen keine Zugaben. Nach und nach lehrt sich die Bar. Wir fühlen uns wie zwei Waisenkinder. Viel geredet haben wir nicht miteinander. Wir bleiben unserem nihilistischen Auftreten treu. Mit der Hand gleite ich in seine Hose, will seinen Schwanz nehmen. Das Diewa ist nur noch eine verschwommene Kulisse. Von fern hören wir die Musik. Meine Hand, in seiner Hose vor den Blicken der anderen geschützt, scheint keinerlei Bezug zu mir zu haben. Mechanisch liebkost sie ihn.

Als wir unsere Cola getrunken haben, reißen wir uns vom Diewa los. Draußen wimmelt es von Menschen. Viele bekannte Gesichter, keiner grüßt mich. Meijing weiß nicht, daß ich mit all diesen Männern Affären hatte. Seit einer halben Stunde bedrängt seine Freundin ihn über sein Handy, nach Hause zu kommen, und da ist eine junge Frau, die mir eine Fortsetzung des Abends in der Wohnung Nr. 19 vorschlägt. Es ist nur logisch, daß wir uns trennen.

Ehe wir auseinandergehen, preßt mich mein lieber Meijing gegen das Geländer mitten auf der Fußgängerbrücke, die über die Kreuzung führt. Noch einmal küßt er mich.

»Wenn wir zwei Stunden lang immer so weitermachen, werden wir uns langweilen«, sagt er.

»Wir werden sehen, was das Herz dazu sagt.«

Die Erfahrung hat mich gelehrt, daß das erste Treffen immer das wunderbarste ist. Außerdem haben wir Stunden voller Genuß hinter uns. Ohne auf etwas zu verzichten. Es gibt nichts zu bedauern.

3. November 2003
Der Mensch ist verbunden durch Geschlechtsorgane (5)
00.00 – 1.45 Uhr: Narziß

Kaum ist Meijing verschwunden, mache ich mich auf den Weg zur Nr. 19.

Ich trete in das mit einem indischem Sofa und einem Kronleuchter möblierte Zimmer und warte auf das Mädchen. L. legt eine Electro-CD auf. Das Mädchen, L. und ich hatten vorher noch nie etwas miteinander. Wir haben nur ein paar Abende gemeinsam verbracht, getrunken und uns unterhalten. Unser Kontakt ist sehr oberflächlich. Offensichtlich gibt es nicht einmal Gras. Ich langweile mich, während L. mit dem Mädchen diskutiert. Also räkele ich mich auf dem Sofa, kehre ihnen den Rücken zu und bewundere mein Spiegelbild.

»Du bist narzißtisch«, sagt das Mädchen zu mir.

Ich trage eine aschefarbene Tulip-Hose. L. hat auch zwei Paar davon. Grau symbolisiert für ihn Frieden. Es ist eine Farbe, die er auf seinen Bildern oft verwendet. Als er noch einmal runtergeht, um etwas zu trinken zu besorgen, nutze ich die Gelegenheit und sage zu dem Mädchen: »Ich ertrage diese Beziehungen nicht mehr, die gar keine sind.«

»Du mußt es versuchen«, antwortet sie.

Nein. Und als mich ein anderes Mädchen anruft, um mir eine kleine Orgie mit ein paar Leuten aus Peking vorzuschlagen, die alle die Bekanntschaft von Mu Zimei machen wollen, zögere ich keine Sekunde.

Ich beschließe, der Nr. 19 zugunsten neuer Abenteuer den Rücken zu kehren. Mir wäre am liebsten, wenn das Leben nichts als eine Folge von Abenteuern wäre.

3. November 2003
Der Mensch ist verbunden durch Geschlechtsorgane (6)
2.00 – 7.00 Uhr: Dämon

Ich trage immer noch meine Federmaske. Ich bin in einer Bar am Haizhu-Platz verabredet. Da treffe ich drei ganz unterschiedliche Typen aus Peking. Alle offensichtlich mit einer starken Persönlichkeit ausgestattet. Der erste könnte Maler sein. Der zweite sieht aus wie eine Manga-Figur, wie Nobita aus *Ding Dong**. Und der dritte, der sich seit der Pubertät nicht mehr rasiert hat, erinnert mich irgendwie an ein spirituelles Medium. Ich verteile Visitenkarten, und sie bestehen darauf, daß ich darauf noch »Mu Zimei« notiere.

Innerhalb weniger Minuten verschaffe ich mir Klarheit über die jeweiligen Affinitäten. Ich gehe logisch vor. Der Maler interessiert sich nicht für mich. Ich meinerseits fühle mich überhaupt nicht von dem Medium angezogen. Nobita dagegen … Er stellt mir viele Fragen und kommt mir vor wie der Protoyp des prinzipientreuen Funktionärs aus Peking.

»Ich kenne ein Mädchen, das viel Erfahrung hat und meint, man könne sich in nur wenigen Sekunden Klarheit über die Potenz eines Mannes machen, stimmt das?«

»Man braucht einem Mann nicht gleich in die Hose zu fassen, auch seine Nase gibt einem schon gute Anhaltspunkte über sein Potential. Eine große Nase ist vielversprechend. Aber das allein genügt noch nicht. Man sollte auch auf den Hintern achten. Hat er einen, um so besser. Abgesehen davon ist es auch eine Frage der Statur. Schmächtige Männer sind oft kraftvoller als dicke.«

»Du stehst oft in der Kritik. Wie gehst du damit um?«

»Manchmal mit Humor. Manchmal ist es ganz schön hart.«

»Zum Beispiel?«

»Wenn einer sagt, ich sei gelb, schwarz, mager, habe keine Titten und trotzdem gewaltig Karriere gemacht, gilt das als Humor. Oder ist es schon Verleumdung? Dann wiederum hat einer einen Mu-Fanclub gegründet. Anfangs ging es ja noch: ›Wer wagt da zu behaupten, wir hätten keine Gefühle, wir

---

* Eigentlich Doraemon, berühmter japanischer Manga aus den siebziger Jahren, der verfilmt wurde und dessen Popularität in Asien mit der von Micky Maus vergleichbar ist. Der Roboter Doraemon kommt aus der Zukunft, um Nobi Nobita, einem brillentragenden kleinen Tolpatsch, zu helfen.

schreiben doch jeden Tag an kleine Schwester Mu.‹ Dann artete es aus: ›Wer wagt da zu behaupten, wir hätten keine Gefühle, wir ficken Schwester Mu doch jeden Tag in den Arsch.‹ Und das, ist das etwa auch noch humorvoll?«

»Gibt es auch Leute, die dich einfach für gutherzig und unschuldig halten?«

»Ja. Meine Mama.«

»Hast du etwas gegen die Gesellschaft?«

»Ach, woher denn.«

»Bist du schon mal bestohlen worden?«

»Ja, man stiehlt von den Reichen und gibt den …«

»Wieso hebst du die Arme, hast du Lust zu fliegen?«

»Ich bin glücklich, ich fühle mich frei. Ich finde, das Leben ist schön.«

Am Ende dieser Unterhaltung bittet er mich, ihn zu küssen. Für Nobita, der vierzig Jahre alt ist und in einem staatlichen Unternehmen arbeitet, ist es ein Erlebnis, Mu Zimei zu küssen. Am ulkigsten ist, daß er Geschmack daran findet und mit der »Umerziehung« weitermachen will. Im Taxi, das alle zum Baby Coffee Shop bringt, macht sich Nobita an seine neue Aufgabe, indem er Mu Zimei um die Taille faßt: »Wohin fahren wir?«

Ehe er sich entscheidet, wohin es geht, küßt Nobita Mu Zimei noch einmal. Die Alten haben immer einen teigigen Mund. Die Entscheidung ist gefallen, es geht ins Hotel. Ich schlage ihm vor, in das Hotel zu gehen, in dem er abgestiegen ist, aber er sagt, er hat Angst, gesehen zu werden.

»Weißt du was, Baby, mit deinem Charme machst du den Männern wirklich Lust darauf, dich kennenzulernen.«

»Sie machen mir Angst, wenn Sie mich Baby nennen. Lassen Sie mich altes Baby zu Ihnen sagen!«

Hier nun also zwei Babys, die die Tür zum Hotel XX aufstoßen.

Es ist übrigens ein staatliches Hotel. Die Frau am Empfang hat es sofort auf Xiaomu abgesehen und erkundigt sich bei Nobita: »Sie bringen dieses Mädchen mit?«

Dieses Mädchen mag ja seltsam wirken, eine spezielle Magerkeit zur Schau stellen, eine Maske mit roten Federn tragen, aber eine Nutte ist es nicht.

»Ich will ein Zimmer für sie«, antwortet Nobita.

Kaum hat Xiaomu ihr Zimmer betreten, da klingelt auch schon das Telefon: »Auf welcher Etage wohnt der Herr? Wie heißt er?«

Zum Glück hat sich Xiaomu den Nachnamen von Nobita gemerkt. Sie antwortet, ohne zu zögern. Die Frau vom Empfang ist sicher enttäuscht. Xiaomu ist also wirklich keine Prostituierte?

Aber die Stimmung ist damit erst einmal zerstört. Nobita fängt an, hin und her zu überlegen. Wir können nicht wissen, wann das Zimmermädchen hereingeschneit kommen wird. Und wenn wir nun mitten dabei erwischt werden? Wenn man uns wegen illegaler Prostitution anzeigt? Was für einen Beweis haben sie gegen Xiaomu? Plötzlich zieht Nobita es vor, angezogen weiterzudiskutieren. Abzuwarten, bis sich die Gefahr verflüchtigt hat.

Er sagt, er will Recherchen zum Thema Mu Zimei anstellen. Mit der Hand fährt er Xiaomu unter den Rockbund. Zunächst einmal muß man die biologischen Gegebenheiten erforschen. Die Vagina ist schmal, sogar eng, das ist normal. Nach einigen zärtlichen Berührungen sondert sie Flüssigkeit ab. Nobita findet, daß Xiaomu ein sehr reaktionsfreudiges kleines Spielzeug ist, er hat schon Angst, sie könnte davonfliegen.

Indem er sie streichelt, improvisiert er einen imaginären Dialog zwischen einem Menschen (Nobita) und einem Dämon (Xiaomu):

»Wieso willst du Mu Zimei sein?«

»Weil es keine Gleichheit zwischen Mann und Frau gibt. Die Männer bieten den Frauen viele Gelegenheiten; umgekehrt trifft das nicht zu.«

»Das stimmt. Viele Frauen billigen das ausschließlich dem Mann zu.«

»Das ist nicht gut. Warum macht man den Männern die Sache so schwer, wo es doch für eine Frau ganz einfach ist, einen Mann zu finden, mit dem sie ins Bett gehen kann? Das Problem mit den Frauen besteht darin, daß sie mit jemandem schlafen, um eine Gegenleistung zu bekommen: Wenn sie kein Geld verlangen, verlangen sie Liebe. Und dabei soll das Ficken doch ein Vergnügen für beide sein.«

»Und deshalb ist Mu Zimei so besonders.«

»He, das kommt daher, daß ich nicht der menschlichen Rasse angehöre, ich bin eine Außerirdische. Weil ihr eine unterentwickelte Spezies seid, komme ich euch zu Hilfe.«

»Aber die Menschen sind keine friedlichen Wesen. Sie wollen erobern und herrschen.«

»Das macht nichts. Wenn der Himmel diese heikle Mission einer Außerirdischen anvertraut hat, wird nichts sie davon abbringen, sie zu erfüllen … (sie seufzt). Ihr erzählt euch Geschichten, und ihr belügt euch gegenseitig. Ihr laßt euch blenden von euren sogenannten Traditionen, die aber letztlich gegen die Natur sind, und so tut ihr alles im verborgenen.«

»Du bist also offener, ehrlicher als die Menschen. Aber wenn man dich unterwirft, was machst du dann?«

»Mu Zimei ist nur eine Identität der Außerirdischen, wenn sie sich auslöschen läßt, erschaffe ich eine neue. Ich existiere als Dämon, nicht als Mu Zimei.«

»Ein gutes Argument. Magst du Dracula?«

»Nein. Ich bin kein Ungeheuer. Ich bin eine Außerirdische, die mit den Menschen in Verbindung steht.«

»Wow! Das hast du gut überlegt. Eigentlich denke ich genau wie du. Wang Shuo[*] sagt, die Welt ist ein so kleines Dorf, daß man es schon Familie nennen könnte. Ich glaube, die Menschen sind untereinander durch die Geschlechtsorgane verbunden.«

[*] Eine Art chinesischer Jack Kerouac, geboren 1958, Autor zahlreicher Romane, u. a. »Oberchaoten« und »Herzklopfen heißt das Spiel«. Von der offiziellen Kritik der Subversion und des schlechten Einflusses auf die Jugend beschuldigt und immer wieder zensiert.

Zwei Stunden lang reden wir so. Niemand stört uns. Zur Sicherheit hat Nobita die Tür mit einem Sessel blockiert.

Munter geworden durch diesen Austausch zwischen Mensch und Dämon, bekommt er schließlich doch noch Lust, die Aufrichtigkeit des Menschengeschlechts unter Beweis zu stellen. Er hat also Sex mit Xiaomu. Sie nimmt diesen Beweis entgegen, ohne gleichzeitig auch seinen Samen zu empfangen, sie ist bereit, ihm aufs Wort zu glauben. Sie läßt ihn wissen, daß wahre Liebe ohne Erklärungen auskommt. Das ist offensichtlich der große Unterschied zwischen den Leuten aus dem Norden und den Leuten aus dem Süden. Die Leute aus Peking sind sehr geschwätzig, sogar beim Vorspiel.

Um 7 Uhr morgens, Nobita will gerade gehen, sagt er: »Bei Gelegenheit würde ich gern noch mal mit dir ficken.« – »In Peking.«

Er nimmt einen Schluck Wasser und gibt mir einen Kuß.

»Wieso machen die jungen Mädchen beim Küssen eigentlich die Augen zu? Um Kräfte zu sparen?«

Er bringt mich zum Lachen. Er macht Anstalten zu gehen.

»Soll ich Luftsprünge machen, was meinst du?«

»Nicht nötig. Du bist kein Außerirdischer.«

»Gestern abend habe ich dich auf der Straße herumhüpfen sehen, du sahst so glücklich aus. So würde ich auch gern springen können.«

3. November 2003

Ein dickköpfiger Blogger startet immer wieder einen *Copy & paste*-Versuch bei ausgerechnet dem Eintrag, den ich gerade gelöscht habe. Wenn er das mit Absicht macht, soll er auch die Verantwortung übernehmen und die Beleidigungen kassieren.

3. November 2003
Xiaoma
SMS: »Wie soll man mit dir in Kontakt treten, seitdem du ein Star bist? 1. Ich fühle mich ganz elend. 2. Ich bin nicht berühmt.«

Wie kann man nur so blöd sein?

»Wer bist du?«

Wow! Es ist ein alter Freund aus der Schulzeit; in den war ich mal heimlich verknallt. Der verdient einen Denkzettel.

3. November 2003
Genauso
Zitat eines Bloggers:

Lebt wie eine Kriminelle. Nicht mehr ganz taufrisch. Macht es ohne Kondom. Hat keine Angst vor Aids. Mager. Grauer Teint und dicke Tränensäcke unter den Augen. Hundert Prozent kantonesisch: vorstehende Wangenknochen, fleischige Lippen. Keine Titten. Kleidung hängt an ihr herab. Viel Talent. Brennt auf kleiner Flamme.

Genauso, ist doch megacool, oder? – Einstellung, Erscheinung, alles reif zum Verschrotten.

Das merkwürdigste ist, daß es kürzlich eine gewisse Anzahl von Typen geschafft hat, meine Handynummer rauszukriegen – und ich habe keine Ahnung, wie. Ist das jetzt bei allen zur fixen Idee geworden, mich zu ficken?

Sich den Besuch bei einer Prostituierten sparen zu wollen ist meiner Meinung nach nicht die Motivation dieser Männer.

3. November 2003
Arroganz
Weshalb ist Mu Zimei so arrogant?

Sie will nicht Sex gegen Liebe, Ehe oder Geld tauschen …

Sie setzt (aus gutem Grund) ihre Schönheit nicht als Mittel

der Verführung ein ... Sie handelt verantwortungsvoll, indem sie allen sagt, mit wem sie ins Bett gehen. Sie setzt sich dafür ein, daß die Frauen den Männern mehr Gelegenheit zum Ficken geben, so daß man auf Prostitution verzichten kann.

4. November 2003
Weshalb schläfst du mit Mu Zimei?
Gestern abend habe ich die verschiedenen Gruppen meines Telefonbuchs per MSN nach ihren Gründen, mit Mu Zimei zu vögeln, befragt. Ich stelle die Frage an alle in den Kategorien »schon gefickt«, »noch zu ficken« und an drei »Frauen«. Die Antworten sind äußerst aufschlußreich.

Warum schläfst du mit Mu Zimei? a. aus Ökonomie, b. aus Neugier, c. aus Liebe, d. andere Gründe (bitte präzisieren).

1. Antwort eines Ex-Ex-Ex:
»Ich habe keine Zeit.«

»Ehrenwort, ich weiß von nichts. Kannst du mir ehrlich antworten?«

»Keine Zeit zum Spielen, das sagte ich doch schon.«

»Weil es umsonst ist?«

»Zum letzten Mal, ich hab KEINE Zeit.«

»Was ist denn los mit dir? Bist du sauer?«

»Ach, woher denn. Ich bin zu Hause.«

2. Antwort des Chinesen aus Kanada aus der Kategorie »schon gefickt«, der mich mal zu einer Orgie eingeladen hat: »Aus Liebe.«

3. Der Kumpel von einem, den ich vor ein paar Wochen vernascht habe: »Um mich über die Einsamkeit hinwegzutäuschen. Genauer gesagt: Ich gehe nicht zu Prostituierten. Hast du Urlaub, oder arbeitest du?«

4. Der unbekannte Internet-User, der sich für Mu Zimei interessiert: »Aus Neugier. Vorschlag: Laß uns gemeinsam die sexuelle Ökologie der Städter erforschen.«

5. Eine Frau: »Ich habe begriffen, weshalb es einmal passiert ist.«

6. Li Shijiang*:
»Weil wir es noch nicht gemacht haben.«
»Dann also b.«
»Wieso, was meinst du?«
»Du kreuzt Antwort b. an.«
»Der Hauptgrund ist: Du bist eine Frau.«
»Nur deshalb?«
»Das ist doch das Wesentliche, oder?«
»Was für ein beschränkter Horizont!«
»Und heute abend führst du Recherchen durch, statt irgend-
welche Typen zu vernaschen?«
»Die Theorie ist genauso wichtig wie die Praxis.«
»Dein Unternehmergeist ehrt dich, deine Vagina und dein
Gehirn schreiten Hand in Hand voran und machen aus dir die
Muse des Zeitgeists.«
»Vergiß nicht, daß ich ein Diplom in Philosophie habe.«
»Auch wenn du die Forschung so sehr liebst, liebe doch
bitte die Männer ein bißchen mehr, mit denen du schläfst, in-
dem du über sie schreibst, Bosheit führt doch zu nichts.«
»Ich gebe jetzt schon viel Liebe. Heute habe ich in einem
Aufruf um Unterstützung in Sachen Männer gebeten; man
soll ihnen mehr Gelegenheit zum Ficken geben.«
»Na, in dem Fall wird ja alles gut. Jetzt mußt du deinen Auf-
ruf nur noch in Peking vorbringen.«
…
Zwei oder drei Stunden haben wir per MSN gechattet.
Dann kam er zu der Schlußfolgerung: »Ach ja, jetzt kann ich
Chefdelegierter von Peking werden. Ein guter Coup!«

* Schriftsteller, geboren 1974, gehört zur Lower Body Poetry und unterhält im Internet ein BBS namens »Arbeitszimmer des Roman-
autors«.

241

4. November 2003
Ficken
Li Shijiang hat mich weiter angemacht, diesmal per Telefon. Das Gespräch brach mittendrin ab. Vorher versprach er noch, viele Kandidaten für meine Recherchen zusammenzubringen, sich selbst eingeschlossen.

Für morgen oder übermorgen habe ich schon jemanden. Der, den ich vor ein paar Monaten verführt und dann fallengelassen habe.

Li Shijiang ließ nicht locker: »Ach komm schon! Sag mir, wer er ist.«

Ich sage es dir, wenn ich ihn wieder für mich eingenommen habe.

4. November 2003
Lieben und Liebe machen
Manchmal ist es paradox: Der eine sagt: »Die Liebe kommt beim Liebemachen.« Der andere sagt: »Die Liebe beim Liebemachen habe ich noch nie erlebt. Wenn das ginge, würde ich es nicht tun. Ich bin Protektionist.«

Beim ersten hat man also beides gleichzeitig. Das ist die Wegwerfliebe. Beim zweiten verschiebt es sich immer aufs nächste Mal.

Der eine sagt, Liebe und Leben sind miteinander verbunden. »Wenn sie verkümmert, verkümmere auch ich. Entflammt sie von neuem, entflamme auch ich.«

»Wieviel kannst du denn davon für mich entbehren?« will ich wissen.

»Die Frage ist, wieviel brauchst du denn?«

»Das hängt davon ab, wieviel du brauchst.«

»Was ich brauche, ist die Legende, der Mythos, der Ursprung eines Königreichs, etwas, das der Mühe wert wäre.«

»Das ist doch nur der Wunsch zu dominieren.«

»Sich auszubreiten wohl eher. Deshalb liebe ich ja auch ehrgeizige Frauen.«

»Du liebst den Kampf und die Eroberung.«

»Mein Ideal einer Frau ist die Königin aus *Braveheart*. Für solch eine Frau lohnt es sich zu sterben.«

»Du fickst dich wohl selbst.«

Puh! Was sind die Leute aus Peking doch oberflächlich.

4. November 2003
Verbotene Zone

Ich komme gerade aus dem Westflügel der Universität, an der ich studiert habe. Beinahe hätte ich mich verlaufen. Total zum Ausflippen. Ich komme aus dem Schlafsaal eines Typen vom Campus.

Hier der Schluß unserer Unterhaltung:

»Wir hören auf. Zieh ihn raus.«

»Aber wieso denn? Ich könnte noch eine Stunde so weitermachen.«

»Ich gebe dir noch drei Minuten. In drei Minuten spritzt du ab, einverstanden?«

»Ich kapituliere. Ich bin noch nie mittendrin so abgewürgt worden.«

»Jetzt, wo wir uns unterhalten, wird dein kleiner Freund sicher von ganz allein schlaff werden.«

»Ich würde mich nicht wundern, wenn ich hinterher Erektionsprobleme bekäme.«

»Wieso willst du es denn unbedingt zu Ende bringen? Mir macht es überhaupt keinen Spaß mit dir, und trotzdem soll ich dir meine Vagina zur Verfügung stellen!«

»Wenn du es so siehst, ist wohl klar, daß ich dich vergewaltigen muß.«

»Oje! Laß mich wenigstens erst Pipi machen.«

Ein schmächtiger Typ, HPS. Er sieht aus wie eine Kröte. Jämmerlich.

Während wir ficken, muß ich andauernd denken: Das einzige, was zu seinen Gunsten spricht, ist sein Schwanz. Es wäre super, wenn sein Schwanz in den Körper meines ehemaligen

Klassenkameraden XX verpflanzt werden könnte. Und wenn er in den Körper meines ehemaligen Liebhabers XXX verpflanzt werden könnte, wäre das auch nicht übel … Weshalb einen so tollen Schwanz vergeuden? Er ist sein ganzer Stolz und gibt ihm Selbstvertrauen, aber Liebe und Respekt garantiert er ihm auch nicht.

Er hat noch das Kondom drauf, sein Schwanz steht in der Vertikalen.

Ich gehe.

Bevor wir angefangen haben zu vögeln, hat er mir eine Geschichte von einer Frau erzählt, die ihm schon seit Jahren nicht mehr aus dem Kopf geht.

Als sie noch auf der Schule war, lebte sie mit einem kleinen Gauner zusammen, der wie Nicolas Tse[*] aussah und mit Zwanzig starb. Die Kröte war schon seit der sechsten Klasse verrückt nach ihr. Nach allem, was sie durchgemacht hatte, nach all den Jahren liebte er sie noch immer.

Das letzte Mal, als sie sich sahen, fuhren sie in die Berge. Ihre Turnschuhe waren schon bald so durchgeweicht, daß HPS ihr seine Schuhe gab und barfuß weiterging. Er kam mit blutigen Füßen wieder zurück. Beim Abstieg reichte er ihr einen Liebesbrief, in dem er ihr seine Gefühle gestand. Sie hat ihm geantwortet: »Ich habe dich nie geliebt.«

Wenn ein Mann wiederholt Demütigungen erleiden muß, entwickelt er eine gewisse Lust daran, immer weiter gekränkt zu werden. So wie der Schnee, den man mit Eis bedeckt. Vor allem, wenn sein Schwanz sein einziger Stolz ist.

7. November 2003
Konzeption von der Sexualität

Das geht zurück bis in die Zeit, als ich noch mitten im Examen steckte. Schon damals war ich recht begabt. Wenn ich heute

---

[*] Sänger und Schauspieler aus Hongkong, bekannt aus den Filmen von Tsui Hark.

den Artikel lese, den ich vor längerer Zeit in einer Zeitschrift der »Southern Metropolitan Daily« veröffentlich habe, bin ich wirklich angetan von mir.

SELBSTSCHUTZ BEIM SEX

Positionen: von Angesicht zu Angesicht, von hinten, von der Seite, im Stehen, eng umschlungen. Anzahl der Beteiligten: von eins bis unendlich. Häufigkeit: einmal im Monat, einmal die Woche ... bis zu x-mal pro Tag. Die Hilfsmittel sind fest, elastisch, flüssig ... oder nur die natürlichen Organe. Aber nichts davon ist hundert Prozent unfehlbar. Der Sex heutzutage erlaubt alles, ist aber immer noch schambesetzt.

Man betreibt ihn bis zum Exzeß, es ist schockierend. So findet man zum Beispiel im »Guinness Book of Records« die Information, daß eine besonders tollkühne Frau Sex mit einer Hundertschaft Männer hatte. Sex kann gewöhnlich und alltäglich sein, wie in Romanen beschrieben oder langwierig und umständlich wie nach einer durchfeierten Nacht. Manchmal ist er kontrolliert, und das aus gutem Grund, denn wer fühlt sich schließlich nicht von Aids bedroht? Man paßt sich den Umständen, den Sexualpartnern an, man erfindet und verwendet neue Produkte, um sich zu schützen, bis hin zur völligen Abstinenz ...

Die Vorsicht ist nicht viel mehr als ein Vorwand. Panik ist weit verbreitet, die Katastrophe unausweichlich. Analysiert man den Sex in der Steinzeit und die Sexualpraktiken im Zeitalter des »neuen Menschen« – welche sind dann sicherer? Das ergibt keinen Sinn. Resultat: *Safer Sex* entspringt dem Instinkt, sich zu schützen, der wiederum vom Überlebensinstinkt herrührt. Das ist der Selbstschutz.

Zunächst muß man sich vor der Natur schützen, denn unsere Umwelt ist feindlich, und die sanitären Verhältnisse sind nicht genügend weit entwickelt. Entgeht man der HIV-Infektion, stirbt man an irgendeiner anderen Geschlechtskrankheit. Schützen muß man sich auch vor der menschlichen Natur. Befreit man das Verlangen, befreit man auch Bakterien, was für eine Horrorvision. Schließlich wird man sich darüber klar, daß das Schutzbedürfnis nicht materialistisch ist, sondern einer Idealvorstellung entspricht. Die wissenschaftliche und technische Entwicklung mag dir ja erlauben, alles zu tun, aber die Zerstörungskraft des Sex ist eine Frage des *feeling*.

Nehmen wir folgende Geschichte: Eines Tages rief mich ein Freund an und erzählte mir von einer bedauerlichen Erfahrung, die er machen mußte. Das Wort »abscheulich« benutzte er dabei mindestens zehnmal. »Ehrlich, für eine schnelle Nummer war ich immer zu haben. Immer war ich fürs Abenteuer, für ein Leben ohne ein Morgen, aber jetzt kommt mir seit einiger Zeit nur noch das kalte Kotzen. Ich finde meine Partnerin abscheulich, die Bettwäsche abscheulich, sogar Masturbation abscheulich. Wenn ich auf der Straße einer Frau über den Weg laufe, spucke ich ihr vor die Füße.«

Ich erahne den Grund dieser plötzlichen Abscheu, der Quelle der Beklemmung: Er hat sich vorher nicht genug geschützt, nun schützt er sich zu sehr.

Es gibt immer mehr Jugendliche, die sich gern auf gefährliche Liebschaften einlassen. Es gibt mehr und mehr, die die Grenzen der Moral überschreiten. Ist eine unheilbare Krankheit nicht auch ein Zeichen der Verführung? Wer kann mit Sicherheit sagen, ob es nicht gerade diese verhängnisvollen Liebschaften sein werden, die schließlich die Grenzen der Sexualität wieder zurückdrängen?

Sich selbst zu lieben ist nicht so schwer. Meine eigene Methode besteht darin, daß ich eine gewisse Kontrolle über meine Laster behalte und unter Berücksichtigung der technischen und materiellen Parameter Grenzen setze. Das ist die Vorbedingung, um weiterhin im Genuß eines gesunden Körpers zu bleiben und mit den Spielen der Liebe fortfahren zu können. Wenn man die sexuellen Verhaltensweisen für sich betrachtet, erkennt man ihren Daseinszweck: Genau wie jede andere beliebige Körperfunktion befriedigen sie menschliche Bedürfnisse. Auch wenn meine Konzeption der Sexualität nicht alle überzeugen mag, bin ich doch der lebende Beweis dafür, daß sie funktioniert. Unter der Voraussetzung, daß man den »Selbstschutz beim Sex« praktiziert. Das ist so etwa die einzige Möglichkeit, wie man verhindern kann, daß Körper und Seele Schaden nehmen.

7. November 2003
Witwen

Gestern rief mich Y im Büro an und erkundigte sich, wann mein Buch erscheine. Sie wollte, daß ich ihr ein Exemplar zukommen lasse.

»In ein paar Tagen kannst du es dir kaufen.«

Ich bin Y nie begegnet. Unser gutes Einvernehmen ist reine Legende. Zwei Frauen, die denselben Mann lieben, haben gute Chancen, Todfeindinnen zu werden; zwei Frauen, die vom selben Mann sitzengelassen wurden, können sich gegenseitig unterstützen. Nun, ich bin nicht eifersüchtig, habe aber auch nie Mitleid oder Sympathie für sie empfunden. Man könnte höchstens sagen, wir sind die »Witwen« desselben Mannes. Es ist jetzt etwa ein Jahr her, daß Y mich zum ersten Mal anrief. »Bist du XXX?« wollte sie wissen. Und: »Kennst du XX?« An meine Handynummer war sie dank einer E-Mail gekommen, die ich XX geschickt hatte. Sie erzählte mir die Geschichte der beiden.

1999 lernten sie sich im Netz kennen und verliebten sich. XX, der sehr romantisch ist, hat sie in Dalian besucht. Sie stellte ihn ihren Eltern, ihren Freunden und so weiter vor … und sie schliefen zusammen (ohne daß etwas passierte). Nach vier Tagen erklärte XX ihr kühl, er kehre nach Peking zurück. Aber Y war verrückt nach ihm. Trotz des Protests ihrer Eltern fuhr sie ihm nach. Das Problem war nur, daß XX fest entschlossen war, mit ihr zu brechen. Damals war Y Studentin im zweiten Jahr, genau wie ich, als ich mich diesem Typen mit Leib und Seele verschrieb. Gekränkt hängte sie sich an ihn wie eine Klette und lief ihm zwei Jahre lang hinterher. Sogar als XX nach Kanton zurückging, versuchte sie mit allen Mitteln, ihn aufzuspüren. Irgendwie kam sie an seine Adresse und seine Telefonnummer. Manchmal nahm er ihre Anrufe an, nur um sie abzuwimmeln. Aber sie war trotzdem glücklich, weil sie wenigstens seine Stimme gehört hatte. Als sie mir das alles erzählte, begriff ich, daß sie immer noch in ihn verliebt war. Sie konnte diesen Bruch einfach nicht akzeptieren, auch wenn sie nie eine sexuelle Beziehung gehabt hatten.

Ehrlich gesagt, euphorisierte mich der Anruf von Y richtig. Fast schon aufgeregt antwortete ich ihr, XX habe ohnehin körperliche Defizite, »der ist nun wirklich keine große Nummer im Bett«, beteuerte ich. Kein großer Verlust, nicht mit ihm geschlafen zu haben.

Nachdem Y und ich unser Gespräch beendet hatten, rief ich XX an, um ihm eine Standpauke zu halten: »Es ist mir wirklich völlig schnuppe, ob du Studentinnen vernaschst, aber sieh ja zu, daß die mir hinterher nicht auf den Wecker gehen.«

Anfangs war XX wirklich ganz geknickt. Er meinte zu mir, Y habe nicht alle Tassen im Schrank. Er fügte hinzu, sie habe es geschafft, nicht nur an seine Daten zu kommen, sondern auch an die aller Männer und Frauen, mit denen er in Kontakt stehe, um diesen Leuten mit ihrer Geschichte in den Ohren zu liegen. »Du bist nicht die erste, der sie auf den Geist geht. Ich habe keine Ahnung, was sie will, ich habe sie nie angefaßt.«

Aber ein paar Minuten später rief mich XX fuchsteufelswild noch einmal an.

»So ein Mist! Was hast du ihr denn alles erzählt?« brüllte er mich an. Dabei habe ich ihr nur einen guten Rat gegeben, denn ich war schließlich »gerührt«.

Danach rief Y mich noch öfter an, sie redete gern mit mir über ihn. Sie hielt mich für ihre Vertraute. Außerdem konnte sie so ihre Illusion weiter aufrechterhalten. Einmal war sie so hilflos, daß ich sie tröstete: »XX ist nicht so großartig, wie du dir das vorstellst. Ihn interessiert nur das eine: die knospenden Blüten zu pflücken. Und hat er sich die genommen, läßt er sie fallen. Es wäre besser, du vergißt ihn.«

Das verstehe sie wohl, antwortete sie mir, aber sie könne das nicht. Auf einmal war ich es leid, darüber zu reden.

Ich habe kein Mitleid mit ihr. Er hat uns beide gepflückt, ich lebe weiter, während sie in einem fort vor den nackten Stengeln seufzt. Und XX empfindet das Vergnügen nur im Moment des Pflückens.

7. November 2003
Sich in die Falle hauen

Gelegentlich benutze ich diesen Begriff, er ist toll. Gelegentlich benutzen ihn andere, wenn sie über mich sprechen, dann ist er nicht so toll.

12. November 2003
Zusammenbruch

Wegen Mu Zimei ist blog.cn blockiert. Aufgrund eines regelrechten Ansturms von Nutzern ist der Server abgestürzt. Als LLM von Paowang sich zur selben Zeit einloggt, bricht blog.cn zusammen. Als das Interview mit Mu Zimei erscheint, ist blog.cn wieder völlig überlaufen. Und heute ist sina.com auf den Plan getreten, um blog.cn den Todesstoß zu versetzen ... die gesamte Bevölkerung des Landes hat sich offenbar verbündet, um Chaos zu stiften[*].

In den vergangenen Tagen hat Mu Zimei, die zu beschäftigt mit Ficken war, keine Zeit gehabt, sich um ihren Blog Sorgen zu machen. Da sie heute frei hat, verbringt sie den größten Teil ihrer Zeit mit dem Versuch, sich einzuloggen.

Bei aller Begeisterung meldet Mu Zimei jedoch einige Bedenken an: »Ich hätte niemals gedacht, daß ein derart riesiges

---

[*] Anfang November 2003 erwarb sina.com die Rechte an der Verbreitung des Buches und seines Inhalts. Am 11. November waren auf der Homepage Fotos und Interviews mit Mu Zimei zu finden, und statt der üblichen zwanzig Millionen Besucher täglich verzeichnete sina.com nun innerhalb von zehn Tagen einen Anstieg auf gut dreißig Millionen.

Unterfangen daraus wird. Das hat solche Dimensionen angenommen, daß ich kaum noch weiß, wie ich dieser Begeisterung Herr werden soll.«

Heute hat sogar der Liebhaber, den ich aus den Augen verloren habe, eine Nachricht auf meinem Anrufbeantworter hinterlassen. Ich konnte ihm noch so oft versichern, ich sei immer noch die kleine Naive von früher, er hat mir kein Wort geglaubt. Ich schlug vor, ich könne ihn ja besuchen. Er geriet regelrecht in Panik. Er erschrak zu Tode bei dem Gedanken, der Straßenverkäufer an der Ecke könnte mich erkennen.

Wann laßt ihr mich endlich atmen, wann laßt ihr mich mein Leben leben?

13. November 2003
Sechs Jahre Nachdenken (1)
DER WEG DES EROS
Samstagabend will ich eigentlich nicht ausgehen. Deshalb bin ich sehr leger, nur zum Wohlfühlen angezogen.

Ich bekomme einen Anruf. Die Stimme am anderen Ende der Leitung ist sanft und angenehm, aber mein Gesprächspartner macht ein Geheimnis aus seiner Identität, sagt mir nicht, wer er ist.

»Wir kennen uns von der Universität.«

Da bin ich mir sicher. Als wir uns treffen, sehe ich mit Erleichterung, daß er lässig angezogen ist und nicht wie ein Firmenchef. Er holt mich ab, küßt mich, und wir fahren in das Viertel Wuyang. Er hat einiges aufzuholen, denn er weiß noch nicht, daß das junge Mädchen, das er von der Uni kannte, Mu Zimei geworden ist, Staatsfeind Nummer eins.

Wohl besser, ich gebe ihm einen Tip bezüglich meiner diversen Abenteuer, wohl besser, ich sage ihm, daß ich ein Online-Tagebuch führe, daß diese Vielseitigkeit mich berühmt gemacht hat und gleichzeitig Ursache dafür ist, daß ich entlassen und aus dem System ausgestoßen wurde.

Das bringt ihn zum Lachen: »Da bin ich also mit einem Promi zusammen! Und wie hoch ist dein Bekanntheitsgrad? Und wie kommt es, daß niemand Notiz von mir genommen hat, als ich so etwas Ähnliches versucht habe und über meine intimen Erfahrungen berichten wollte?«

»Das kommt daher, daß du ein Mann bist.« Und das stimmt. Die erotische Literatur war seine erste Ambition. Vor einigen Jahren entdeckte er in einer amerikanischen Zeitschrift, daß alle möglichen Leute über ihre Erlebnisse schrieben. Daraus schloß er, daß der Erotik eine große Zukunft bevorstand. Aber als man einen korrupten Parteifunktionär bloßstellte, der in seinem Adreßbuch an die hundert Frauen verzeichnet hatte, alle registriert, sagte er sich, daß schon vor ihm jemand seinen Traum in die Tat umgesetzt hatte. So schraubte er seine Anforderungen herunter und trat wieder in den Hintergrund. Und er wurde Chef eines Unternehmens.

Vor sechs Jahren, als ich ihn an der Uni traf, war er wirklich ein phantastischer Typ. In diesen sechs Jahren hat er sich von der Gesellschaft glattbügeln lassen. Ehe, Scheidung, Arbeitslosigkeit, schneller Aufstieg … und die Dreißig hat er schon überschritten.

Beim Abendessen vertraue ich ihm an, daß ich trotz der Wechselfälle des Lebens meine Ideale niemals aufgegeben habe. Was auch immer kommt, ich bleibe unbeteiligt. Ich habe mir einen virtuellen Raum nach meinen eigenen Maßstäben geschaffen, mit dem ich vollauf zufrieden bin – mal ganz abgesehen davon, daß dieser Raum preisgegeben wurde und daß man ihn nun zerstören und mich daraus vertreiben will. Aber sie kommen nicht an mich heran. Meine Realität können sie zerstören, aber mein Wille bleibt frei. Gegen meine virtuelle Welt können sie nichts ausrichten.

»Die Illusionen sind das Erbe der Kinder. Sie klammern sich an ihre Träume, und das trotz der Hindernisse, und tun alles, um zu erreichen, was sie wollen«, bestätigt er.

»Ich möchte nie groß werden. Wenn man seine Offenheit nicht behält, wozu dann leben?«

Als wir das Restaurant verlassen, legt er mir den Arm um die Taille.

»Wo gehen wir hin?«

»Ins Diewa. Dort gibt es am Wochenende oft Konzerte.«

Als wir im Taxi sitzen, fährt seine Hand unter meine Kleidung.

»Laß mich dich nehmen, ich will wissen, was sich in sechs Jahren verändert hat ... Damals warst du noch Jungfrau, ich hätte mir nicht erlaubt, dich zu berühren. An dem Tag, an dem du diese ganze Erotik satt hast, kannst du ja ›Meine Jahre als Jungfrau‹ schreiben und von mir erzählen.«

Er ermuntert mich, auf diesem Weg weiterzugehen, denn man muß eine Sache nicht unbedingt selbst erlebt haben, um darüber schreiben zu können. Er bezieht sich auf einige erotische Autoren, wie diese sechzehnjährige Französin, die sich eines Tages dabei erwischen ließ, wie sie in einer Buchhandlung Bücher klaute. Nun war aber der Buchhändler auch Verleger und verlangte als Entschädigung von ihr eine hundertfünfzig Seiten lange Abhandlung. Sie sagte ja, und sie schlossen einen Vertrag. Obwohl sie noch Jungfrau war, war der Text des Mädchens so sinnlich, daß er von ihrem Stil fasziniert war. Am Ende brachte sie allein kraft ihrer Phantasie, ihrer Beobachtungsgabe und einer einzigen sexuellen Begegnung mit ebendiesem Verleger einen Roman zuwege, der eines Meisters würdig war. Dieses Beispiel belegt, daß es nicht nötig ist, ein ausschweifendes Leben zu führen, um ein erotisches Werk zu verfassen. Er führt auch den Marquis de Sade, den unangefochtenen Meister der Pornographie, an. Obwohl im Gefängnis eingesperrt und aller Schreibwerkzeuge beraubt, schrieb er mit seinem Blut weiter. Das könnte man wohl die Macht der Erotik über das Leid nennen.

Sechs Jahre Nachdenken (2)

NOISE

Im Diewa gibt es ein Konzert von Mazk – das sind der Japaner Masami Akita, zugleich der Kopf von Merzbow, und der Pole Zbignew Karkowski mit seinem Powerbook. Kaum überschreiten wir die Türschwelle zur Bar, stolpere ich fast über den Kiffer. Der schon wieder! Da ich in Begleitung eines Mannes bin, der nicht sonderlich sexy, noch dazu dickbäuchig und, seien wir ehrlich, auch nicht der Typ fürs Diewa ist, fühle ich mich, offen gesagt, recht unbehaglich. Eine Frau, die es nicht geschafft hat, das Herz des Mannes, den sie haben wollte, zu erobern, sollte wenigstens das Gesicht wahren, zu blöd!

Man könnte den Eindruck haben, Mazk sei nicht so angesagt wie Shetou; wir sind überrascht, daß es noch Plätze gibt. Wir bahnen uns einen Weg durch die Leute, und ich schnappe Bemerkungen in der Art von »Ist sie es, oder ist sie es nicht?« auf. Das beeindruckt mich.

Sechs Jahre Nachdenken beginnt mich über das Ausmaß meiner Bekanntheit zu befragen.

»Sind wir in Gefahr, von Paparazzi verfolgt zu werden?«

»In Kanton geht es noch. Für Peking schwer zu sagen. Zumindest scheinen die kleinen Alten, die morgens im Park ihr Tai-Chi machen, alle von Mu Zimei gehört zu haben.«

Als wir uns setzen, sieht er sich um und kann sich nicht helfen, er muß schallend lachen: »Weshalb sehen die alle so ernst aus?«

»Hast du mal auf die Musik gehört? Die zahlen gern, um leiden zu dürfen.«

Noise ist eine Serie von lärmenden, schwer nachvollziehbaren Tönen, aber gut geeignet zur Meditation. Schlagzeug, Becken, Brummen und Rauschen, Schwingungen einer Säge, Klang von Wassertropfen, Geräusch von Dampf … ein gewaltiges Programm. Uns macht es Spaß, uns zum Sound passende Bilder zuzurufen:

»Mordlustige Gesellen, die in einem Bambuswald gegeneinander kämpfen.«

»Ein Schlachtfeld, auf dem die Truppen den Rückzug antreten.«

»Ein Spukhaus voller trügerischer Fallen und übernatürlicher Machenschaften.«

»Ein Verkehrsunfall auf der Autobahn.«

»Messer, die angeflogen kommen.«

Kurz und gut, der *Noise* von Masami Akita ist wie ein Actionfilm aus Hongkong mit heillos übersättigter Tonspur, das Schauspiel des Polen gleichzeitig ein westlicher Horrorfilm. Wir wissen nicht, ob der Musikkritiker, der nur wenige Meter von uns entfernt sitzt, dasselbe denkt. Er wirkt sehr konzentriert in seiner knallroten Weste, mit Hakennase und Haarsträhne in der Stirn. Seit er nicht mehr zu mir ins Büro kommt, begegne ich ihm nur noch im Diewa. Sechs Jahre Nachdenken umarmt mich von hinten. Wir sind beide in unsere Gedanken vertieft. Mir gegenüber sehe ich einen Mann mit langem Haar im Jogginganzug mit Streifen, und ich frage mich, ob das wohl Huangbo von der Band VERSE ist, den ich einmal bei einem Interview getroffen habe. Ich starre ihn an, bis er aufsteht und anfängt, mit seinem Handy zu telefonieren, und mir klar wird, daß dieser Typ auf jeden Fall nicht Huangbo ist. Sechs Jahre Nachdenken mustert seinerseits, nur wenige Schritte von uns entfernt, ein hübsches Mädchen mit toller Figur. Ich sehe, wie er seinen Namen und seine Handynummer aufschreibt und ihr den Zettel zuschiebt. Sie fragt mich: »Bist du Mu Zimei?« Er ist megagenervt. Ich auch. Erstens, schon wieder kennt mich eine Unbekannte. Zweitens, sie hat gesehen, wie sich die berühmte Mu Zimei von einem unbedeutenden Wicht hat umarmen lassen. Drittens, ich habe keinerlei Möglichkeit, ihnen zu beweisen, daß dieser Mann, der nach rein gar nichts aussieht und auch nicht wie ein Künstler wirkt, dennoch sehr kultiviert ist.

»Wir kennen uns schon ewig«, antworte ich ihr zu meiner Rechtfertigung.

Sechs Jahre Nachdenken gerät in Panik und traut sich nicht mehr, das Mädchen anzumachen. Aber er hofft trotzdem, daß sie ihn anruft und ein Rendezvous vereinbart (träum du nur schön weiter). Er macht sich außerdem Sorgen, daß er mit Mu Zimei in Zusammenhang gebracht wird.

Sechs Jahre Nachdenken (3)
AUFSCHLUSSREICH

In den sechs Jahren hat sich seine Wohnung nicht sehr verändert, ist jetzt mit älteren und teureren Möbeln eingerichtet, dabei unordentlicher. Als er noch verheiratet war, war alles sehr ordentlich. Im Moment ist alles wie vorher.

Die Aufteilung der vier Zimmer ist dieselbe wie früher. Damals zog er mich an sich und versuchte mich auszuziehen. Ich wehrte mich, und er bestand nicht darauf. Er ging zum Schlafen in das Schlafzimmer links. Da ich Einsamkeit hasse, folgte ich ihm und legte mich neben ihn. Er fing an, mich zu streicheln, aber sonst passierte nichts. Er machte sich lustig über meine Nervosität. Am Morgen darauf schickte er mich zur Universität.

In dem mit Bildern geschmückten Eßzimmer gibt es ein Bild von einem sehr bekannten kantonesischen Maler, das von einem Gedicht inspiriert ist. Das Bild stellt fünf oder sechs Frauen als »grüne Rosen« dar; ein hübsches Kind taucht zwischen den Blumen auf; ein Pferd sieht ihnen zu. Trennungsschmerz. Jeden Tag, mitten in der ganzen Unordnung, breitet sich seine Traurigkeit vor seinen Augen aus.

Er redet nicht viel, aber er zeigt mir die Bücher auf seinem Bücherregal. Er gibt mir Werke des Marquis de Sade, »Die neue Justine oder Das Unglück der Tugend. Die Geschichte ihrer Schwester Juliette«, »Die Philosophie im Boudoir«, »Das andere Geschlecht« von Simone de Beauvoir, »Über die Liebe« von Stendhal, etwas von dem Franzosen Lesage, eine Anthologie zum Thema Sex ... Er ist wirklich verrückt nach erotischer Literatur, aber er gibt vor, diese Bücher hätten für ihn keinerlei Wert mehr.

»Du mußt weiterschreiben«, befiehlt er mir.

Das erinnert mich plötzlich an unser erstes Rendezvous vor
sechs Jahren. Er hatte zu mir etwas auf französisch gesagt,
»Je t'aime«.

Nun holt er seinen Laptop vor und zeigt mir, worin seine
Arbeit besteht. Eine Menge Dateien: »Projektverwaltung«,
»Entwürfe«, »Bilanzen« ... viele Zahlentabellen und kompli-
zierte Texte. Er erklärt mir die Funktionsweise der Tabellen
und die Bedeutung der anderen Daten.

»Sie haben keine Gefühle«, sage ich.

»Der Gefühlswirrwarr ist ersetzt worden durch eine von allen Gefühlen bereinigte Ordnung. Beides interessiert mich
sehr.«

Mit der Begeisterung eines Doktorvaters erklärt er mir, was
sich »in der Norm« befindet, was außerhalb steht.

»Die Norm ist ein Mann, der mit einer Frau fickt. Außerhalb
der Norm ist es, wenn ein Mann mit einem Mann fickt oder
eine Frau mit einer Frau. Aber ›ficken‹ ist ihre gemeinsame
Sprache, das, was sie auf der Welt miteinander verbindet.«

Er will noch arbeiten vor dem Schlafengehen und bietet mir
an, ich könne mir die Verfilmung der Geschichte dieser sech-
zehnjährigen Französin ansehen. Die Handlung verläuft li-
near, die Erzählweise ist chronologisch. Trotzdem gibt es
einige wunderbare Passagen. Die junge Frau hat eine sehr persönliche Sichtweise vom Sex. Ihre entdeckungsfreudige Haltung wird von der Neugier, der Objektivität, der Kälte geleitet. So kommt sie zum Beispiel durch Masturbation zum
Orgasmus, oder sie zieht einem Jungen die Hosen runter und
sieht sich sein Geschlecht mit der Lupe an, oder sie spioniert
ihrer Mutter und deren Liebhaber hinterher oder beobachtet
ihre Eltern beim Sex. Sie notiert den erotischen Traum ihrer
Mutter: »Alle Männer umkreisen den Tisch, alle erhoffen sich
etwas von mir.« Kühl beobachtet sie die Welt der Erwachsenen. Am Ende verführt sie den Verleger, um ihre eigene Erfahrung zu machen. Sex ist für sie kein Selbstzweck. Was vor
allem zählt, ist ihre Karriere als Schriftstellerin. Sechs Jahre
Nachdenken weist mich darauf hin, daß wir uns ähnlich sind.

Natürlich wird die Geschichte trivial, sobald sie sich in den Verleger verliebt. Nachdem der Höhepunkt überschritten ist, kommt dann Sechs Jahre Nachdenken aus seinem Arbeitszimmer mit einer fixen Idee. Ohne ein weiteres Wort drücke ich auf »Pause«, und wir machen uns ans Werk.

Er setzt sich aufs Sofa und zieht die Unterhose aus. Ich bücke mich und nehme seinen Schwanz in den Mund. Er fängt an zu stöhnen. Es wird ihm zuviel.

»Du machst das sehr gut. Seit wann bist du so eine Expertin?«

»Das macht die Erfahrung.«

Von jetzt an ziehe ich diese Methode vor. Ich behalte lieber die Kontrolle. Der psychische Genuß ist wichtiger als der körperliche. Auf die Weise kann ich viele Partner austesten und meine Vagina schonen. Ich bin egoistisch, und ich liebe mich sehr.

»Warte, warte …«

Wie du willst, denke ich. Ich drücke also wieder auf »Pause« und streichle ihn zärtlich weiter. Auch so hält er es bald nicht mehr aus. He, auch meine Hand hat eine kraftvolle Wirkung! Er will schnell zur Phase nach dem Vorspiel übergehen. Also biete ich mich ihm in allen nur denkbaren und möglichen Positionen an. Ich merke, wie er mich dirigiert, um mich genauestens mustern zu können, aber leider verschafft er mir beim Ficken keinerlei Vergnügen. Als ich rittlings auf ihm sitze, rührt er sich kaum. Von hinten schafft er es nicht, sich auf meine Größe einzustellen. Und im Stehen ist er total verklemmt. Ist das nicht seltsam für einen, der ständig in erotischer Literatur schwelgt?! Ich verliere die Geduld und mache es ihm schließlich mit dem Mund. Er setzt sich seufzend auf dem Sofa auf: »Ich verstehe, wieso du berühmt geworden bist.«

Ich dusche mich bei geöffneter Tür. Er reicht mir ein Handtuch und sieht mich dabei eindringlich an. Man könnte meinen, er wolle das Geheimnis der Kraft ergründen, die sich in meinem kleinen, zierlichen Körper versteckt. Wo ist nur die kleine Verschüchterte von früher, muß er sich wohl fragen.

Sechs Jahre Nachdenken (4)

ZIVILISIERT

Wir haben den Film zu Ende gesehen. Das Ende erinnert mich an die stille Schönheit eines Blattes, das am Ende des Sommers zu Boden fällt. Ich lese noch ein paar Passagen in einem Buch und schlafe dann neben ihm ein, im Kopf lauter Ideen für erotische Literatur.

Am Morgen darauf, kurz bevor wir uns trennen, nehmen wir uns trotz der Müdigkeit noch die Zeit, ein wenig zu plaudern. Er spricht von dem Mädchen, dem er seine Handynummer gegeben hat. Er fragt sich, ob sie ihn wohl anrufen wird.

»Normalerweise reagiert eine Frau nicht auf Annäherungsversuche von einem Typen, der sie anmacht, während er eine andere umarmt, aber es ist möglich, daß du ihrer Eitelkeit geschmeichelt hast. Vielleicht sagt sie sich ja, daß du, wenn du unzufrieden bist nach dem Ficken mit der einen, gleich nach der anderen gierst. Das Problem ist bloß, daß du Mu Zimei geküßt hast. Also wenn sie dich anruft, dann wahrscheinlich, weil sie wissen will, was für Typen mit Mu Zimei schlafen. Aber noch wahrscheinlicher ist, daß sie dich nicht anruft, denn sie wird sich sagen, daß ein Typ, der mit Mu Zimei schläft, ein Vollidiot sein muß.«

»Wieso das denn?«

»Weil Mu Zimei über ihre Liebhaber schreibt. Auf die Weise landen die bei ihr im Blog.«

Er denkt kurz nach, ehe er antwortet.

»Anfangs sagte ich mir, es gibt so viele Leute, die in diesem Raum Sex haben, und wenn ich mich auch dorthin begebe, werden alle Blicke auf mich gerichtet sein.«

Ah, das war also der Grund für seinen Anruf. Er hat sich wegen seines psychischen Gleichgewichts bei mir gemeldet. Da er keine sexuellen Beziehungen hat, entwickelt er harmlose Neurosen, wie zum Beispiel die, daß sein kleiner Freund ihn im Stich lassen oder ihm Streiche spielen könnte, wenn er nicht mal zum Einsatz gebracht wird. »Auf einmal sagte ich mir: ›Schluß mit dem Leben als Workaholic!‹, ich muß ficken, ich muß so viele Frauen wie möglich kennenlernen, ich muß meine Kraftreserven auftanken.«

Die schönen Illusionen muß ich ihm nehmen. Er hätte mich nicht anrufen müssen, denn ich bin keine gute »Kraftreserve«. Kaum hat er zu seinem Spiel gefunden, heißt es schon *game over*.

Wieder mal ist er enttäuscht von den Frauen. Aber er pflegt seinen maskulinen Größenwahn: »Auf der Notiz, die ich ihr gegeben habe, hast du bloß meinen Namen und meine Handynummer gesehen, aber ich habe auch draufgeschrieben, daß meine Schriftstellerfreundin eine große Dummheit gemacht hat und ich gekommen bin, um sie seelisch wiederaufzurichten.«

Ach so ist das. Dann laß mich dir ganz offen gestehen: »Ich wollte dir auch über die Verlegenheit weghelfen, denn du hast im Diewa so fehl am Platz ausgesehen, daß du, als du Mu Zimei umarmt hast ...«

»Das Gesicht verloren hast«, beendet er meinen Satz.

So intelligent ist er immerhin, daß er versteht. Also fahre ich fort: »Um noch einmal auf die Kleine zurückzukommen – genau deshalb hat sie deine Notiz behalten. Sie wollte dir eben auch eine Freude machen.«

So haben sich also alle gegenseitig getröstet. Da muß er lächeln. Schlußfolgerung: Was sind wir doch alle zivilisiert.

13. November 2003
T, aus einem Roman ins Leben

RENDEZVOUS

Vergangenen Samstag hat mich T über MSN angeschrieben und mir mitgeteilt, daß eine Zeitschrift ihn beauftragt habe, mich zu interviewen, aber ich habe nicht geantwortet. Allerdings sagt mir sein Name durchaus etwas. AN hat einmal einen Artikel geschrieben, in dem es um T geht, der dann aber schließlich doch nicht erschienen ist. Dafür gibt es wahrscheinlich mehrere Gründe: T ist ziemlich jung und hat sein

Können noch nicht unter Beweis gestellt, sein Leben interessiert keinen.

Am Tag darauf rief er noch einmal an und fragte, weshalb ich mein Handy abgestellt hätte. Ich sage, ich bin die Journalisten leid, ich will keine Interviews mehr. T dringt nicht weiter in mich, schlägt aber vor, daß wir uns treffen, da er nun einmal in Kanton sei. Ich bitte ihn, mir zu schwören, meine Leichtgläubigkeit nicht auszunutzen (ist das glaubwürdig?). Er muß ins Internet, also schlage ich ihm vor, daß wir ins Büro gehen. Manchmal ist Mu Zimei sehr hilfsbereit. Außerdem ist T jünger als ich, ich spiele meine Rolle als große Schwester gut.

Da er schmächtig ist, wirkt er größer, als er tatsächlich ist. Er trägt eine Military-Jacke über einem Paar viel zu langer Hosen. Ich sehe T zu, wie er sich an meinem Computer zu schaffen macht. Es gelingt ihm weder, seine E-Mails abzufragen, noch, seinen USB-Stick zu benutzen. Auch von seinem Laptop aus schafft er es nicht, sich einzuloggen. Er nimmt eine Diskette, um festzustellen, daß sein PC gar kein Diskettenlaufwerk hat … Trotzdem versucht er so zu tun, als sei er der Meister des Zen persönlich – als wolle er beweisen, daß auch ein Idealist sich von Zeit zu Zeit als realistisch und gut organisiert erweisen kann.

Als seine Probleme endlich gelöst sind, gehen wir ins Ten Café. In diesem eher eleganten Lokal wirken wir ein wenig deplaziert. Wir zögern etwas, ehe wir ein deutsches Bier bestellen. Beinahe hätte T ein Glas Rotwein bestellt, aber ich dachte, er wolle bloß angeben, deshalb habe ich ihn davon abgebracht.

Ohne die Aussicht auf ein Interview ist unser Gespräch sinnlos. Schließlich reden wir über CS. Da ändert sich sein Tonfall: »Gar nicht so leicht, über sie zu reden, unsere Geschichte hat immerhin ein Jahr gedauert.«

Ich hatte schon so ein Gefühl, daß T eine Figur aus dem Skandalroman von CS ist, aus »China Girl«. Jetzt habe ich die Bestätigung. Der Typ im Buch hatte nie Geld und war sehr sparsam, was mich beeindruckte. Ich las den Roman in den

Neujahrsferien zu Ende, und er gefiel mir. Hätte ich nicht studiert, wäre ich wahrscheinlich eine zweite CS geworden. Und ich hätte mich auch für T interessiert, der damals ihr Liebhaber war.

Inzwischen redet er über Astrologie, die Arbeit und zeigt mir Fotos, die er gemacht hat. Ich sage ihm, ich finde sie mißlungen. Er meint, ich sei wenigstens ehrlich; die anderen Leute, denen er die Bilder gezeigt hat, haben gar keinen Kommentar dazu abgegeben. Er zieht auch eine Zeitschrift heraus, um mir ein Foto von sich aus einem Film zu präsentieren. Ich sage, Schauspieler müssen nicht schön sein, sondern Stil und Persönlichkeit haben, und ich füge hinzu, daß T so häßlich sei, daß er schon unmenschlich wirkt. Das freut ihn, er hat befürchtet, ich könne ihn zu menschlich finden. Ich nutze die Gelegenheit, ihm zu erklären, daß ich gutaussehende Typen nicht mag, daß ich an einem Mann oft gerade seine körperlichen und seelischen Makel anziehend finde. Nun preist mir T seine Uhr im *sixties style* an und läßt sie mich anprobieren. Dann offeriert er mir zwei mit Fruchtaroma parfümierte Kondome. Er sammle Pariser, erklärt er mir. Von allen Marken, die er ausprobiert hat, sei das beste Fabrikat das aus Ningbo. Er schätzt die Rauheit der einheimischen Produkte. Und er hebt von Zeit zu Zeit benutzte Kondome auf. Zu jeder Jahreszeit trägt er Socken. All seine Schwächen rühren seiner Meinung nach von einem Ödipuskomplex her. Er gibt vor, gern auf der Toilette Sex zu haben, und behauptet, die Mädchen ließen sich von ihm – ob sie nun verklemmt oder aufgeschlossen seien – stets beim ersten Rendezvous abschleppen, denn er kenne das Geheimnis ... Kurz und gut, er labert mich über das Maß des Erträglichen hinaus voll.

Das Ten Café will schließen. Er schlägt vor, wir könnten das Gespräch anderswo fortsetzen. Für jemanden, der anfangs behauptet hat, er hasse das Reden ... Ich schlage ihm einen Spaziergang am Flußufer in meinem Viertel vor. Aber weil es regnet, gehen wir dann doch gleich zu mir hoch.

FICKEN

Wir klettern über mein Chaos hinweg in Richtung Bett. T fragt mich, ob ich DVDs habe. Und ob! Ich habe Dutzende, wovon ich manche selbst noch nicht gesehen habe. Er geniert sich nicht, auf meinem Bett zu rauchen, ohne sich um die Asche zu kümmern. Einen Porno will er nicht angucken. Er sucht sich einen japanischen Film raus, *Pekin no suika.**

Die Glühlampe in meiner Nachttischlampe ist bereits vor längerer Zeit durchgeknallt, und ich habe sie noch nicht ersetzt. Ich mache Licht im Badezimmer. Ich wende ihm den Rücken zu, ziehe mich aus und gehe duschen. Fast könnte man den Eindruck gewinnen, wir wären alte Freunde.

Ich krieche zu ihm aufs Bett. Wir halten Abstand, benehmen uns wie Kumpels.

Die Geschichte wird extrem langsam erzählt, ein Film mit kleinem Budget. »Ich wette, es gibt keine Spezialeffekte«, meint er.

Er redet in diesem technischen Jargon, um zu beweisen, daß er ein echter Cineast ist. Nach zehn Minuten gehen wir zu *Monrak transistor* über, einem thailändischen Film, den mir die Verkäuferin bei Kending empfohlen hat. Leider stellen wir bereits bei den ersten Bildern fest, daß Thailand ein unterentwickeltes Land ist, das vom Tourismus und vom Sexgewerbe lebt, aber in puncto Filmproduktion … Thailand ist nicht gerade Frankreich, wo alle Welt über Kunst redet. Auch wenn der Film im Vergleich zum vorherigen einige recht avantgardistische Ideen und Elemente hat, findet T, daß er unerträglich, in ästhetischer und künstlerischer Hinsicht ohne Geschmack ist.

Unsere Frustration treibt uns einander in die Arme. Wir küssen uns. T läßt seine Hand an meinem Körper entlangfahren, streichelt mich durch mein Höschen. Im Gegenzug nimmt er meine Hand weg, als ich sein Geschlechtsteil berühre (ist

---

* Englischer Titel *Beijing Watermelon* (1989), Film nach einer wahren Begebenheit über einen japanischen Gemüsehändler und seine Freundschaft mit einigen chinesischen Studenten.

er so schüchtern?). Er stellt sich denkbar ungeschickt an, und es sieht tatsächlich so aus, als wolle er das Vorspiel überspringen oder es zumindest nur bei diesem Alibi-Gefummel belassen. Er hat Glück, daß ich keine großen Anforderungen stelle. Das stimmt, ich verlange nicht, daß die Zärtlichkeiten länger als die Penetration dauern. Außerdem kann man in Anbetracht des Speichels, den wir in Form von Worten ausgetauscht haben, das orale Vorspiel für erledigt halten.

T streift ein Kondom über. Es scheint, daß seine Sammelleidenschaft dringlicher ist. Als er in mich eindringt, touchiert er zufällig genau den Punkt, den es bei mir zu erreichen gilt. Das ist derart vielversprechend, daß ich mit weiteren Wonnen rechne. Aber nach dreimaligem Auf und Ab ist der G-Punkt wieder außen vor. T meint, Wassermänner hätten eine ganz eigene Art, Sex zu machen. Seine Eigenart ist sicherlich die Langsamkeit, er hat sie reifen lassen wie die Inspiration ein Gedicht. Vers um Vers, langsam, poetisch, aber abgesehen von Reim und Wort – nichts.

Normalerweise sollte man sich beim Sex konzentrieren, aber T plappert immer weiter: »Kanton gefällt mir nicht, es ist irgendwie seltsam. Magst du Kanton? Wie findest du die Stadt?«

»Ach, und wie findest du Peking?«

»Eine tolle Stadt. Ich bin da geboren und aufgewachsen.«

»Fragst du mich jetzt auch noch nach Neuigkeiten von meinen Eltern?«

T fängt an, schallend zu lachen. Der Ernst ist uns mehr und mehr vergangen. Man könnte meinen, unsere Geschlechter existieren unabhängig von uns. Sie tun, was sie zu tun haben, und wir reden weiter. Wer weiß? Das ist womöglich ein Trick von T, um abzulenken. Wenn er sich so verhält, denkt er doch sicher daran, ein langes Gedicht zuwege zu bringen. Aber dann geht's zur Sache ... Wir nehmen eine bequemere Lage ein. Ich strecke mich neben T in der Löffelchenstellung aus, unsere Geschlechter immer noch miteinander verbunden, und wir machen weiter. Ich schlage vor, daß wir den thailändischen Film noch einmal einlegen, aber T ist dagegen. Ich frage ihn, wie die Zeit mit CS war. Er antwortet, er habe das in den drei Jahren vergessen. Wir lachen laut, gackern wie Manga-Figuren. Wir kommen uns vor wie Bauer und Bäuerin aus vergangenen Tagen. Ist erst einmal die Sonne untergegangen, können wir uns auch schlafen legen und der Natur ihren Lauf lassen. T will wissen, wie mein Urteil über ihn lautet. Langweilig, zärtlich und beständig. Er gackert von neuem los. Und als wir versuchen, wieder ernst zu werden – keine Chance. Es fehlt vielleicht an Leidenschaft, aber es ist angenehm wie eine Ballade über zwei Liebende am Flußufer: Zwei Schüler zerdrücken die zarten Grashalme und wissen dabei nicht, wohin sie gehen sollen. Aber T hat ein Problem, andauernd will er wissen, ob es mir gut geht. Kaum habe ich mich ins Vergnügen fallenlassen, da muß ich unterbrechen und ihm antworten: »Ja, es geht mir gut.« Das fragt er mich so oft, daß ich ihm schließlich sage: »Wenn es dir gut geht, darfst du annehmen, daß es auch mir gut geht, und hör auf, Fragen zu stellen.« Es geht mir schon so lange so gut, daß ich unempfindlich geworden bin. Kein Höhepunkt. »Jetzt verstehe ich, wieso es Frauen gibt, die beim Sex stricken«, sage ich zu ihm. Wieder fängt er an zu lachen. »Ich fühle nichts mehr, wir hören jetzt auf. Wenn wir so weitermachen, sind wir bald ein uraltes Paar, und ich habe keine Geduld mehr.«

So. Ich werfe einen Blick auf den Fernseher, wo mittlerweile ein Mann in Endlosschleife ein Liebeslied singt. Das ist noch schlimmer als Karaoke. Die ganze Angelegenheit ist völlig stumpfsinnig und geht mir auf die Nerven. Ich will nicht alt mit dir werden. Höchste Zeit, daß wir uns trennen.

T ist nicht einverstanden. Er will weitermachen. Ich löse mich aus seiner Umklammerung. Er fühlt sich hintergangen.

»Ich fühle mich leer«, seufzt er.

»Wieso denn leer? Spritz doch erst mal ab!«

Der Film ist aus. Es gibt nichts mehr für uns zu tun. T leidet genauso unter Schlaflosigkeit wie ich. Ich frage ihn, ob er es oral mag. Und wie! Aber als ich vor ihm in die Hocke gehe, wird er auf einmal ganz schüchtern. Tatsächlich ist er ganz besonders empfindsam. Kaum daß ich ihn berühre, beginnt er vor Lust zu schreien, und je mehr ich die Zunge einsetze, um so mehr Schreie verwandeln sich in Schluchzen. Er wimmert wie ein Kind: »Ich bete dich an, ich bete dich an, es ist so schön, so schön.«

Nachdem er gekommen ist, sagt er mir: »Mit deinen Reizen hast du mein Interesse am Sex ganz neu geweckt.« Ich? Und sein Interesse am Sex geweckt? Die Männer verlieben sich leichter in ihr Geschlechtsteil als die Frauen. Kraft seines wiedererwachten Interesses ist er nun feuriger, dringt noch einmal in mich ein und ejakuliert leichter.

Wir reden ohne Unterbrechung. Es scheint, wir werden die ganze Zeit damit verbringen. Bis wir schließlich vergessen, worüber wir reden. Im Ten Café hat er gesagt, er könne es nicht leiden, wenn man ihn nach dem Sex berühre, und er hasse es, in den Armen seiner Partnerin einzuschlafen. Aber in meinen Armen ist er eingeschlafen. Trotz seines unmenschlichen Gesichts und mit seinem Körper eines sanftmütigen Schafs – es ist megaangenehm, sich an seinen Körper zu kuscheln.

Als er aufwacht, zwingt er sich, in die Realität zurückzukehren und sich wieder den Dingen des Alltags zuzuwenden. Aber bevor er geht, nimmt er sich die Zeit, noch einmal mit mir zu schlafen. Er sagt, daß er während seiner Arbeitszeit oft Sex hätte. Hört man ihn reden, könnte man ihn für einen Zwangsarbeiter halten.

DRAMA

Nachdem er gegangen ist, schlafe ich noch mal bis zum Nachmittag. Als ich aufwache, vertiefe ich mich in den Roman von CS und lese noch einmal die Passagen, in denen es um T geht. Ich lache mich schlapp. Ihre Beziehung schwankte stets zwischen Liebe und Haß. Sie ist gnadenlos beim Bloßstellen seiner Schwächen, aber man begreift, bis zu welchem Grad sie ineinander verliebt waren. T hat ihr die Freiheit gegeben, ihren

Launen zu folgen. Er war großmütig. Was sie an T interessierte, war erstens, daß er ein Müßiggänger war, zweitens, daß er keine müde Mark besaß, und drittens, daß er nie Zeit hatte. T war die Bestätigung dafür, daß alle Männer, in die CS sich verliebt, arme Schlucker sein müssen. Sie ist bemitleidenswert. Tatsächlich ist das bei mir ganz ähnlich. Je weniger Geld, desto mehr Gefühl ist im Spiel.

T schickt mir eine SMS, er erkundigt sich, ob wir uns treffen können, er will mich zum Essen einladen. Ein Abenteuer einer Nacht, das sich in ein Abenteuer zweier Nächte verwandelt, führt zu einem Engpaß. Vor allem, wenn es zwei Nächte in Folge sind. Es ist lange her, daß das vorgekommen ist, aber da er morgen nach Peking zurückfährt, füge ich mich.

Genau wie CS es in »China Girl« beschreibt, ist T manchmal ein bißchen beschränkt. Er schleppt seine Reisetasche und seinen etwa drei Tonnen schweren Koffer mit, was so anstregend ist, daß er sich von Zeit zu Zeit ausruhen muß. Meine Hilfe weist er zurück. Offenbar hat er nicht gemerkt, daß der Koffer einen Griff und Räder hat! Dann sieht er mich den Koffer ohne die geringste Mühe ziehen, die Augen voller Bewunderung. Wir haben beschlossen, das Gepäck zu deponieren und essen zu gehen. Aber als wir erst einmal bei mir sind, läßt er sich nicht mehr wegbewegen.

»Ich habe nichts gegessen, ich habe einen Riesendurst. Du bist unzuverlässig, CS hatte recht: Man kann sich nicht auf dich verlassen.«

Auf einmal komme ich mir genauso launisch wie sie vor. Er rührt sich immer noch nicht. Im übrigen habe ich beschlossen, ihn mit einigen Textpassagen zu konfrontieren: »Auf Seite zweihundertsechsundfünfzig schreibt CS: ›*wie kann man so einen Menschen lieben? Unmöglich, seine tief verwurzelten Charakterzüge habe ich längst durchschaut, Lug, Betrug, Diebstahl, Raub, Lügerei, nichts ist ihm fremd. So ein Mensch ist das Letzte.*‹«

»Mich kann man sehr wohl lieben, genauso wie ich lieben kann«, verteidigt er sich.

»Also dann, Seite zweihundertsechsundsiebzig: ›Mittlerweile war ich davon überzeugt, dass ich T liebte. Ein Beweis dafür war, dass ich nicht des Geldes wegen mit ihm zusammen war … Ob T mich geliebt hat, wage ich nicht zu beurteilen. Ich wage allerdings zu behaupten, dass er keine guten Absichten verfolgte.‹ Hast du sie geliebt?« will ich von ihm wissen.

»Ja.«

»Wieso hast du ihr das nie gesagt?«

»Vielleicht hat sie einfach nicht verstanden, wie ich liebe.«

Na, wenigstens habe ich CS geholfen, diesen Punkt zu klären.

»Immer noch auf Seite zweihundertachtundvierzig. CS: ›Ich weiß noch, dass wir damals ein kleines Hotel fanden. Trotz aller Hektik vergaß T nicht, den Preis herunterzuhandeln (von sechzig auf vierzig Kuai).‹«

Ich frage ihn, ob das stimmt.

»Ja«, meint er verlegen.

»Seite zweihundertsechsundsiebzig. CS: ›Sein Ziel war klar, der Blick leer, dieser Vampir, der mir seine Jungfräulichkeit gegeben hat.‹ Wann war das?«

»Später.«

»Und wo?«

»In einem anderen kleinen Hotel. Wir hatten praktisch alle kleinen Hotels in Peking durch.«

»Müßt ihr aber Geld gehabt haben!«

»In den Ruin hat es uns nicht gestürzt. Ein Zimmer zu hundertachtzig, das macht neunzig für den halben Tag.«

»Wieso schreibt CS in ihrem Roman nichts über diese romantischen Details?« Ich finde das seltsam.

»Das ist schwierig zu erklären.«

»Na egal. Vor einiger Zeit habe ich jemanden in Peking besucht, der keine müde Mark hatte. Nicht mal seine Wohnung kam in Frage. Er ist mit mir für vierzig Yuan in einen alten Atomschutzbunker gegangen. Dort war es total finster, die Bettwäsche war ekelhaft, und man mußte drei Yuan zahlen, um sich in den Gemeinschaftsduschen mit heißem Wasser waschen zu können. Aber ich fand es so romantisch …«

»In dem billigsten Hotel, das wir genommen haben, konnte man nicht einmal die Zimmertür schließen.«

»Hast du es gleich beim ersten Mal gepackt?«

»Nein. Aber sie war geduldig, hat mich geleitet, und beim zweiten Mal ging es dann.«

Ich wundere mich immer mehr und frage ihn noch einmal, weshalb CS denn nicht darüber geschrieben habe.

»Hat sie doch.«

»Noch mal Seite zweihundertsechsundsiebzig. CS: ›Dieser Mann, der im Bett mit mir den Namen einer anderen rief. Der weder liebe Worte noch Liebkosungen für mich hatte.‹ Und was dann weiter?«

»Weiter war nichts, sie wollte nicht, daß noch was lief.«

»Die blöde Kuh! Die hätte doch bloß den Namen Wang Shuo herausschreien müssen!«

Wieder sein Manga-Lachen …

»Noch einmal ab Seite zweihundertsechsundfünfzig. CS: ›Ich habe nun wirklich genug. (Heute zum Beispiel hat er mich zur Bank für Handel und Industrie geschickt, um meinen Lohn abzuholen. Anschließend gingen wir einkaufen, ich erstand zwei Packungen Chips, woraufhin er mich bremste, ich solle nicht noch mehr kaufen, er habe wenig Geld, ob ich erst Ruhe gebe, wenn ich all sein Geld ausgegeben hätte.‹«

»Damals konnte ich mir nichts leisten.«

Wie traurig! Doch zu seiner Entlastung muß man immerhin anführen, daß sein Geiz von seinen fehlenden finanziellen Mitteln herrührt.

In dem Moment verdüstert sich sein Blick, Traurigkeit überwältigt ihn. Seine Erinnerungen scheinen ihn zu quälen. Ich komme mir ein bißchen grausam vor, daß ich ihn so schikaniere.

Es ist nicht der Mühe wert, die Antworten von T zu überprüfen und weiter in ihn zu dringen. Wer außer *Rashômon*[*]

---

[*] Japanischer Film von Akira Kurosawa (1950), in dem der Hergang eines Verbrechens aus den jeweiligen Perspektiven der Beteiligten – Täter und Opfer – auf sehr differierende Weise rekapituliert wird.

kann schon mit Bestimmtheit sagen, was die Wahrheit ist? Der T von CS, der T von Mu Zimei und der T von T sind ganz gewiß höchst unterschiedlich. Und das ist kein Problem der Grammatik, sondern ein Problem der Perspektive.

T ist eine eher virtuelle Persönlichkeit, die jungen, literarisch interessierten Mädchen voller Illusionen zusagt. Er ist der Rohstoff, aus dem sich ihre Phantasie nährt. Ich frage ihn, ob ihn es stört, daß ich das alles schreibe. Er hat keinerlei Einwände. Ich lasse den Roman von CS fallen wie den Vorhang am Ende des Schauspiels.

LIEBE

Wir machen das Licht aus. Einander und unserer Einsamkeit in der Dunkelheit zugewandt, bleiben wir liegen. »Wieso bist du noch mal zu mir zurückgekommen?« frage ich ihn. »Erträgst du die Einsamkeit nicht?«

Er weiß nicht, was er darauf antworten soll. Er fragt mich, ob ich ihn am Morgen darauf zum Flugplatz begleite.

»Nein. Ich schaffe es einfach nicht, um 7 Uhr aufzustehen. Du mußt allein gehen.«

»Wenn du mitkommst, revanchiere ich mich, wenn du das nächste Mal in Peking bist, und bringe dich zum Flugplatz.«

»Auf Erpressung reagiere ich nicht.«

Wir sind wie Kinder, die Vater und Mutter spielen.

T küßt mich, und wir kommen gleich zur Sache. Sex ohne Vorspiel. Wenn er etwas will, visiert er sein Ziel direkt an. Er muß sich aus seiner Traurigkeit heraushelfen, lenkt seine Melancholie in die Liebe. Nur eine Frau kann ihm dabei helfen. Es gibt die, mit denen es funktioniert, und die, mit denen es nicht funktioniert. Für die, mit denen es funktioniert, hat er Gefühle; für die anderen empfindet er auch etwas; und dann gibt es noch die, bei denen gar nichts läuft. Er ist also in der Lage, Liebe zu geben, jedoch kann er seine Gefühle nicht nur einem einzigen Menschen schenken.

Der Sex macht uns sentimental. Rhythmus und Gesten sind routiniert. Wir benutzen ein japanisches Kondom. Ich sehe zu, wie er einen eleganten Knoten in das andere macht. Das Sperma darin ist frisch. Er legt das Kondom als Deko auf den Tisch. Der Akt ist vollzogen. Sonst gibt es nichts zu tun. Gar nicht so einfach, unser zweites Abenteuer einer Nacht hinter uns zu bringen. So haben wir in zwei Nächten Leidenschaft, Argwohn, Gleichgültigkeit und Trennung durchlebt, die Gefühle, von denen auch CS spricht. Nur daß sie dafür ein Jahr gebraucht hat.

Wir langweilen uns, es ist öde. Ich beschwere mich. Ich erzähle von den jüngsten Umwälzungen in meinem Leben und vom ungewissen Schicksal meines Buchs. Mein Schicksal kann ich mir nicht aussuchen. Und in diesen letzten zehn Stunden ist dies das erste sinnvolle Gespräch mit T.

»Wollen wir was essen gehen«, schlägt T vor, er will mich aufmuntern.

Ich will ihm helfen, sein Geld beisammenzuhalten. Ein sparsamer Mann braucht eine Frau, die seine Tugend wertschätzt. Je mehr man sie anerkennt, desto großzügiger ist er. »Und wenn wir uns einfach auf der Straße ein paar Bratspießchen kaufen?«

T schlägt mir ein schickes Restaurant vor: »Was hältst du davon?«

Resultat: Wir kaufen uns nicht nur die Spießchen, sondern gehen obendrein noch ins Restaurant.

»Etwas Warmes täte mir jetzt gut.«

»Was kosten die Suppen?« fragt er.

Als ich das höre, will ich sofort die billigste zu achtundzwanzig Yuan bestellen, die mit dem Fischkopf, sonst bestellt T noch die teuerste zu achtundfünfzig Yuan. Ich weiß ja jetzt, daß er großzügig sein kann. Das genügt mir, es ist ja nicht nötig, seine Tugend zunichte zu machen.

Unsere Beziehung scheint ganz alltäglich. T will, daß ich von seinen Hähnchenflügeln probiere, aber ich will ihm nichts wegnehmen. Er ißt gierig, bietet mir dann seinen Fischkopf an, denn er weiß, daß ich den am liebsten habe. Die Brühe ist wirklich nicht schlecht. Wir bestellen noch mehr davon und trinken sie. Da entdecke ich, daß er schwarze Gummibänder um das Handgelenk trägt, die ich vorher gar nicht bemerkt hatte. Nun sind allerdings seine Haare nicht sehr lang. Ich frage, weshalb diese Gummibänder. Er antwortet ausweichend und geheimnisvoll, daß sie eine Erinnerung an ein Mädchen sind. Ich dringe nicht weiter in ihn. Es ist nicht nötig, daß Mu Zimei ein zweites Abenteuer in einer Nacht hat, sie wird allzu leicht sentimental.

Auf jeden Fall wird, wenn wir das Ganze noch ein bißchen in die Länge ziehen, in einigen Stunden der Tag anbrechen und T verschwinden. Er geht ein paar Einkäufe im Seven-Eleven machen. An der Kasse sieht er sich die Kondome an. Schließlich entscheidet er sich für eine chinesische, in Xiamen hergestellte Marke, die sich »Erotisches Parfum« nennt. Er erzählt, daß die Bauern in der Provinz Anhui die Kondome »Bambusjacken« nennen. Das ist wirklich komisch.

Dann reden wir über Musik – Japan, Tom Waits, Low – und darüber, welcher Sound am besten geeignet ist, um dabei Sex zu haben. Aber ich habe nur noch einen Gedanken: schlafen. Doch T schlägt mir vor, die einheimische Marke auszuprobieren. Wir vögeln noch einmal. Er fragt mich, wie ich mich fühle. Äh, irgendwo zwischen »langweilig, weich, ausdauernd« und »langweilig, weich, Tendenz rauh, ausdauernd«, kaum Platz für Variationen. Ganz bequem machen wir es auch noch einmal von hinten. Wir sind müde, und schließlich schlafen wir ein, als wir uns küssen. Nach einer kleinen Nummer im Halbschlaf, ohne daß wir wissen, wer von uns sich als erster gerührt hat, wachen wir auf und beenden es, wobei wir uns über den jeweils anderen lustig machen.

ABSCHIED

Aus Solidarität begleite ich T zum Flughafen. Er ist ein ängstlicher Mensch, der sich nicht sicher zu fühlen vermag. Er braucht mich, denn er findet sich am Flughafen von Kanton nicht zurecht (ich glaube, das ist die Folge der zweiten Nacht unseres Abenteuers). Er ist selten mit dem Flugzeug unterwegs. Er hat Angst, daß er es nicht schafft einzuchecken, er hat Angst, zu spät zu kommen, er hat Angst, kein Taxi zu kriegen. Ich bin seine Ängste leid.

Kaum sind wir am Flughafen, ist er völlig orientierungslos. Ich begleite ihn zum Schalter »1310«, wie es auf seinem Tikket angegeben ist, da holen wir seine Bordkarte. Aber er gerät in Panik und macht sich daran, alle Flüge zu überprüfen, »nur zur Sicherheit«. Auf der ersten Etage gibt es Schilder, die den Weg Richtung Paßkontrolle und Zoll weisen, aber er fragt in einem fort: »Wo müssen wir hin? Wo müssen wir hin?« Als ich ihm sage, er soll sich zusammenreißen, gerät er nur noch mehr aus dem Konzept. Andauernd wiederholt er, daß er dumm sei. T ist jemand, der das Leben liebt, es sich aber verdammt schwer macht.

Allmählich begreife ich, weshalb CS nichts über ihre sexuellen Erfahrungen mit T geschrieben hat. Seine Schwächen zu enthüllen macht viel mehr Spaß.

Nach dem, was ich mitbekommen habe, ist seine Ängstlichkeit auf die frühe Todeserfahrung zurückzuführen. Er mag sich so arrogant geben, so provozierend benehmen, wie er will, das Selbstbewußtsein, das er zur Schau trägt, reicht nicht aus, um die durch das Aufwachsen ohne Vater entstandenen Verunsicherungen zu kaschieren. Dieser Verlust hat ihn kraftlos und egoistisch werden lassen. Er hat Probleme, mit anderen zurechtzukommen. Wenn mangelndes Selbstvertrauen und emotionale Unzulänglichkeit aufeinandertreffen, entsteht Chaos.

Bevor T an Bord geht, fragt er mich:

»Hast du mir etwas zu sagen?«

»Nein.«

Und das stimmt.

T zeigt mir einen Button auf seiner Jacke.

»Gefällt der dir?«

»Was ist das? Willst du mir den schenken?«

»Eine japanische Bekleidungsfirma«, sagt er und gibt mir den Button. »Den trage ich schon seit Ewigkeiten.«

Was erhofft er sich? Wie soll ich das verstehen?

Er geht und dreht sich bei jedem Schritt um. Bis er aus meinem Blickfeld verschwindet.

T ist wie ein Schriftzeichen, das aus dem Roman von CS geflogen ist. Wie einen Ziegel, der aus einer Mauer gefallen ist, stopfe ich ihn mit ein bißchen Zement wieder in die Häuserwand zurück.

17. November 2003
Unschuldige, von MZM in Mitleidenschaft gezogen

Ich verweigere einer kantonesischen Zeitung ein Interview, und zwar der »News Express«, die vorschlägt, eine Reportage über vier Tage im Leben der Mu Zimei als Serie zu bringen.

Internen Quellen zufolge findet Zhouqiong, Autorin der Reportage »Die Affäre Mu Zimei«, die ein in Kanton ebenfalls sehr bekanntes sexuelles Tagebuch unterhält, daß ihre Arbeit großartig und sehr einflußreich gewesen sei. Aber den erhofften Erfolg heimst sie damit nicht ein. Als sie protestiert, kostet sie das beinahe ihre Stelle ...

Übrigens wollte, laut derselben Quelle, die »News Express« Mu Zimei schon Anfang des Monats interviewen. Sie sind mit den »Postumen Liebesbriefen« verlinkt, aber der Journalist, dem man den Job übertragen hat, ist nicht erfolgreich und bringt während des ganzen Monats nichts zuwege. Deshalb zeigt sich der Chefredakteur der »News Express« keineswegs erfreut, daß nun die Zeitschrift »Mingpai« ein Interview veröffentlicht. Das kostet seine Zeitung ein Vermögen.

Das ulkigste ist, daß zwei ehemalige Journalisten dieser Zeitung, die Mu Zimei einmal getroffen haben, nun gezwungen sind, sich von einem Kollegen derselben Zeitung dazu interviewen zu lassen.

Sie müssen gute Miene zum bösen Spiel machen: »Ihr braucht gar nichts zu tun und bekommt einen Batzen Geld dafür.« Am Ende trägt der Journalist alle Infos zusammen und veröffentlicht eine Reportage. In einer weiteren Reportage berichtet dann er über Einzelheiten seiner mißglückten Geschichte mit Mu Zimei. Sie ist gar nicht schlecht, aber ich bringe einige Korrekturen an und ergänze Details.

Vielen Dank an die »News Express«, bei der ich früher einmal ein Praktikum gemacht habe. Ihr habt gute Reklame für mich gemacht und die Jugendlichen von Kanton endgültig »infiziert«. Vielleicht wußten sie bis dahin ja noch gar nichts von der Existenz von Mu Zimei und ihrem Blog. Die Zeitung übernimmt wahrscheinlich die Verantwortung, genau wie es die Skandalpresse in Hongkong tut. Dort gibt es eine Zeitschrift, die Adressen von Dealern publiziert, Tips zu Modedrogen gibt und dazu, welche Art Stoff man sich beschaffen soll, wie man den guten vom schlechten unterscheidet, um die Leser zu guter Letzt daran zu erinnern, daß Drogenkonsum illegal ist und es besser sei, sich von diesen unerlaubten Substanzen fernzuhalten.

Kurz und gut, ich spreche ihnen meine »aufrichtigen Glückwünsche« zu ihrem Mediensinn und ihrem Berufsethos aus.

17. November 2003
Unschuldig

Bei all der Aufregung komme ich nicht mehr dazu, mich in meinen Blog einzuloggen. Zwei- bis dreihunderttausend Augen bahnen sich derweil ihren Weg zu den »Postumen Liebesbriefen« und verschlingen sie. Das ist gar nicht so schlecht.

Ich ruhe mich aus, ganz in Frieden. Genauso friedlich wie in den Zeiten vor dem Blog. Die, die sich auf sina.com von der Nation hat beleidigen lassen, hat mit mir nichts zu tun. Auch wenn ich nicht mehr so zerbrechlich bin wie vorher, habe ich doch einige verzweifelte Anrufe getätigt.

Zu X: »Ich möchte mein Buch lieber nicht rausbringen, den Vertrag unterschreibe ich nicht!«

Zu XX: »Sagt sina.com, daß ich eine Stinkwut im Bauch habe! Ich fühle mich benutzt, sie haben mich verkauft!«

Zu AA, mit der ich sehr befreundet bin: »Wieso beurteilen

und kritisieren mich alle, ohne mich zu kennen? Wieso beleidigt man mich, ohne die Fakten zu kennen?«

AA antwortet, daß die Medien immer so arbeiten. »Du bist der ideale Köder, eine dicke Rinderhälfte, die man unter sich aufteilen kann ...«

Das wäre es dann. Sie haben versucht, mich zu interviewen, und ich habe sie hingehalten. Dann haben sie einfach geschrieben, was sie schreiben wollten. Sie haben mir mein Recht auf freie Meinungsäußerung genommen.

In dem Fall gebe ich ihnen alles, was ich habe. Und ich fahre fort zu bloggen.

Laut Murakami muß man sich letztlich immer bewußt sein, daß man nicht alles erklären kann. Doch auch er schafft es nicht, dies auf sich selbst anzuwenden. Aber das beweist schließlich nur, daß man niemals völlig isoliert ist.

An dem Tag, an dem zu viele Blicke auf mir ruhen und ich in einer Flut von Schmutz ertrinke, werde ich anfangen, mich zu verteidigen. Aber das läuft dem Geist meines Blogs zuwider. Ist unvereinbar mit meiner Offenheit und Spontaneität.

Heute habe ich mir mein Tagebuch noch einmal von Beginn an durchgelesen, und mir wurde klar, daß ich zu weit gegangen bin. Es ist nicht gut, wenn man sich selbst nicht abschirmen kann. Ich muß mein »Privatleben« auch vor mir selbst schützen.

Ich muß nicht kämpfen, um ein bestimmtes Bild zu verteidigen, bestimmte Vorstellungen zu bestätigen. Ich bin nicht auf der Welt, um eine irgendwie geartete Moral umzuwerfen.

Ich will weiterhin in Freiheit atmen. Das kleine Mädchen in mir nicht verlieren. Ich schreibe, wie ich lebe. Bei aller Verleumdung, trotz der Tatsache, daß man mich vernichten will – und wenn die Männer bei der Erwähnung meines Namens bleich werden, tja, Pech gehabt.

Wenn die Affäre Mu Zimei letztlich bedeutet, daß kein Chinese sich mehr traut, mit mir zu schlafen, ist das nichts weiter als das Eingeständnis ihrer Schwäche.

Hihi, vielleicht sollte ich die Medien verklagen wegen Eingriffs in »mein Sexualleben«!

Xiaomu, du mußt dir deiner Position sehr gewiß sein. Ich habe das Recht zu ficken, und ich habe genausogut das Recht, nicht zu ficken.

17. November 2003
Opfer meines Rufs

Ruhm = Zerstörung. Frei zu leben tötet die Freiheit. Der reinste Selbstmord.

Bericht aus dem Leben einer berühmten Frau zwischen gestern nachmittag und jetzt.

16.00 – 18.00 Uhr: Ein Freund hat mir einen renommierten Kritiker vorgestellt, der mir riet, mich ganz aufs Schreiben zu konzentrieren und mein nächstes Buch in Angriff zu nehmen. Nun habe ich erfahren, daß er im Vorfeld Recherchen zu meinem Thema angestellt hat. Er hat mich gefragt, was aus Mu Zimei geworden ist. Er wollte auch wissen, wie viele Typen von der 289[*] ich vernascht hätte. Wirklich witzig, also worum kümmert er sich denn nun, um die Schriftstellerin oder die Fickerin?

18.00 – 21.00 Uhr: Tratsch und Klatsch. Eine Gruppe von Schriftstellern diskutiert gerade über den Fall Mu Zimei, wie üblich, ohne daß einer die Güte hatte, sie selbst dazu zu befragen. Nicht einer, mit Ausnahme dieses Kritikers. Eine geschätzte Schriftstellerin aus Kanton äußert sich über Mu Zimei: »Sie ist mit der ganzen Welt ins Bett gegangen, und sie hat alle bloßgestellt. Hast du eine Ahnung, wie alt sie ist? Mitte Zwanzig. Die Mädchen von heute sind wirklich hinterhältige Biester!« Und einmal, in einem Café, war sich ein Gast nicht sicher, ob er wirklich Mu Zimei vor sich hatte, sah auf der Stelle im Internet nach und fand meine Fotos. Herzlich willkommen, liebe Diskretion.

---

[*] Kanton-Allee 289, Adresse der Redaktion, in der Mu Zimei gearbeitet hat.

21.00 – 22.00 Uhr: Anruf von Mama. Offenbar ist ihr die Existenz der »berühmtesten Chinesin des Jahres 2003« entgangen. »Dein Bruder sagt, du hast dich reinlegen lassen«, erzählt sie mir in ruhigem Tonfall, um mich glauben zu lassen, sie sei gar nicht beunruhigt.

»Das würde jetzt ein bißchen dauern, das zu erklären, Mama, um es kurz zu machen, laß mich dir sagen, daß ich nicht wie alle anderen lebe, daß aber alle anderen mir schaden wollen.«

»Ich kenne dein Buch nicht einmal«, erwidert sie mißmutig.

»Mach dir keine Sorgen, ich komme schon raus aus der Sache.«

»Gut.«

Um so besser. Ich dachte, Mama wüßte schon Bescheid.

»Deine Tochter ist eine Nutte, und die ganze Nation ist darüber im Bild.«

Später lese ich einen ernsthaften Artikel in Yahoo: »Berücksichtigt man den Einfluß von Mu Zimei, bekommen wir ein Bild von der Macht des Internets und der Rolle einzelner Websites.« Haha, die fallen sich allmählich schon gegenseitig in den Rücken, der Krieg im Namen der Mu Zimei hat begonnen.

22.00 – 00.00 Uhr: Ich diskutiere mit zwei Männern im Alter meines Vaters. Unser Gesprächsgegenstand: herausfinden, wie sich das Konzept Mu Zimei weiterentwickeln ließe. Der eine von beiden, philosophisch sehr bewandert, schlägt sich auf meine Seite; der andere, ein Mann in den Vierzigern, ist so banal, banaler geht es schon nicht mehr. Mit Zwanzig hat er einen Roman gelesen, der die ewige Liebe proklamierte und ihn überwältigte. Dann verliebte er sich in eine Frau, die dem Frauenideal dieses Romans entsprach. Schon zwanzig Jahre leben sie nun zusammen. Seit einigen Jahren hat er eine Affäre, ohne daß seine Frau davon weiß. Als seine Geliebte erkannte, daß er sich nicht zu ihr bekennen wollte, verließ sie ihn erst, kehrte dann aber doch wieder zurück. Er sagt, das Ganze verursache einen Wahnsinnsärger. All das hört sich sehr widersprüchlich an. Was für ein sentimentaler Mensch. Er räumt ein, daß er zwei Frauen gleichzeitig liebt. Am merkwürdigsten ist, daß er seiner Frau nie überdrüssig geworden ist, sogar der Sex mit ihr gefällt ihm besser als der Sex mit seiner Geliebten. Er meint, das sei auf die große Intimität zwischen ihnen zurückzuführen und auf die Tatsache, daß sie einen vollkommenen Körper habe. Seine Geliebte ist weniger gut gebaut, aber dafür jünger. Der Kontakt mit ihr läßt ihn wiederaufleben. Er hofft, ohne große Unannehmlichkeiten beide Beziehungen aufrechterhalten zu können.

»Würdest du akzeptieren, wenn deine Frau sich einen Liebhaber nähme?« frage ich ihn.

»Nein.«

»Und wenn nun alle Frauen deiner Freunde Liebhaber hätten, fiele es dir dann leichter zu akzeptieren, daß deine Frau sich auch einen hielte?«

»Nein.«

»Wenn du im Ausland leben würdest, in den USA zum Beispiel, würdest du es dann akzeptieren?«

»Vielleicht, aber es würde bestimmt eine gewisse Zeit dauern.«

Er meint, die Männer seiner Generation tragen in ihren Köpfen überkommene Vorstellungen. Was die Treue angeht, könnten Frauen keine Gleichstellung mit den Männern verlangen. Die Untreue sei ein typisch männlicher Charakterzug. Übrigens akzeptieren die Frauen seiner Generation alle diese »Ungleichheit«. Ergebnis einer heuchlerischen Übereinkunft: Du kannst treiben, was du willst, solange ich nur nichts davon weiß.

Für ihn stellt Mu Zimei »die Frau des neuen Jahrhunderts« dar. Er bietet ihr ein Päckchen Zigaretten an, fragt sie, wann sie mit dem Rauchen angefangen habe, aber ich habe keineswegs die Absicht, mit ihm zu schlafen, und er traut sich nicht, es mir vorzuschlagen. Er lebt schon so lange in der Heimlichkeit, daß er nie und nimmer das Risiko einginge, entdeckt zu werden.

00.00 – 1.00 Uhr: Bei mir. Mein Handy ist kaum aufgeladen,

da erhalte ich einen Anruf von T. Ich erzähle ihm von mir. Er erzählt mir von sich. Aber wir interessieren uns nicht füreinander. T teilt sich gerne mit. Er läßt andere gern wissen, was er denkt. Aber was er tut und was er denkt, hat keinerlei Bezug zu mir. Ich bin nicht in ihn verliebt, und ich habe auch keine Geduld, jedenfalls nicht genug für solch Trivialitäten.

T will prinzipiell, daß jede seiner Geliebten seine Freundin wird. Ich dagegen ziehe es im Moment vor, mit einem Typen zu schlafen und ihn dann zu archivieren. Denn es gibt auf dieser Welt so unendlich viele Männer, die darauf warten, daß ich sie erforsche. Das ist Schwerstarbeit.

18. November 2003
Beifall für Mu Zimei

»Mu Zimei, ich singe dein Lied …« Pangwei, der Dichter aus Hangzhou, übermittelt mir sein Loblied mit seiner schönen, wohlklingenden Radiostimme, wie im Volksfunk. Ich bin ganz gerührt.

Na gut, fangen wir mit dem Anfang an: Gestern nachmittag, ich gehe gerade von zu Hause weg, erhalte ich einen seltsamen Anruf: »Bist du Mu Zimei?« fragt mich ein Unbekannter. Da seine Stimme ein wunderschönes Timbre hat und sich nicht nach der eines Journalisten anhört, bejahe ich. Er stellt sich vor und erklärt, er sei Dichter. Ich höre Leute in seiner Nähe laut lachen.

»He! Gehörst du irgendeiner Gruppe an?« Er antwortet nicht. »Was willst du? Willst du ficken?« Mit Dichtern muß man keine großen Umstände machen, die sind unbefangen. »Nicht dieses Wort. Verwende kein aktives Verb.« (He! Ich habe mich nicht geirrt.) »Also, reden wir noch eine Weile um den heißen Brei herum?« – »Herumreden ist auch ein aktives Verb.«

Tief im Innern ficke ich ihn schon jetzt. Ich sage ihm, ich bin gerade dabei, die Allee zu überqueren, und wir könnten weiterreden, sobald ich ein Taxi gefunden hätte. Ich frage ihn, wo er ist.

»Irgendwo.«

»Worüber reden wir?«

»Ich sage es dir gleich. Ein kleines Gäßchen, sehr lang, sehr tief ... überschwemmt ... südlich vom Fluß ...«

Kein guter Empfang, seine Stimme klingt zerhackt.

»Na schön, zurück zum Wesentlichen, diese Umwege ermüden mich.«

»Du bist müde, weil du die Allee überquert hast.«

Zum Ficken schön, ein richtiger Dichter. Ich werde ihn abhängen. Er ist eine fürchterliche Nervensäge.

Er hält mich zurück, indem er die Stimme erhebt. Indem er darauf besteht, mir zu sagen, daß er mich unterstützt.

»Mu Zimei, ich singe dein Lied ...«

Er fährt fort: »Erinnere dich an das, was Panwei, der Dichter aus Hangzhou, sagt.«

»Sehr schön. Wer sonst spricht sich noch für mich aus?«

»Chen Dongdong (he, den Namen habe ich doch schon irgendwo gehört), Han XX ...«(den Rest höre ich kaum noch).

Er redet noch eine Weile weiter und nennt eine ganze Reihe von Namen, ohne daß ich ihn verstehen könnte. Beinahe hätte ich ihm meine E-Mail-Adresse gegeben, um die anderen zu bitten, auf meiner Website zu inserieren. Aber das tue ich dann doch nicht. Was für ein Verlust für sie!

Ich höre Beifall hinter ihm, wie rührend! Je größer ihr Herz, um so maßloser leben sie, um so lauter schreien sie.

18. November 2003

Heiraten

Nächstes Wochenende kommt mein alter Schulfreund Mayimu nach Kanton.

»Wenn ich dich jetzt heirate, werde ich berühmt«, sagt er.

»Dann laß uns die Gelegenheit nutzen und heiraten!«

Er hält das für eine gute Idee. Das neue Heiratsprocedere ist einfacher, man muß weniger Formalitäten erfüllen. Man braucht kein Gesundheitszeugnis mehr (keine Angst vor Aids), auch der Nachweis, daß man ledig ist, gilt nicht mehr als zwingend erforderlich (so was hätte ich auch gar nicht).

Mayimu behauptet, daß sich in seiner Umgebung alle für Mu Zimei und ihre Lebensart begeistern. Er kennt sogar ein junges Mädchen, das bedauert, nicht selbst eine Mu Zimei werden zu können. Sie hat versucht, Mayimu zu verführen, hat ihm einen *kiss* gegeben, und weil sie es nicht schaffte, den Mund aufzumachen, hat sie sich in seine Arme geschmiegt.

Er schlägt vor, wir sollten beide eine Zeitschrift bei uns haben, damit wir uns wiedererkennen, wenn er dieses Wochenende ankommt. Ach, Mayimu, du hast dich auch nicht ein bißchen geändert. Genau das hast du mir schon vor Jahren vorgeschlagen.

18. November 2003
Literaturstudent

Gestern abend bombardierte mich jemand mit Nachrichten über MSN. Da ich dachte, es handle sich um einen Verleger, rief ich ihn zurück. Was für ein Pech, es war ein Literaturstudent, der eine Radiosendung mit dem Titel »Nachtgespräch« moderiert. Ich bereute sofort, mich gemeldet zu haben.

Kaum hatte ich wieder aufgelegt, fuhr er fort, mich mit MSN zu bedrängen.

Auszug: »Hast du geschlafen? Haben die Männer, die in deinen Augen Gnade finden, dir etwas Wärme in kühleren Nächten zu bieten?«

Zweiter Auszug: »Ich hätte nie gedacht, daß du solch eine kristallklare Stimme hast.«

Der arme Junge! Für einen Moderator einer Nachtsendung liegt er wirklich meilenweit daneben. Aber in Shenzhen, wo auf einen Mann sieben Frauen kommen, ist ein armseliger Typ sieben Mu Zimeis wert.

20. November 2003
Wir schließen

Ich schließe meinen Blog. Trauriges Ende. Verschiedene Medien haben Reportagen über Mu Zimei gebracht, Gerüchte sind verbreitet worden. Plötzlich haben kommerzielle Websites wie sina.com meine Site kopiert, um für sich Reklame zu machen. Sohu.com hat die Surfer im Netz sogar aufgefordert, über mich abzustimmen und mich zu bewerten. Sie haben entschieden, mein intimes Tagebuch sei schlimmer als jeder Porno. Und gingen sogar so weit, mich wegen »Werbung für Obszönitäten« zu verteufeln …

21. November 2003
Mit vollem Körpereinsatz

Gestern rief mich ein Liebhaber an, den ich vor einiger Zeit mit zweitausend Schriftzeichen in meinem Blog verewigt hatte:

»Heute habe ich dein Foto bei sohu entdeckt. Nun bist du also berühmt!«

»Ja, in der Tat, ich bin sehr beliebt. Hättest du das von mir etwa nicht gedacht?«

»Auch ich bekomme nun meinen Teil von deinem Ruhm ab.«

»Wie das denn?«

»Bei meiner Frau.«

»Ah, verstehe … ich habe über dich geschrieben. Fühlst du dich hintergangen?«

»Ein bißchen. Meinen Namen hast du ja nicht enthüllt. Weißt du wenigstens, wie ich heiße?«

»Natürlich, aber ich habe dich nicht abserviert.«

»Tu das ja nicht. Die anderen kannst du gern abservieren!«

»Vielleicht sähen sie es aber ähnlich ungern wie du, wenn man ihren Namen im Internet verbreitet!«

»Mir ist nur wichtig, daß meine Frau nichts erfährt. Heute hat sie Nachtschicht. Sehen wir uns?«

»Geht nicht, ich habe schon eine Verabredung. Wieso willst du mich sehen? Weil es umsonst ist?«

»Ja, es ist umsonst. Nur Nutten bezahlt man.«

»Und würde es dir nicht vielleicht gefallen, wenn du einmal über mich schreiben würdest?«

»Ich kann nicht schreiben, aber ich unterstützte dich und was du tust mit vollem Körpereinsatz.«

»Meine Güte, jetzt bin ich aber gerührt! Es gibt also immer noch Typen, die sich trauen, mit mir zu schlafen! Das ist so viel wichtiger als jede geistige oder moralische Unterstützung!«

»Es geht doch nur darum, daß ich dich gern wiedersehen würde. Du fehlst mir!«

»Trotzdem, es geht nicht. Wegen all dieser Scherereien hat mich meine Lust verlassen.«

»Mach dir darüber keine allzu großen Sorgen. Das geht vorüber. Beim nächsten Mal wird das schon anders sein.«

»Wie anders?«

»Keine Ahnung. Muß ich drüber nachdenken.«

»Ein andermal. Ich muß jetzt los.

»Paß gut auf dich auf.«

ENDE

Die Zitate aus »China Girl« sind folgender Ausgabe entnommen: Chun Sue, »China Girl«, übersetzt von Karin Hasselblatt. München, Goldmann, 2006.

»Man muß sich die Kunden des Aufbau-Verlages als glückliche Menschen vorstellen.«

SÜDDEUTSCHE ZEITUNG

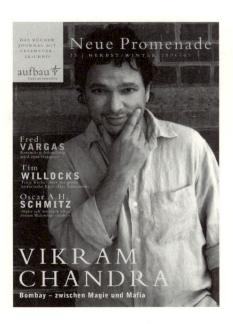

Das Kundenmagazin der Aufbau Verlagsgruppe erhalten Sie kostenlos in Ihrer Buchhandlung und als Download unter www.aufbauverlagsgruppe.de. Abonnieren Sie auch online unseren kostenlosen Newsletter.

Knisternde Lektüre: Moderne Erotikliteratur

HONG YING
Die chinesische Geliebte
In China verboten, in Deutschland wochenlang auf den Bestsellerlisten: Voller Anmut und ohne Tabus erzählt Hong Ying von der Leidenschaft zwischen Julian Bell, dem Neffen Virginia Woolfs, und der unwiderstehlichen Schriftstellerin Lin. Ein großer, aufwühlender Roman um Liebe, Tod und Sinnlichkeit. »So genußvoll und frei hat noch niemand über weibliche Sexualität geschrieben.« HÖRZU
Roman. Aus dem Chinesischen von Martin Winter. 269 Seiten. AtV 2208

HANSJÖRG SCHERTENLEIB
Das Zimmer der Signora
Während Stefano Mantovani in einem italienischen Kriegsveteranenheim seinen Militärdienst leistet, trifft er seine Jugendliebe Carla. Nicht nur ihre eindeutigen Offerten stricken um ihn ein immer dichter werdendes Netz aus Lust und Schmerz. Auch eine geheimnisvolle Signora bestimmt bald auf irritierende Weise sein Leben. Schertenleibs großer, preisgekrönter Bestseller, voll psychologischer Raffinesse, Komik und abgründiger Erotik, erzählt auf faszinierende Weise von der unauflöslichen Verbindung von Sexualität und Macht, von deren weiblichen und männlichen Ritualen.
Roman. 473 Seiten. AtV 2106

SELIM ÖZDOGAN
Ein Spiel, das die Götter sich leisten
Vor drei Wochen erst haben sich Oriana und Mesut kennengelernt. Noch sind sie einander so fremd wie die hitzeflirrenden Orte, durch die sie auf ihrer Reise streifen. Alles ist gleich erregend, hastige Gier oder träge Zärtlichkeit, Düfte und Blicke, Phantasien und Geschichten. Und alles scheint möglich in der Euphorie der Lust, sogar, daß Mesut jemanden aufspürt, den er einst sehr bewunderte.
Roman. 210 Seiten. AtV 2179

SUMMERLOVE
Erotische Geschichten
Es ist Sommer, und Jimmy hat Liebeskummer. Er kann Emma nicht vergessen. Doch dann beobachtet er Kim beim Schwimmen und hat eine der kuriosesten erotischen Begegnungen seines Lebens. Ada durchstreift eine Sommerlandschaft, erlebt bunt gemischten Sex zwischen süßer Lust und bitteren Tränen und kann sich nicht entschließen, wohin sie das alles führen soll. »Summerlove« versammelt 18 sexy Storys, die die Liebe und das Begehren in all ihren Facetten zeigen.
Ausgewählt von Andreas Paschedag, Gunnar Cynybulk und Stefanie Werk 316 Seiten. AtV 2173

Mehr Informationen unter www.aufbauverlagsgruppe.de oder bei Ihrem Buchhändler

Prickelnde Lektüre:
Klassische Erotikliteratur

GIOVANNI BOCCACCIO
Das Dekameron
Unvergängliches Gelächter, das aus den lebensvollen Tagen der Renaissance zu uns herüberklingt – so nennt Alfred Kerr dies weltberühmte Buch. Während der Pestepidemie von 1348 flüchten sich sieben Damen und drei Herren aus Florenz aufs Land. Dort erzählen sich die hochgebildeten jungen Leute erotische Geschichten. Boccaccios »Dekameron« gilt als das Vorbild aller europäischen Novellensammlungen und Wegbereiter eines neuen, sinnlich-konkreten Menschenbildes.
Aus dem Italienischen von Ruth Macchi. 1242 Seiten. Mit 119 Holzstichen von Werner Klemke Zwei Bände im Schuber. AtV 6069

GIACOMO CASANOVA
Abenteuer in Venedig
In diesem Band berichtet Casanova über seine venezianischen Abenteuer in den Jahren zwischen 1754 und 1756: über die Verbindung zur schönen Signorina C. C., der einzigen Frau, um deren Hand er jemals formell anhält, über die Liebesorgien mit der Nonne M. M., über seine Verhaftung durch die Staatsinquisition, über den Aufenthalt in den Bleikammern von Venedig und über seine abenteuerliche Flucht aus diesem berüchtigten Kerker.
Aus dem Französischen von Heinrich Conrad. 229 Seiten. AtV 2206

GUSTAV SCHILLING
Denkwürdigkeiten des Herrn von H.
Ein junger Mann von altem Adel, doch ohne die Neigung, sich zu vermählen, sucht sich unter den Töchtern des Landes die schönsten aus, liebt sie ein Weilchen und entläßt sie, für alle Eventualitäten großzügig versorgt. 17 Jahre später holt er einen seiner Söhne in sein Haus und läßt ihn standesgemäß ausbilden. Der Jüngling, geistvoll, elegant und mit viel Phantasie begabt, tritt zugleich auch des Vaters amouröses Erbe an.
Roman. Herausgegeben und mit einem Nachwort von Wolfgang Schneider 251 Seiten. AtV 1892

MARQUIS D'ARGENS
Die weise Thérèse
Ein Skandal erschütterte 1731 ganz Europa: ein jesuitischer Beichtvater versetzt eine ihm anvertraute junge Frau in religiöse Hysterie, verführt und schwängert sie und veranlaßt die Abtreibung. Diesen historischen Gerichtsfall hat der Marquis d'Argens in seine 1748 anonym erschienene Erzählung eingearbeitet. »Thérèse philosophe« ist die »Beichte« einer jungen Frau, die früh die Lust entdeckt und später ihr Glück findet.
Eine erotische Beichte. Aus dem Französischen von Heinrich Conrad 132 Seiten. AtV 1742

Mehr Informationen unter
www.aufbauverlagsgruppe.de
oder bei Ihrem Buchhändler